Hamburger Köpfe

Herausgegeben von der ZEIT-Stiftung
Ebelin und Gerd Bucerius

Fritz Schumacher
Hartmut Frank

Ellert & Richter Verlag

Inhalt

- 7 Geleitwort
- 11 Vorbemerkung
- 15 „Tradition und Neuschaffen"
- 35 „Im Kampfe um die Kunst"
- 63 „Phantasien in Auerbachs Keller"
- 87 „Ein Volkspark"
- 121 „Monumentalkunst"
- 153 Soziale Monumente
- 183 Soziale Stadtbaukunst
- 219 „Entwicklungsfragen einer Großstadt"
- 259 Zeitfragen und Strömungen
- 293 Was bleibt?
- 314 Anmerkungen zur Biographie von Fritz Schumacher
- 322 Literaturverzeichnis
- 329 Personenregister
- 343 Ortsregister im Text erwähnter Projekte und Bauten von Fritz Schumacher
- 348 Bildnachweis
- 351 Danksagung
- 352 Impressum

Geleitwort

Mit dem Erscheinen des 41. Bandes der „Hamburger Köpfe" endet nach über zwanzig Jahren eine Buchreihe, die 1998 durch Helmut Schmidt angeregt und seither von der ZEIT-Stiftung Ebelin und Gerd Bucerius umgesetzt wurde: eine Biographienreihe, die an bedeutende Hamburgerinnen und Hamburger erinnern soll. Menschen, die Hamburg geprägt haben. „Hamburger Köpfe" also. Der Titel war schnell gefunden.
Der erste Band war Albert Ballin, dem Hamburger Reeder aus der Zeit des Kaiserreichs, gewidmet. Schon im Vorwort zu diesem Band, worin die Idee der Reihe ebenso erläutert wurde wie ihr weiteres Programm, tauchte – neben Max Brauer, Carl Petersen und Eduard Bargheer – der Name Fritz Schumacher auf. Die zuvor Genannten wurden im Laufe der Jahre mit einem Lebensbild gewürdigt. Allein Fritz Schumacher stand noch aus. Insofern schließt sich jetzt ein Kreis. Und wir sind froh, Hartmut Frank als Autor für diesen abschließenden Band gewonnen zu haben.
Wer sich mit dem Hamburger Stadtbild beschäftigt, der kann den Eindruck gewinnen, Fritz Schumacher fast an jeder Ecke zu begegnen. Als Architekt hat er Hamburg geprägt und eine große Zahl an bedeutenden Bauten hinterlassen: sei es die ehemalige Volkslesehalle mit dem Mönckeberg-Denkmal im Hamburger Zentrum, die Finanzbehörde am Gänsemarkt, die Davidwache auf St. Pauli, das Holthusenbad in Eppendorf, das

Planetarium im Stadtpark in Winterhude, die Feuerwache auf der Veddel, die Kapelle XIII auf dem Ohlsdorfer Friedhof oder das Museum für Hamburgische Geschichte am Rande der Neustadt.

Fritz Schumacher war aber mehr als ein ambitionierter Architekt. Er war zugleich ein stadtplanerischer Visionär, der das Ziel hatte, Hamburg in die Richtung zu entwickeln, die einer sich verändernden Stadtgesellschaft entsprach; dabei sollten künstlerische, bauliche und soziale Gesichtspunkte gleichermaßen zum Zuge kommen. Er war Gründungsmitglied des Deutschen Werkbundes und stand auch der Reformbewegung der 1920er Jahre nahe. Es verwundert nicht, dass er den damaligen Hamburger Schulsenator Emil Krause dabei unterstützte, seine reformpädagogischen Vorstellungen umzusetzen und ihnen architektonische Gestalt zu geben. Während Emil Krauses Amtszeit (1919–33) entstanden fünfundvierzig neue Schulen, mehr als dreißig davon gestaltete Fritz Schumacher.

Neben den Schulen und den bereits genannten repräsentativen Gebäuden hat Fritz Schumacher eine Reihe von Siedlungsbauten entworfen, um der wachsenden Hamburger Bevölkerung ein Zuhause zu verschaffen, ganz abgesehen von der Vielzahl von „Bedürfnisanstalten", die heute allerdings nur noch selten als solche betrieben werden. Einige von ihnen stehen unter Denkmalschutz. Auch die Pläne zu zahlreichen Brücken der Hansestadt stammen aus Schumachers Feder. All dies kann man als Beleg dafür werten, dass Schumacher sich in Hamburg, zuletzt als Oberbaudirektor, eben nicht nur als Architekt, sondern auch als Stadtplaner verstand und in dieser Funktion viel dafür tat, Hamburg den Erfordernissen einer modernen Großstadt anzupassen. Seine Versetzung in den vorzeitigen Ruhestand durch die zur Macht gelangten Nationalsozialisten im Mai 1933 bereitete dieser Tätigkeit ein abruptes Ende.

Kaum ein anderer Architekt hat Hamburg so sehr seinen Stempel aufgedrückt wie Fritz Schumacher, bis heute sichtbar durch die bevorzugte Verwendung von Backstein und nicht zuletzt durch die Einbeziehung von Bildhauern und Malern in die Ausgestaltung seiner Bauten. Das Zusammenwirken aller Künste in der Stadtplanung und -entwicklung war Schumacher ein wichtiges Anliegen. Von diesem aus alter Bremer Familie stammenden Baumeister, dessen Stil weit über Hamburg hinaus für die Baukultur und Städteplanung des 20. Jahrhunderts prägend war, handelt der vorliegende „Hamburger Kopf".

Die ZEIT-Stiftung dankt vor allem dem Autor Professor Hartmut Frank für dieses Porträt Fritz Schumachers. Dank gilt auch dem wissenschaftlichen Beirat der Publikationsreihe, Professor Dr. Franklin Kopitzsch, Professor Dr. Hans-Dieter Loose, Dr. Theo Sommer und Dr. Ernst-Peter Wieckenberg. Das Verlegerehepaar Frau Marita Ellert-Richter und Herr Gerhard Richter und die Lektorin Frau Annette Krüger haben das Erscheinen dieses Buchs engagiert begleitet. Auch ihnen gilt unser Dank.

Christine Neuhaus
Hauptbereichsleiterin Förderungen
der ZEIT-Stiftung Ebelin und Gerd Bucerius

Leopold von Kalckreuth, Portrait Fritz Schumacher,
Radierung aus der Folge „Hamburger Köpfe", 1916

Vorbemerkung

Ohne jede Frage gebührt Fritz Schumacher ein Ehrenplatz in der Reihe der „Hamburger Köpfe", mit der die ZEIT-Stiftung Ebelin und Gerd Bucerius die Großen im Hamburger Geistesleben vergangener Jahrhunderte würdigen und der breiten Öffentlichkeit in Erinnerung rufen will. Obwohl Schumacher nicht in Hamburg, sondern in Bremen das Licht der Welt erblickte und aus einer alteingesessenen dortigen Senatorenfamilie stammte, ist doch die Elbmetropole die Stadt, in der er seine bedeutendsten Werke geschaffen hat. Ohne seine schöpferischen Ideen und sein pragmatisches Genie wäre sie nicht zu dem bemerkenswerten Ort geworden, den wir trotz der Verwüstungen des Bombenkriegs und der fortdauernden Abrisslust seiner Entscheidungsträger noch heute bewundern können. Nicht als geborener, sondern als ein gewordener „Hamburger Kopf" gehört er zu Recht in die Reihe. Nicht Hamburg hat ihn geprägt, sondern er Hamburg. Aber diese Stadt hat ihn erst zu der mythischen Gestalt des Oberbaudirektors gemacht, dem weiterhin höchste Bewunderung und – wie anlässlich seines 150. Geburtstags 2019 – ehrendes Gedenken entgegengebracht werden. Wenn gefragt wird, wer von all den bedeutenden Architekten, die Hamburg in den letzten beiden Jahrhunderten hervorgebracht hat, dieser so lange als nüchtern und materialistisch geschmähten Großstadt an der Elbe zu ihrem besonderen Charakter und ihrer räumlichen Identität verholfen hat, wird sein Name zuerst genannt.

Dennoch war er kein Hamburger Architekt im engeren Sinne. Die Spuren seiner baulichen und planerischen Aktivitäten sind weit gestreut und reichen von Südtirol über Leipzig, Dresden, Köln bis nach Bremen und Hamburg, wobei die Wirkung seines umfangreichen baulichen und planerischen Werkes möglicherweise noch von der seiner schriftstellerischen Arbeiten übertroffen wird, die ihn zu einem weit über Deutschland hinaus beachteten Vordenker seiner Disziplin gemacht haben. Er gehörte deshalb auch in die Reihe der bedeutendsten Protagonisten der modernen Architektur und Stadtplanung seiner Generation, etwa Hendrik Petrus Berlage (*1856), Henry van de Velde (*1863), Raymond Unwin (*1863), Frank Lloyd Wright (*1867), Peter Behrens (*1868), Edwin Lutyens (*1869), John Nolen (*1869), Hans Poelzig (*1869), Eliel Saarinen (*1873) oder Auguste Perret (*1874).

Dieses Buch kann weder die bisher noch nicht geschriebene umfassende Werkmonographie des großen Architekten, Planers und Kritikers ersetzen noch sein Leben und seine Persönlichkeit im Detail und gleichzeitig in der notwendigen Komplexität darstellen und analysieren. Hierzu gibt es inzwischen – insbesondere dank der Bemühungen der Hamburger Fritz-Schumacher-Gesellschaft – zahlreiche Detailstudien und klug eingeführte Nachdrucke einiger seiner Schriften. Mehrere Ausstellungen zeigten sein bauliches und planerisches Werk und regten Artikel in der internationalen Fachpresse an, die sich markanten Aspekten von Schumachers Wirken widmen. Aufgrund der nur fragmentarischen Erhaltung des Nachlasses klaffen in der Kenntnis seines Lebenswerks trotzdem noch immer erhebliche Lücken.

Möglicherweise erweist sich auch die sehr große Zahl seiner eigenen Schriften, darunter allein drei autobiographische Veröffentlichungen, als eine hinderliche Schwelle vor einer kritischen Aufarbeitung und zeitgemäßen Neueinschätzung. Er hat die Grundlagen zu seinem eigenen Mythos selbst geschaffen, und nachgeborene Autoren und Kritiker können sich nur schwer davon freimachen. Schumachers zahlreiche Schriften enthalten fraglos viele Schlüssel zum Verständnis seines Werkes. Zugleich erschweren sie aber auch eine eigenständige Neuinterpretation aus heutiger Perspektive, denn kaum ein späterer, Schumacher gegenüber einigermaßen positiv eingestellter Autor hat vermocht, sich von diesen komplex aufgebauten Selbsteinschätzungen zu lösen.

Dieser Band wird deshalb nicht das letzte Wort zu Schumacher und seinem Werk sprechen, sondern lediglich versuchen, mit einigen eher lose verbundenen, essayartigen Kapiteln zu einer neuen Lektüre und aktuellen Sicht anzuregen. Die Essays werden seinen Lebenslauf nicht streng in der Zeitfolge nachzeichnen, sondern versuchen, jeweils von markanten Werken ausgehend, diese zum Autor und zu seinem Gesamtwerk, zu spezifischen Entstehungsumständen oder zu den historischen Rahmenbedingungen seiner Zeit in Beziehung zu setzen und im gegebenen Rahmen auch auf die Konzepte und Werke seiner Zeitgenossen hinzuweisen.

Überschneidungen in der Zeitfolge sind bei einem solchen Vorgehen unvermeidbar und sogar erwünscht, weil sie die Komplexität von Schumachers Entwurfs- und Gestaltungsarbeit unterstreichen. Die Abfolge von Jahreszahlen bedeutet noch keine Kausalität. Erst die Betrachtung mehrerer, von Schumacher meist parallel verfolgter Diskurse kann in jeweils anderer Perspektive den Leser in Schumachers komplexe Denkwelt einführen. In gewisser Weise unternimmt das Buch daher eine Gratwanderung zwischen einer allgemeinen, sich an ein breites Publikum wendenden Darstellung und einer architekturwissenschaftlichen Erörterung, die auch das Interesse der Fachwelt wecken und zu neuen Fragen an Person und Werk anregen möchte. Wenn die Aussagen zu den privaten Lebensumständen Fritz Schumachers im Folgenden dürftiger ausfallen als die zu seinem geschriebenen und seinem gebauten Werk, so ist dies keinem bösen Willen des Autors geschuldet, sondern vor allem der aufgrund der Kriegsverluste nur sehr lückenhaften schriftlichen Quellenüberlieferung, was insbesondere die äußerst umfangreiche Korrespondenz Schumachers mit einer Vielzahl bedeutender Zeitgenossen aus Architektur, Kultur und Politik betrifft.

Fritz Schumacher, Schloss Prösels in Völs am Schlern bei Bozen in Südtirol, Aquarellskizze, 1893

„Tradition und Neuschaffen"

In der größten Mittagshitze eines Julitags im Jahr 1893 stieg Fritz Schumacher mit vermutlich trüben Gedanken um seine Zukunft den steilen Weg empor zur Burg Prösels bei Völs am Schlern, nicht weit von Bozen. Der 24-Jährige hatte im gerade zurückliegenden Sommersemester sein Architekturstudium an der Technischen Hochschule (TH) München abgeschlossen. Direkt nach der Diplomprüfung hatte er Gabriel Seidl, den er unter den Münchner Architekten am meisten schätzte, eine Mappe seiner Zeichnungen vorgelegt und war von diesem kurz darauf gebeten worden, an seinem umfangreichen Wettbewerbsprojekt für das Bayerische Nationalmuseum mitzuarbeiten. Diese prestigeträchtige Arbeit jedoch war für den Berufsanfänger nach wenigen Wochen schon wieder beendet, als das Projekt termingemäß abgeliefert worden war und Seidl für den begabten Zeichner vorerst keine Beschäftigung mehr hatte.
Obwohl Schumacher aus einer angesehenen Bremer Senatorenfamilie stammte, war er nicht sehr vermögend. Als er drei Jahre alt war, zog seine Familie nach Bogotá, wo sein Vater Hermann Albert Schumacher im diplomatischen Dienst des neugegründeten Deutschen Reiches als Konsul tätig war. Von dort zog die Familie 1875 nach New York, wo der Vater bis 1883 als Generalkonsul wirkte. Erst danach konnte Schumacher in Bremen das Gymnasium besuchen und 1889 sein Abitur machen. Sein Vater starb, als er in München im zweiten Semester Mathema-

tik und Naturwissenschaften studierte und gerade plante, zur Architektur zu wechseln. Die Hinterbliebenen, die Mutter Theresa geb. Grote mit fünf Kindern (Hermann, Friedrich Wilhelm gen. Fritz, Luise gen. Sita, Constanze gen. Conny, Emma), die sich alle noch in der Ausbildung befanden, mussten sparsam mit dem Erbe umgehen, weshalb Fritz Schumacher während der gesamten Studienzeit gezwungen war, seinen kargen Monatswechsel mit Nebentätigkeiten aufzubessern. Er schrieb mit wachsendem Erfolg Artikel für das Feuilleton mehrerer Zeitschriften, was seinen literarischen Neigungen vermutlich näher kam als die abstrakt gelehrten Naturwissenschaften und dann das praxisferne Fächerstudium der Architektur, zu dem er sich trotz aller Verehrung für seinen Lehrer Friedrich Thiersch nur allmählich und nach einem eingeschobenen Studienjahr an der TH Charlottenburg (der heutigen Technischen Universität Berlin) erwärmen konnte. Die Liste der Zeitschriften, die seine Artikel übernahmen, ist eindrucksvoll, sie reicht von der *New Yorker Staats-Zeitung* über den *Pester Lloyd* und die Bremer *Weserzeitung* bis zu der in Berlin erscheinenden Wochenschrift *Die Gegenwart*. In seinen 1935 erschienenen Erinnerungen *Stufen des Lebens* betont er, dass er in diesen Artikeln keinesfalls, wie man von einem Studenten seines Faches vermuten könnte, Fragen der Architektur behandelte, sondern aktuelle Ereignisse und allgemeinere Fragen des deutschen Kulturlebens. Als beispielhaft verweist er auf die Artikelserie „Charakterköpfe der neueren deutschen Malerei" für die *New Yorker Staats-Zeitung* und erwähnt als große Ausnahme einen Aufsatz „Plätze und Denkmäler", in dem er erstmals auf städtebauliche Fragen eingegangen war, wozu ihn ohne Zweifel das 1889 erschienene Buch *Der Städtebau nach seinen künstlerischen Grundsätzen* des Wiener Architekten und Kunstkritikers Camillo Sitte angeregt hatte.

Man darf vermuten, dass Fritz Schumacher auf seiner sommerlichen Wanderung in Südtirol über mehr nachzudenken hatte als über die Suche nach einem neuen Arbeitsplatz als Bauzeichner. Er brauchte dringend eine Entscheidung über die Richtung seines weiteren Berufswegs. Sollte er bauen oder schreiben? Als seine Mitarbeit bei Seidl so abrupt geendet hatte, war er spontan aus München geflüchtet. Die Stadt war wegen der Sommer-

Fritz Schumacher, Schaubild zum vorgeschlagenen Umbau
und zur Erweiterung von Schloss Prösels, 1893

ferien von all den Freunden und Bekannten verlassen, mit
denen er sich hätte beraten können, und er wollte deshalb die
befreundete Familie des Bildhauers und Münchner Akademiedirektors Ferdinand von Miller auf Karneid, einer direkt bei
Bozen gelegenen Burg, besuchen. Er kam ohne Voranmeldung
und fand die Millers nicht vor, weil sie gerade für ein paar Tage
Freunde auf dem nahe gelegenen Schloss Prösels besuchten.
Mangels anderer Ziele folgte er ihnen kurzentschlossen dorthin. Wie sich bald zeigen sollte, traf er damit nichtsahnend
bereits die Entscheidung für die weiteren Stationen seines
Lebenswegs, der ihn bald mit immer größerem Erfolg zunächst
nach Leipzig und Dresden und schließlich, unterbrochen von
einem Zwischenspiel in Köln, nach Hamburg führen sollte. Der
mittägliche Aufstieg zum Burgschloss Prösels wird den Schwankenden endgültig auf den Weg zur Architektur zurückbringen

„Tradition und Neuschaffen" 17

und sich als wichtiger Wendepunkt hin zu der bald einsetzenden Karriere als Architekt erweisen. Die Schriftstellerei wird ihm zwar bis zum Lebensende weiterhin sehr wichtig bleiben, jedoch ihren bisherigen Rang verlieren. Dabei aber wird ihr Blickpunkt künftig eindeutiger auf Fragen der Architektur und des Städtebaus gerichtet sein.

Gabriel Seidl, Schaubild zum Projekt
des Bayerischen Nationalmuseums München, 1893

Schumacher selbst beschreibt seinen Besuch auf Prösels als ein solches schicksalhaftes Ereignis, und kaum ein späterer Autor, der sich mit ihm und seinem Werk befasst hat, lässt es sich entgehen, diese Erzählung aufzugreifen: Obwohl unangemeldet, wird Schumacher fröhlich und freundschaftlich auf Prösels aufgenommen. Er kennt die wichtigsten Südtiroler Burgen seit einer Exkursion, die Friedrich Thiersch mit seinen Studenten unternommen hatte, und von mehreren Besuchen bei der Familie von Miller auf Karneid. Zudem ist er selbstverständlich vertraut mit den seit einigen Jahrzehnten in steigender Zahl verfolgten Projekten zur Instandsetzung und Umnutzung von Burgen in Deutschland, Frankreich und Österreich, wie der Restaurierung der Marienburg in Westpreußen, die auf Friedrich Gillys Initiative zurückging und auf die auch Karl Friedrich Schinkel Einfluss genommen hatte, dann des befestigten Schlosses Pierrefonds, das Eugène Viollet-le-Duc für Napoleon III. spektakulär neu erfunden hatte, oder des nahe bei Prösels gelegenen Schlosses Runkelstein, das Friedrich von Schmidt

gerade für Kaiser Franz Joseph I. von Österreich hatte herrichten lassen. Allenthalben herrschte eine nationalromantische Mittelalterbegeisterung, die in den kommenden Jahren einen regelrechten Boom hervorbringen und kaum eine Burgruine in ihrem Dornröschenschlaf und Verfall belassen sollte. Wer es sich leisten konnte, kaufte eine Burg und ließ sie für private Zwecke, zu standesgemäßem Wohnen, als Hotel oder auch als Versammlungs- oder Ausstellungsort ausbauen. Um die Jahrhundertwende wird diese Bewegung unter dem Patronat von Kaiser Wilhelm II. in Bodo Ebhardt einen unermüdlichen Protagonisten finden, der ihr zu einer späten Blüte bis kurz vor dem Weltkrieg verhelfen wird. Mit der Hochkönigsburg im Elsass wird Ebhardt gewissermaßen das Flaggschiff der Bewegung erbauen und sie mit umfangreichen historischen Forschungen, Fachveröffentlichungen, einem eigenem Burgenverein und dem dazu gehörigen Mitteilungsblatt *Der Burgwart* popularisieren.
Die Wohnburg Prösels gehörte dem international tätigen Kunstexperten und erfolgreichen Kunsthändler Alexander Günther, der dem gebildeten und höchst interessierten jungen Architekten stolz die teilweise ruinöse Anlage zeigte, einen Bau aus dem 13. Jahrhundert, der nach 1500 noch bedeutende Erweiterungen erfahren hatte. Schumacher war fasziniert von der Stilmischung der zu verschiedenen Zeiten aneinandergefügten Bauteile, und er ließ sich sofort zu Anregungen für die Sicherung des Bestandes und für den Weiterbau zu einer zeitgemäßen Nutzung hinreißen. Er hatte seine Gedanken in aller Naivität spontan vorgetragen und fiel aus allen Wolken, als der Burgherr ihn noch am ersten Besuchstag ernsthaft aufforderte, seine Ideen zu Papier zu bringen, und auch am nächsten Morgen keinen Zweifel an der Ernsthaftigkeit des Auftrags aufkommen ließ. Obwohl sich Schumacher trotz des frischen Diploms seiner architektonischen Fähigkeiten noch nicht völlig sicher war, konnte er das Ansinnen nicht ablehnen. Nach seinen schwärmerischen und selbstbewussten Diskussionsvorschlägen hätte er das Gesicht verloren, wenn er sich der Herausforderung nicht gestellt hätte. Günther beschaffte dem noch Zögernden die nötigen Zeichengeräte und forderte ihn auf, so bald als möglich mit ersten Baumaßnahmen zu beginnen. Schumacher wagte den Sprung ins kalte Wasser und blieb auf der Burg,

zeichnete sie von allen Seiten und studierte ihre Eigenheiten, bevor er einen Gesamtvorschlag, wie er es bei Thiersch gelernt hatte, in einer repräsentativen Perspektivzeichnung zusammenfasste und damit seinen Bauherrn endgültig davon überzeugte, dass er den Richtigen gefunden habe, um seine vorher nur nebelhaften Wünsche zum Ausbau der Burg Wirklichkeit werden zu lassen.

Kern von Schumachers Vorschlag waren eine Aufstockung des Hauptgebäudes der Anlage, des Palas, die Erneuerung eines Eckturms sowie die Einrichtung eines Festsaals in dem neugewonnenen Obergeschoss über dem bestehenden Pfeilersaal im Hauptgeschoss, der künftig Ausstellungszwecken dienen sollte. Mit lokalen Handwerkern und am Ort vorgefundenen Resten der Ruine begann er sofort, den Bau dieser Teile in Angriff zu nehmen. Weitere Überlegungen zu einer veränderten Tor- und Hofgestaltung stellte er zurück. Er konnte jedoch nicht bis zum Abschluss der Arbeiten auf Prösels bleiben, sondern musste sie von München aus weiterbetreuen, wohin ihn Gabriel Seidl zum Jahresende zurückgerufen hatte. Natürlich hatte Seidl, wie andere Münchner Bekannte auch, Schumachers überraschenden Schritt in eine selbstständige Praxis auf Prösels staunend verfolgt. Er selbst hatte inzwischen den Wettbewerb für das Bayerische Nationalmuseum gewonnen und den Bauauftrag erhalten; nun benötigte er Schumacher dringend als Mitarbeiter. Dieser wird insgesamt zwei Jahre in Seidls Büro bleiben und bei ihm insbesondere an zwei großen Projekten mitarbeiten: dem Künstlerhaus am Lenbachplatz und dem Bayerischen Nationalmuseum. Er beginnt sogleich mit dem Bau großer detaillierter Modelle dieser beiden Projekte, die leider nicht mehr erhalten sind.

Später wird Schumacher die Jahre bei Seidl als seine eigentliche Lehre betrachten und sich unter anderem gern an die Ratschläge des sieben Jahre älteren Theodor Fischer erinnern, den er gerade noch als Kollegen erleben konnte, bevor dieser in das Münchner Stadtplanungsamt wechselte. Die Arbeit bei Seidl wird vielfältige Spuren in Schumachers Werk hinterlassen und vor allem in den verschiedenen Planungsphasen des Museums für Hamburgische Geschichte aufscheinen, das er später gern als sein Hamburger Lieblingsprojekt bezeichnet hat. Wie sein

Lehrmeister beim Bayerischen Nationalmuseum hat Schumacher sich dort bemüht, für die Exponate individuelle, in Dimension und Ausstattung unterschiedliche Räume zu schaffen, die durch einen abwechslungsreichen Parcours zu einem Raumkunstwerk zusammengefasst werden. Allerdings sucht man das von Seidl so sehr geliebte romantische historische Dekor in

Fritz Schumacher, Innenausstattung des Rittersaals
auf Schloss Prösels (Fotografie um 1900)

Schumachers zwei Jahrzehnte später entworfenem Hamburger Museum vergeblich. An dessen Stelle ist eine zwar traditionsbewusste, aber erkennbar moderne Sachlichkeit getreten.
In Prösels wurden lediglich die nach Schumachers Plänen bereits begonnenen Arbeiten fertiggestellt. Der von ihm in allen Details gestaltete Große Saal wird heute Rittersaal genannt, ist Veranstaltungsort für kulturelle Aktivitäten des Vereins, der die Burg mittlerweile besitzt, und bildet den Höhepunkt einer jeden Führung. Er ist nahezu komplett in den Formen erhalten, die sich Schumacher allen Selbstzweifeln zum Trotz im Sommer 1893 erdacht hatte. Der Saal ist fraglos und in vielen Details erkennbar dem eklektischen Geist der Jahre vor der Jahrhundertwende geschuldet, mit dem Schumacher in seinem Studium in München und in Berlin genährt worden war. Dennoch verkörpert er das Idealbild eines mittelalterlichen Ambientes so

perfekt, dass er heute gern als authentisch gesehen wird und sogar schon als Drehort für im Mittelalter spielende Filme verwendet wurde.

Noch mehr als die baulichen Ergänzungen für Prösels orientierte sich die Ausstattung dieses Saales an Vorbildern, die Schumacher von der Burg Karneid kannte, die einige Jahre zuvor wiederhergestellt worden war. Der von ihm erfundene Rittersaal atmet aber auch den Geist seiner eigenen Zeit in einer Weise, die ohne die Debatten der Kulturreform und der von England nach Deutschland wirkenden Arts-and-Crafts Bewegung nicht denkbar gewesen wäre. Mit deren Zielen war er vertraut, denn in München wurden diese bereits in den 1880er Jahren in den Kreisen der Künstler, Kunsthandwerker und Literaten diskutiert, und Schumacher, der in New York aufgewachsen war, ist der angelsächsischen Kultur zeitlebens eng verbunden geblieben. Tatsächlich ist er einer der ersten Autoren, die sich in Deutschland zu John Ruskin und William Morris, den Vordenkern der Arts-and-Crafts Bewegung, geäußert haben.

Die Innenräume später von ihm errichteter Privathäuser, die Ausstattung seiner eigenen Wohnung in Dresden, der Wohnraum im Sächsischen Haus auf der Kunstgewerbeausstellung in Dresden von 1906, sein Beitrag zur Ausstattung des Kölner Hauses Meirowsky von 1910 und diverse Innenausstattungen von öffentlichen Gebäuden in Hamburg belegen seine Vorliebe für dunkle holzgetäfelte Wände und streng aufeinander abgestimmtes, möglichst fest eingebautes Mobiliar ohne bestimmbare historische Stilbezüge. In Prösels war noch eine eklektische Mischung von Stilelementen der Gotik, der Renaissance und des Barock vorherrschend, die bei den danach folgenden Projekten weit stärker den Einflüssen der Arts-and-Crafts-Bewegung und des belgischen Art Nouveau weichen und dann zu einer nicht an historische Vorbilder angelehnten, versachlichten, aber stets künstlerisch verstandenen Gestaltung übergehen sollte, wie sie von dem 1907 von Schumacher maßgeblich mitbegründeten Deutschen Werkbund propagiert wurde.

Günther musste Prösels schon ein Jahr später verkaufen und konnte daher seinen Schützling das Projekt nicht nach dessen

Plänen vollenden lassen. Er hatte gesundheitliche Probleme und wollte deshalb in das mildere Klima am Gardasee umziehen. Er blieb seinem jungen Architekten dennoch weiterhin treu und beauftragte diesen, ihm dort die ruinöse Villa Fasano bei Gardone umzubauen, sie zu erweitern und mit einer bis zum See

Fritz Schumacher, Villa Fasano für Alexander Günther, Gardone, Lago di Garda, 1895

reichenden Gartenanlage auszustatten. Auch diesen Bau bearbeitete Schumacher neben seiner Tätigkeit bei Seidl, konnte aber auch ihn nicht bis zum Ende führen, weil Günther kurz darauf eine größere Villa in der Nachbarschaft erworben hatte, in der es deutlich mehr Raum für eine wirkungsvolle Unterbringung seiner Kunstsammlung sowie einen größeren Park gab. Schumacher erinnerte sich insbesondere an die aufwendige Gestaltung dieses Parks und an die Umgestaltung des sogenannten Limoni-Hauses als Ausstellungssaal für Günthers Sammlung antiker Großplastiken. Zu den realisierten Projekten am Gardasee gehörte außer den genannten für Günther noch ein kleines Privathotel, über das Schumacher uns allerdings nichts weiter mitteilt. Außer einer Perspektive des Projekts für die Villa Fasano haben sich keine Unterlagen und Pläne zu diesen Projekten am Gardasee erhalten, jedenfalls sind sie noch von keinem späteren Forscher aufgefunden worden. Schumacher

Fritz Schumacher, Entwurf einer Kirche für Gardone,
Lago di Garda, 1895

beklagt in seinen Erinnerungen die schnelle touristische Entwicklung des Seeufers zwischen Salò und Gardone. Er gibt uns damit einen Hinweis auf die spätere Hotelnutzung und die damit verbundenen Überformungen von Günthers Villen sowie die weitgehende Tilgung seiner dort hinterlassenen Spuren.

Günther hatte an dem Berufsanfänger offenbar einen Narren gefressen und suchte ihn nach Kräften zu fördern und weiterzuempfehlen. Allerdings wissen wir nicht, ob Schumacher auch einige Aufträge zu der Reihe über ganz Deutschland verstreuter Villenprojekte für Bauherren mit bekannten Namen, die er bis zu seinem Eintritt in den öffentlichen Dienst der Freien und Hansestadt Hamburg baute, seinem Förderer Günther mit dessen umfangreichem Kunden- und Bekanntenkreis adliger und großbürgerlicher Persönlichkeiten im gesamten Reich zu verdanken hatte.

Die häufigen Aufenthalte in Italien, die durch diese Aufträge südlich der Alpen erforderlich geworden waren, nutzte Schumacher zu zahlreichen Bildungsreisen und zu gründlichen architekturhistorischen Fallstudien. Er arbeitete weiterhin bei Seidl und nahm nebenher an mehreren Architektenwettbewerben teil. Nachdem er 1895 in das von Hugo Licht geleitete Leipziger Stadtbauamt gewechselt war, um am Entwurf für das dortige Neue Rathaus mitzuarbeiten, konnte er dank des in seinem Arbeitsvertrag ausbedungenen dreimonatigen Jahresurlaubs seine Reise- und Forschungstätigkeit noch erheblich ausdehnen. Diese wiederum verführte ihn dazu, wieder verstärkt schriftstellerisch tätig zu werden und sich als Theoretiker zu versuchen. Er plante die Herausgabe einer Buchreihe über die großen italienischen Architekten von der Renaissance bis zum Barock, die mit Brunelleschi und Alberti beginnen sollte, um dann über Bramante und Sanmicheli bis zu Palladio, Vignola und Bernini zu gelangen.

Wegen seiner vielen sonstigen Aktivitäten blieben allerdings die meisten der angedachten Monographien ungeschrieben und so auch das ambitionierte Gesamtprojekt eine Episode in seinem intellektuellen Werdegang. Für die geplante Schriftenreihe fand sich mit Spemann ein Verleger, der sie mit anderen Autoren und vielleicht auch mit etwas geringerem Anspruch als „Baukunst in Monographien" in den Folgejahren selbstständig realisierte. Immerhin konnte Schumacher einen kleinen Band über Alberti veröffentlichen. Ein fast fertiger Text über „Brunellesco" befindet sich noch immer in dem sonst aufgrund der Kriegseinwirkungen nur teilweise überlieferten Schumacher-Bestand in der Hamburger Staats- und Universitätsbibliothek. Die für eine Monographie über Vignola zusammengetragenen Materialien hatte Schumacher an seinen Studienkollegen Hans Willich weitergegeben, der damit in Dresden promoviert wurde und 1906 die maßgebliche Veröffentlichung zu diesem Meisterarchitekten vorlegte. Den fertigen Alberti-Text hatte Schumacher längere Zeit liegen lassen und schließlich 1899 in der ebenfalls von Spemann verlegten Zeitschrift *Die Baukunst* veröffentlicht.

Die beiden Texte Schumachers enthalten keine neuen Fakten, weder zum Werk Brunelleschis (wie er heute üblicherweise in der Literatur genannt wird) noch zu dem Albertis, aber sie belegen Schumachers erheblich veränderte Sichtweise gegenüber derjenigen Giorgio Vasaris, auf die sich alle früheren Renaissanceforscher immer wieder bezogen hatten. Sie zeigen, dass sich das Verhältnis seiner Generation zur Baugeschichte und zu den Erfordernissen einer zeitgenössischen Architektur im Umbruch befand und dass man in den 1890er Jahren verstärkt den Versuch machte, sich aus den Fesseln des Historismus zu befreien. Diese architekturhistorischen Texte sind grundsätzlich anders als die feuilletonistischen seiner Studienzeit. Aber sie sind auch keine Texte eines vorrangig an Stilentwicklungen oder Klassifizierungen interessierten Dilettanten oder angehenden Kunstwissenschaftlers, sondern die eines praktizierenden Architekten, den vor allem die Entwurfsarbeit selbst und die Entwicklung der Formensprache der Architektur interessieren. Er schreibt in seinen Erinnerungen: „Es reizte mich, darzustellen, wie Alberti Motive und Lösungen vorwegnahm, die erst hundert Jahre später wieder aufgenommen wurden ... dieser Geist kühnen Neubildens ... kurz die Linie, die zum Barock führt, war es, was mich aus dem Gefühl der eigenen Zeit heraus lebendig berührte ..." (*Stufen*, S. 155).

Der Bezug zur eigenen, als Neubilden verstandenen Entwurfsarbeit war bei Schumachers Beschäftigung mit der Geschichte der wichtigste Unterschied zur gängigen Kunstwissenschaft, die in allen kulturellen Strömungen lediglich Widerspiegelungen der politischen Geschichte oder des jeweiligen Künstlerlebens zu sehen glaubte oder sich darauf beschränkte, Motive und Ornamente vergangener Epochen aufzulisten, um Stilperioden zu beschreiben und voneinander abzugrenzen, die dann den Architekten als Grundlagen für immer schneller wechselnde Neo-Bewegungen dienen konnten. Schumacher wendete sich von dieser weit verbreiteten, in seinen Augen oberflächlichen Auffassung ab. Er zeigte für das historische Zeitkolorit und das Leben der Architekten nur ein nachgeordnetes Interesse und suchte die Architektur als eine sich permanent neu definierende, eigenständige Disziplin darzustellen. Ihn interessierte die Architektur als Raumkunst. Er fragte nach dem Spielraum des Architekten gegenüber den Entwurfstraditionen und im Umgang mit sich verändernden Materialien und Bautechniken, nach seiner Beziehung zu den kulturellen Strömungen der Jetztzeit. In den beiden Texten klingt bereits jene auf die Praxis des Entwerfers gerichtete Sichtweise an, die auch seine späteren Veröffentlichungen zu historischen Themen charakterisieren wird. Die Frage nach dem Umgang eines seiner Zeit verpflichteten Architekten mit den Erfahrungen früherer Generationen, nach seiner Stellung zur Bautradition, wird einer der roten Fäden bleiben, die sich durch seine theoretischen ebenso wie durch seine baulichen und planerischen Arbeiten nachverfolgen lassen.

Schon beim Ausbau der Burgruine Prösels hatte Schumacher sich mit dem Verhältnis zwischen Alt und Neu auseinandersetzen müssen, mit einer Problematik, die später ein wichtiger Topos hinter seinem architektonischen Gesamtwerk bleiben wird. Schon hier war seine Gestaltungsarbeit mit der Frage der Modernität konfrontiert, also mit der Frage, was beim Umbau eines ruinösen historischen Bauwerks für eine zeitgemäße, alles andere als mittelalterliche Nutzung unumgänglich ist. Er suchte einen Ausgleich zwischen den Forderungen der Jetztzeit und dem historischen baulichen Kontext. Das schloss eine Rekonstruktion des Vergangenen weitgehend aus, die mangels geeigneter historischer Quellen sowie angesichts der gewandelten Bautechnik und der komplett veränderten Nutzungsanforderungen in jedem Fall nur idealisierend nachempfunden hätte sein können. Schumacher versuchte ausgehend vom überlieferten Bestand weiterzubauen, ohne dabei der Neuerung oder aber der Pflege des Überkommenen den Vorrang zu geben. Damit erweist er sich bereits bei seinem Erstlingswerk als ein moderater, auf Ausgleich bedachter Parteigänger der Moderne, die er auch später nie formal, sondern immer vor allem inhaltlich verstehen wird.

Seine Umbau- und Erweiterungsmaßnahmen auf Prösels sind nicht leicht als hinzugefügt erkennbar. Sie sind weder denkmalpflegerisch „korrekte" Wiederherstellungen noch auftrumpfende zeitgemäße Distanzierungen von dem Stilgemisch des aus verschiedenen Epochen stammenden Bestandes. Obwohl freie Erfindung, passen sich Schumachers Ergänzungen diesem Bestand in jeder Weise an. Es kam ihm sichtlich entgegen, dass er sich hier auf keine bestimmte Stilperiode beziehen konnte, ohne zu werten und „bereinigend" in überkommenen Baubestand einzugreifen, wie es möglicherweise während des Studiums sein von der Renaissance beseelter Lehrmeister Thiersch in München oder der als „Gotiker" bekannte Carl Schäfer in Berlin noch von ihm gefordert hätten.

Am 10. Mai 1901 hielt Fritz Schumacher seine Antrittsvorlesung als Professor an der TH Dresden. Den Ruf hatte er bereits 1899 erhalten, als er noch bei Hugo Licht in Leipzig arbeitete. Er hatte der Vorlesung den etwas schwerfälligen Titel „Das Bauschaffen der Jetztzeit und historische Überlieferung" gegeben und veröffentlichte sie noch im gleichen Jahr bei Eugen Diederichs in Leipzig als Buch. Er widmete dies dem „jungen Nachwuchs der Baukunst". Den Einband des kleinen Bändchens hat er vermutlich selbst gestaltet und den Textteil in der sehr zeitgemäßen, um nicht zu sagen modischen Eckmann-Schrift setzen lassen. Wie wichtig ihm der Text war, erhellt aus der Tatsache, dass er ihn 1907 unverändert erneut veröffentlichte. Er erschien wieder bei Diederichs, diesmal in einem Sammelband mit dem Titel *Streifzüge eines Architekten*, in dem er mehrere Aufsätze zusammengestellt hatte, die bereits zuvor in Zeitschriften erschienen waren. Der Band ist diesmal in Futura gesetzt und distanziert sich so von der früheren Publikation, deren Layout noch unverkennbar vom Jugendstil beeinflusst war. Zudem ist der Artikel hier prägnanter mit „Tradition und Neuschaffen" überschrieben.

Mit 32 Jahren war Schumacher wenig mehr als ein Jahrzehnt älter als viele seiner Studenten. Man konnte mit einigem Recht annehmen, er gehöre selbst zu dem „jungen Nachwuchs", dem er seine Rede gewidmet hatte, und wende sich eher an seine älteren Kollegen, die in den vorderen Reihen des Saales saßen. Seine eigenen Studienerfahrungen und Frustrationen waren noch frisch, und er war fest entschlossen, vieles zu ändern und besser zu machen. Bei diesem Ziel hatte er die volle Unterstützung von Cornelius Gurlitt, den er später als denjenigen benennt, der seine Berufung durchgesetzt habe. Gurlitt war 19 Jahre älter als Schumacher, hatte wie dieser Architektur studiert und eine Zeitlang in der Denkmalpflege praktiziert, dann aber bis zu seiner Berufung an die TH Dresden im Jahr 1893 überwiegend als Kunstwissenschaftler gearbeitet. Er hatte eine umfangreiche und maßgebende Studie zur Barockarchitektur veröffentlicht und arbeitete über Jahrzehnte intensiv am Inventar der historischen Baudenkmäler Sachsens mit. Er war erst 1899 zum Ordinarius ernannt worden und setzte sich unter Ausnutzung des im Jahr 1900 der TH neu verliehenen Promotionsrechts vehement für eine stärker wissenschaftliche Ausrichtung des Architekturstudiums ein. Auch Schumacher wird eine Reihe interessanter Dissertationen betreuen. Aber er selbst wird nie eine Dissertation zur Promotion einreichen und sich mehrfach kritisch zu dem Bestreben dieser Art von Verwissenschaftlichung der Architektur äußern. Das wiederum wird ihn später nicht hindern, stolz die ihm mehrfach verliehenen Ehrendoktorwürden in seinem Briefkopf und auf Buchtiteln zu vermerken.

Um die Jahrhundertwende ist die Ausbildungssituation in Dresden, wie auch andernorts, durch ein ausferndes Fächerstudium und eine erkennbare Geringschätzung des Entwurfsunterrichts charakterisiert, worüber Schumacher in seinen Erinnerungen viele Jahre später noch immer herbe Worte finden wird. Auch er hat anfänglich gleich drei unterschiedliche Fächer zu lehren: Stilgeschichte der Architektur, Freihand- und Ornamentzeichnen sowie Innenarchitektur. Letztere wird er dann schrittweise immer freier als Baugeschichte und Entwerfen interpretieren können. Aus den kürzlich publizierten Studienplänen und Studienarbeiten des als Maler und Mitbegründer der „Brücke" bekanntgewordenen Ernst Ludwig Kirchner, der nicht – wie man vermuten könnte – Kunst, sondern Architektur studiert und schließlich bei Schumacher seine Diplomarbeit angefertigt hat, können wir Rückschlüsse auf diesen Entwicklungsprozess hin zu einer freieren, stärker auf Entwurf und Städtebau ausgerichteten Ausbildung an der Dresdner TH ziehen.

Schumacher ist Sohn eines Diplomaten, und so versteht es sich von selbst, dass er in seiner Antrittsvorlesung die von ihm sehr kritisch gesehene damalige Architektenausbildung mit keiner Silbe ausdrücklich erwähnt. Sie bleibt dennoch unübersehbar der Subtext seiner Vorlesung. Er spricht über allgemeinere Fragen und bezieht sich, nicht zuletzt auch angesichts seiner künftigen Aufgaben als Lehrer des Pflichtfachs Stilgeschichte, auf

Fritz Schumacher, Titelgestaltung der Veröffentlichung
Im Kampfe um die Kunst. Beiträge zu architektonischen Zeitfragen,
J. H. Ed. Heitz, Straßburg, 1899

 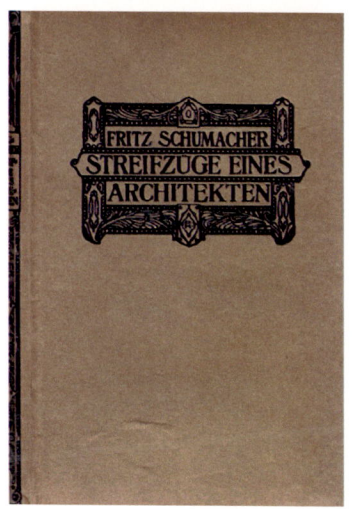

Titel von vier frühen Veröffentlichungen Schumachers
(*Studien* 1899, *Das Bauschaffen der Jetztzeit* ... 1901,
Streifzüge eines Architekten 1907)

die Rolle der Geschichte in den Architekturdiskursen der Zeit. Nachdem er sich ausdrücklich dazu bekannt hat, der Gruppe der Modernen unter den deutschen Architekten anzugehören, beklagt er den Missbrauch der Architekturgeschichte als Fundgrube für Motive und Formen durch die Mehrzahl der Architekten des 19. Jahrhunderts. Dies wiederum habe zu einem totalen Rückschlag des Pendels bei vielen zeitgenössischen Architekten geführt, die nun ihrerseits die Architekturgeschichte als völlig unnütz für eine Architektur erklärten, die zeitgenössischen Aufgaben und Baumethoden Ausdruck verleihen wollte. Schumacher sieht diese Position der Modernen gerechtfertigt, solange es sich um die neuartigen, wie er sie nennt, „sozialen Bauaufgaben" handele, etwa um Bahnhöfe, Markthallen und dergleichen. Aber er wolle dieser Argumentation nicht in jedem Fall folgen, sondern nur wenn die Aufgaben tatsächlich ohne historische Vorbilder seien oder wenn sie geschichtslose Materialien wie Stahl und Glas zum Einsatz brächten und die Entwerfer hierfür neue Formensprachen erfinden müssten. Für ungerechtfertigt halte er es jedoch, die historischen Vorbilder und Typologien bei Bauten zu vernachlässigen, die wie Denkmäler, Monumente oder Wohnhäuser am besten in Stein errichtet werden sollten. Stein sei das Material mit der längsten Vorgeschichte, und bei Steinbauten sei die gute Kenntnis der historischen Lösungserfahrungen unabdingbar und notwendig. Er lehne die Forderung nach einem einheitlichen zeitgemäßen Stil der Moderne ab und befürworte stattdessen das Nebeneinander verschiedener Gestaltungsansätze und Materialverwendungen. Im Übrigen erlaube das Studium der Geschichte dem modernen Architekten auch dann, wenn es ihm keine Lösungen für seine zeitgenössischen Bauaufgaben liefern könne, doch die Gesetzmäßigkeiten und die organischen Prinzipien der Architektur im Allgemeinen besser zu verstehen.

Wirklich neue Gedanken entwickelt Schumacher in seiner Antrittsvorlesung nicht. Er hatte sie ganz ähnlich bereits 1897 in der *Deutschen Bauzeitung* in einer Stellungnahme zu Artikeln des Pariser Kunsthändlers Siegfried Bing und des Hamburger Kunsthallendirektors Alfred Lichtwark geäußert, die jene im ersten Heft der von dem Münchner Verleger Hugo Bruckmann neu herausgegebenen Zeitschrift *Dekorative*

Kunst veröffentlicht hatten. Der Tenor dieser Stellungnahme hatte Bruckmann in der Folge dazu bewogen, Schumacher zu einem festen Mitarbeiter seiner Redaktion zu machen und ihn mit einer Reihe von Veröffentlichungen zu seinem gerade beginnenden architektonischen Werk zu fördern. Schumacher bewegte sich 1901 noch vollständig in der Gedankenwelt der Artikel, die er 1899 kurz vor dem Ruf nach Dresden in dem Sammelband *Im Kampfe um die Kunst. Beiträge zu architektonischen Zeitfragen* zusammengefasst und bei Heitz in Straßburg als ersten Band in dessen Schriftenreihe „Ueber Kunst der Neuzeit" veröffentlicht hatte. Diese Artikel waren durchweg zuvor in Zeitschriften erschienen, die der Kulturreformbewegung der Jahrhundertwende nahestanden, in der *Dekorativen Kunst* und der *Kunst für alle*, aber ebenso in Ferdinand Avenarius' *Der Kunstwart*, wo auch Paul Schultze-Naumburg eine große Zahl der Artikel veröffentlicht hatte, die er ab 1901 in seine einflussreiche zehnbändige Schriftenreihe „Kulturarbeiten" aufnahm. Es war die Welt der Sezessionen, der neu bewerteten dekorativen Künste, der Reformvereine wie „Dürerbund" und „Deutscher Bund Heimatschutz", der Bodenreformer und anderer mehr, die geistig von diesen Veröffentlichungen und Aktivitäten genährt wurden und deren Mitglieder sich zum großen Teil ab 1907 im Deutschen Werkbund wiederfanden. Zu dessen Mitbegründern gehörte wie erwähnt Fritz Schumacher, der bei der Münchner Gründungsveranstaltung dann nicht zufällig auch die Gründungsrede mit dem programmatischen Titel „Die Wiedereroberung harmonischer Kultur" hielt.

Fritz Schumacher, Arbeitszimmer in der eigenen Wohnung
in der Bergstraße in Dresden, 1902, an der Wand über dem
Schreibtisch drei Druckgraphiken von Max Klinger
und eine lorbeerbekränzte Maske, vermutlich Goethes
(aus: *Dekorative Kunst* 1903, p. 295)

„Im Kampfe um die Kunst"

Nach seiner Berufung an die Technische Hochschule in Dresden im Jahr 1901 konnte sich Fritz Schumacher, obwohl er für andere schon eine beachtliche Reihe zeitgemäßer bürgerlicher Villen gebaut hatte, noch kein eigenes Haus leisten. Vielleicht wollte er es auch nicht, weil er unverheiratet und ohne große Familie lebte. Erst zwei Jahre später hatte er mit dem Bau der Villa Grübler auch in Dresden die Möglichkeit, sich seinem neuen Wohnort als moderner Hochbauarchitekt vorzustellen. In jüngeren Veröffentlichungen wird diese Villa gern als von der Heimatschutz-Bewegung geprägt klassifiziert. Das ist schwer nachzuvollziehen, denn Schumacher hat sich von deren neovernakulären, dem Historismus verwandten Tendenzen mehrfach ausdrücklich distanziert. Stattdessen konnte und wollte er die Verwandtschaft seiner frühen Villen mit zeitgleichen Werken seiner englischen Altersgenossen Mackay Hugh Baillie Scott oder Edwin Lutyens nicht verleugnen, was das markante Tudor-Revival-Fachwerk im Giebel der Villa Grübler unübersehbar belegt. Ähnliches gilt für seine kurz vor dem Wechsel nach Dresden errichteten Bauten, wie die Villa Iken in Bremen oder die Villa Klug in Wurzen. Noch 1906 betonte er mit dem Wohnraum, den er für das von Wilhelm Kreis erbaute Sächsische Haus auf der Dritten Deutschen Kunstgewerbeausstellung entworfen hatte, diesen engen Bezug zu englischen Vorbildern.

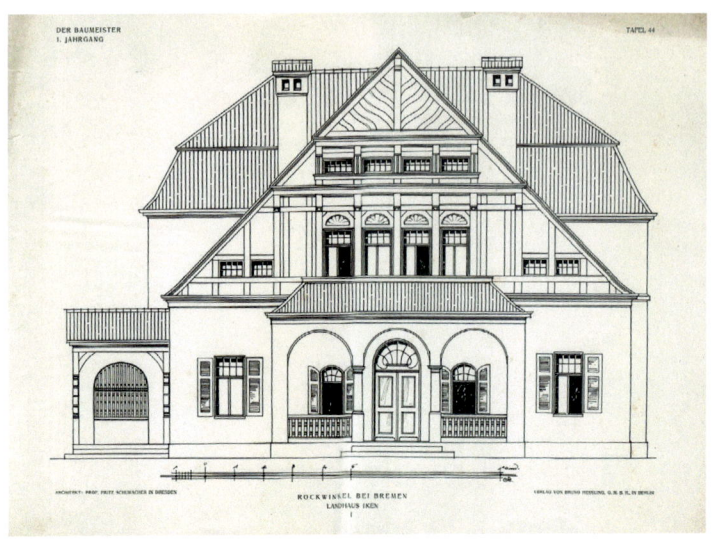

Fritz Schumacher, Landhaus Iken, Rockwinkel bei Bremen, 1900
oben: Ansicht der Fassade
unten: zeitgenössische Fotografie (ohne Verfasserangabe)

In Dresden angekommen, machte Schumacher aus der Not eine Tugend, baute sich kein Haus, sondern stattete seine im Obergeschoss eines Privathauses in der Bergstraße gemietete Wohnung komplett nach eigenen Vorstellungen aus und publizierte diese Innenraum- und Möbelgestaltungen umgehend als beispielhaft in der von Hugo Bruckmann herausgegebenen renommierten Monatsschrift *Dekorative Kunst*. Voller Stolz schreibt er in seinen Erinnerungen, dass er sämtliche Details der Innenausstattung selbst entworfen, die Farben und Tapeten für alle Räume ausgewählt und die Holzvertäfelungen und Möbel habe anfertigen lassen. Selbst die Öfen, die Lampen und Kleingeräte wie Tintenfass und Standuhr wurden nach seinem Entwurf hergestellt. Die Teppiche und Sofakissen waren extra für ihn gewebt oder gestickt worden. Die gesamte Gestaltung der Wohnung wurde so zu einem Manifest des jungen Professors zu den von ihm intensiv mitgetragenen Bemühungen, die verselbstständigten Disziplinen der freien und der angewandten Künste wieder zusammenzuführen. Sie lässt sich unschwer als ein Dokument jenes Suchens nach einer gesamthaften künstlerischen Gestaltung der modernen Lebenswelten vom Wohnzimmer bis zum städtischen Raum lesen, für das er sich ebenso wie eine Reihe von weiteren Künstlern und Gestaltern seiner Generation einsetzte.

Die Veröffentlichung der Fotos seiner Dresdner Wohnung sollte belegen, wie durch eine einheitliche Innenraumgestaltung aus der Hand eines einzigen Künstlers ein stilvolles Ambiente für das Leben und die Arbeit eines modernen Intellektuellen geschaffen werden konnte, wie schon bei der Gestaltung einer einzelnen Geschosswohnung die Forderung nach der Einheit von Form und Inhalt erfüllt werden konnte. Hierfür hatte er sich seit längerem in seinen schriftstellerischen Arbeiten eingesetzt, und dies wollte er in seiner Lehre, die ja insbesondere auch die Innenarchitektur umfasste, vertreten und vermitteln.

In den bereits erwähnten Sammelband *Im Kampfe um die Kunst* (1899) hatte er einen Artikel mit dem Titel „La Démocratisation du Luxe" aufgenommen. Mit dieser Überschrift hatte er den nicht besonders freundlich gemeinten Kommentar eines französischen Kritikers zum deutschen Kunstgewerbe im Vorfeld der Pariser Weltausstellung aufgegriffen und in seinem Sinne positiv gewendet, um sich ausdrücklich zu den in

Deutschland gerade aufkommenden Bestrebungen zur Schaffung einer demokratisch verallgemeinerten Kultur der Moderne zu bekennen, die nicht länger den politischen und wirtschaftlichen Eliten als Hütern des guten Geschmacks vorbehalten bleiben sollte.

Das vermutlich kurz nach der Fertigstellung der Wohnungseinrichtung 1902 oder 1903 entstandene Foto des Arbeitsplatzes

Fritz Schumacher, Diele der Villa Richard Brauer, Lüneburg, 1905

in seiner Dresdner Wohnung deutet über seine Parteinahme für die jüngsten Tendenzen der Kunstgewerbereform noch hinaus und verrät einiges über den Autor dieser Einrichtungsgestaltung. Die altarartige Inszenierung des Arbeitsplatzes erlaubt einen Blick in die Geisteswelt Schumachers als eines Vorkämpfers der Moderne, der bald, 1907, bei seiner Münchner Rede anlässlich der Gründung des Deutschen Werkbunds „Die Wiedereroberung harmonischer Kultur" als Hauptaufgabe dieser Organisation und ihrer Mitglieder fordern wird. Die Botschaft des Fotos beschränkt sich nicht auf aktuelle Gestaltungstendenzen, sondern gibt dem Betrachter durch die Auswahl und Anordnung der Ausstattungselemente Hinweise auf das kulturelle Ambiente des jungen Professors, der sich mit diesem Arbeitsplatz weniger als Architekt denn als zeitgemäß gebildeter Kulturschaffender zu erkennen gibt.

Fritz Schumacher, Villa Richard Brauer, Gesamtansicht, Lüneburg, 1905

Überraschenderweise steht vor dem Schreibtisch kein Stuhl. Es ist schwer vorstellbar, dass Schumacher sich je an diesen Tisch setzen würde, um hier in den Folgejahren Innenausstattungen, Villen, Grabanlagen oder stadträumliche Ensembles zu entwerfen. Statt einer Sitzgelegenheit liegt ein kuscheliges Etwas, ähnlich den 60 Jahre später Mode werdenden Flokati-Teppichen, vor dem Schreibtisch. Unter einer eigenwilligen Ampel zur elektrischen Beleuchtung erkennen wir eine leere Schreibfläche, die lediglich links mit einer Blumenvase und einem geschlossenen Buch, rechts mit einem kleinen Schmuckdöschen dekoriert ist. Die Tischplatte mit Schubladen darunter ist konkav geschwungen und eignet sich kaum zum Anlegen einer Reißschiene. Sie lagert rechts und links jeweils auf einem mit einer

Tür verschlossenen Korpus, dem seitlich, nach innen zum Fußraum hin, in kleinen Fächern Ablagemöglichkeiten für Briefe und Papiere zugeordnet sind, die allerdings unbenutzt und leer sind. Das Möbel erinnert entfernt an die bekannteren Schreibtische Henry van de Veldes, zum Beispiel an den mit großer Geste geschwungenen, der 1899 auf der Münchner Kunstgewerbeausstellung zu sehen war, oder jenen, den Peter Behrens 1901 für das Arbeitszimmer in seinem eigenen Haus in der Darmstädter Künstlerkolonie hatte anfertigen lassen. In einem Artikel in der *Dekorativen Kunst* hatte Schumacher diese Ausstellung ausführlich besprochen und das Haus Behrens und dessen ernste Anmutung als einziges positives Beispiel hervorgehoben und es dem Rest der Ausstellung gegenübergestellt, in dem er lediglich romantisch-egoistisches L'art pour l'art und einen Irrweg in die Moderne sah.

Das Arrangement von drei gerahmten Bildern und einer Maske an der Wand hinter dem Schreibtisch gibt uns einen flüchtigen Einblick in Schumachers damaliges künstlerisches Pantheon. Das größte und oberhalb der anderen angeordnete der drei Bilder zeigt eine 1890 von Max Klinger angefertigte Lithographie nach der dritten Variante von Arnold Böcklins *Toteninsel*. Links unten eine kleinere Radierung, ebenfalls von Klinger, das 1898 gedruckte Blatt 11 *Zeit und Ruhm* aus der Serie „Vom Tode II" (Abb. S. 294), auf dem vor einer bewegten Landschaft am Meer eine erbarmungslos blickende Meduse, die einen schweren Vorschlaghammer geschultert hat, in Siegerpose einen Fuß auf eine vor ihr auf dem Boden liegende nackte Schönheit setzt, die mit ausgestrecktem Arm um Gnade bittet. Das rechte Bildchen zeigt eine dunkelhaarige junge Frau im Dreiviertelprofil, die ihren Blick leicht dem Betrachter zuwendet. Lange Zeit hatten wir darin eines der zahlreichen Portraits zu erkennen geglaubt, die Anselm Feuerbach von Anna Risi, genannt Nanna, seiner römischen Muse, angefertigt hat. Aber tatsächlich ist es wohl wie die anderen beiden eine Druckgraphik von Klinger. Das Zentrum und die Mittelachse dieses altarartigen Arrangements beherrscht eine lorbeerbekränzte Maske, die über jeden, der an dem Tisch arbeiten will, wacht.

Mit hoher Wahrscheinlichkeit handelt es sich um die Maske Johann Wolfgang von Goethes, die möglicherweise ein mit

Schumacher befreundeter Bildhauer unter Verwendung zweier bekannter Quellen angefertigt hat, nämlich einmal der 1807 von Karl Gottlob Weißer abgenommenen Lebendmaske Goethes und zum anderen der Portraitskizze, die Friedrich Preller 1832 in Weimar vom lorbeerbekränzten aufgebahrten Goethe gezeichnet hat. Angesichts der Druckgraphiken neben und über der Maske darf man als Autor ebenfalls an Max Klinger

Fritz Schumacher, Villa Grübler, Gartenfront, Dresden, 1903

denken, nur haben wir bisher keinen Beleg für seine Autorschaft gefunden, obwohl diese nicht ausgeschlossen werden kann angesichts Klingers zahlreicher Portraits berühmter Persönlichkeiten, wie Richard Wagner, Ludwig van Beethoven, Franz Liszt und nicht zuletzt Friedrich Nietzsche. Dafür, dass es sich bei dem Dargestellten tatsächlich um Goethe handelt, sprechen nicht nur die Gesichtszüge, sondern auch die bedeutende Rolle, die der Dichter zeitlebens für Schumacher gespielt hat. Auf Goethe hat er sich in seinen Schriften und Vorträgen immer wieder bezogen. Goethe war für ihn nicht allein die seit über hundert Jahren bedeutendste Leitfigur des deutschen Geisteslebens, sondern auch sein persönliches Vorbild. Er hatte noch 1944 gegen Ende des Zweiten Weltkriegs, aus Lüneburg, wohin er aus dem zerbombten Hamburg umgezogen war, eine

Fritz Schumacher, Vorplatzmöbel aus der eigenen Wohnung in Dresden, 1902
(mit Farbholzschnitt *Der Sturm* von Peter Behrens)

kleine Schrift über Goethes Weltbild veröffentlicht. Dieser Essay ist keine philologische Abhandlung über den Dichterfürsten, sondern eher eine individuelle Interpretation und persönliche Identifikation mit Goethes Weltsicht. Schumacher spricht erkennbar auch über sich selbst, wenn er sich über Goethes Persönlichkeit und Einsamkeit äußert, über dessen Verständnis der Beziehung von Mensch und Kunst, über dessen Sicht von

Natur, Kosmos und den letzten Dingen, über dessen kirchenfernes und wechselhaftes Bekenntnis zu einem in allem wirkenden Gott. Mit der Anordnung einer Maske des Dichters und Universaldenkers auf dem zentralen Platz in dieser privaten Kultstätte über seinem Schreibpult manifestierte Schumacher

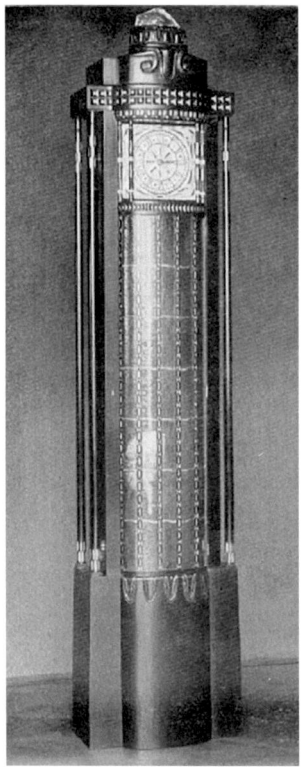

Fritz Schumacher, Standuhr für das Leipziger Neue Rathaus, ca. 1900

sein Bekenntnis zu dem Heros der deutschen Kultur in besonderer Weise, machte ihn gewissermaßen zu einem persönlichen Schutzpatron.
In der Mittelachse über der Goethe-Maske, die auf den ersten Blick durchaus die Anmutung einer Totenmaske hat, belegt die *Toteninsel* Schumachers Faszination für die dunkle Bilderwelt der symbolistischen Kunst des ausgehenden 19. Jahrhunderts. Als er 1896 erstmals selbst nach Rom reisen konnte, hatte er

die von ihm verehrten Künstler Arnold Böcklin, Hans von Marées und Anselm Feuerbach, die in Italien eine Erneuerung ihrer Kunst gesucht hatten, nicht mehr treffen können. Die beiden Letztgenannten lebten bereits nicht mehr, und Böcklin verbrachte, von einem Schlaganfall behindert, seine letzten Lebensjahre in Florenz. Schon als Gymnasiast hatte Schumacher in Bremen seinen allerersten freien Vortrag über das Werk Böcklins gehalten. Später hatte er in den Privathäusern seines Münchner Bekanntenkreises Werke von Böcklin und den Deutschrömern im Original gesehen und sich in seinen feuilletonistischen Artikeln mit ihnen auseinandergesetzt. Nicht zuletzt war er durch seinen Mentor und Bauherrn Alexander Günther in die Welt jener Künstler eingeführt worden, deren Werke dieser schon früh gesammelt und als Kunsthändler an bedeutende Sammler und Museen vertrieben hatte.

Schumacher hatte Günther bei seiner Romreise wiedergetroffen. Durch ihn und durch den von ihm als Cicerone vermittelten Arthur Volkmann, einen Bildhauer und Maler, der lange Zeit mit Hans von Marées zusammengearbeitet hatte, konnte er die Stadt noch mit den Augen der von ihm verehrten Künstler kennenlernen. Dennoch hing über seinem Schreibtisch, seinem intellektuellen Hausaltar, keine der populären Reproduktionen von Böcklins *Toteninsel*, sondern eine Böcklin nachempfundene Lithographie von Max Klinger. Klinger war zweifelsohne aktueller und die bedeutendste Künstlerpersönlichkeit im Deutschland der Jahrhundertwende. Schumacher hatte ihn in seinen Leipziger Jahren näher kennengelernt und zu ihm eine freundschaftliche Beziehung entwickelt. Klingers Arbeiten an der Wand über seinem Schreibtisch können so auch als eine Erinnerung an die nun hinter ihm liegenden Lehr- und Wanderjahre in München, Berlin und Leipzig gelesen werden. Diese hatten jetzt ihren Abschluss gefunden, aber ihre geistigen Einflüsse werden bei der beginnenden Lehrtätigkeit in Dresden als Leitbilder weiterwirken.

Die Zeit in Leipzig von 1895 bis 1901 hatte dem jungen Architekten viele neue Perspektiven eröffnet und Positionen geklärt, die sich in München nur erst vage abgezeichnet hatten. Er wird erst in der Rückschau einschätzen können, welche Bedeutung diese Stadt tatsächlich für ihn hatte, die ihm nach München anfangs so bleiern und kulturfern erschienen war. Der Stadtarchitekt Hugo Licht, dessen herkömmlich historistische Architektur Schumacher keinesfalls besonders schätzte, hatte ihn vermutlich ebenso wie zuvor Seidl wegen seiner herausragenden Fähigkeiten in der zeichnerischen Darstellung von Architekturentwürfen als persönlichen Mitarbeiter und – wie man heute sagen würde – als „Renderer" in sein städtisches Bauamt berufen und ihm recht günstige Arbeitsbe-

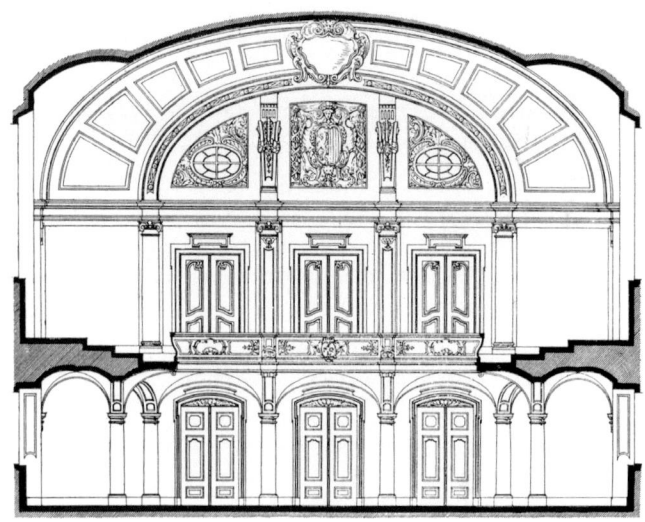

Fritz Schumacher, Rückwand des Konzertsaals für das Gewandhausorchester
im Städtischen Kaufhaus Leipzig,
angefertigt als Mitarbeiter von Stadtbaudirektor Hugo Licht, 1895

dingungen zugesagt. Als Schumacher bald darauf angeboten worden war, in das erfolgreiche Münchner Architekturbüro Heilmann & Littmann zu wechseln, konnte er die in Leipzig ausgehandelten Freiräume sogar noch erweitern und durfte neben der Tätigkeit für Licht freiberuflich eigene Projekte bearbeiten und sich seinen immer weiter gefassten Interessen widmen. Er betreute eigene, über ganz Deutschland verstreute Bauprojekte, publizierte und intensivierte seine schon vorher umfangreiche Reisetätigkeit dank mehrerer Monate Urlaub im Jahr durch längere Studienreisen nach Frankreich, England, Belgien, Holland und Italien. Zudem begann er schrittweise, sich in der Musik- und Buchdruckerstadt neue Tätigkeitsfelder zu erschließen. Neben dem Schreiben gewann er Freude an der Gestaltung von Büchern, er entwarf Einbände für mehrere Verleger, zu denen er auch in freundschaftliche

Fritz Schumacher, Skizze zu einem Nietzsche-Denkmal,
Lithographie nach einer Kohlezeichnung, 1899

Beziehungen trat, begann mit der Herstellung von Exlibris für einflussreiche Persönlichkeiten, trat der Literarischen Gesellschaft bei, nahm aktiv am Ausstellungsleben des Leipziger Kunstvereins und des Kunstgewerbemuseums teil und entdeckte nicht zuletzt die Welt des Theaters als ein völlig neues Feld für seinen Gestaltungsdrang. Vor allem fand er in Max Klinger einen hochverehrten Freund, von dem er nicht nur durch soziale Kontakte, sondern vor allem auch durch geistige Anregungen sehr profitieren konnte.

Er zählte längst zu Klingers Verehrern, als er von Hugo Licht beauftragt wurde, mit dem Künstler in Kontakt zu treten und ihn bei seiner Ausmalung des Treppenhauses im Leipziger

Fritz Schumacher, Eingang zu einem Großstadtkaufhaus bei Nacht,
Lithographie nach einer Kohlezeichnung, 1899

Museum als Architekt zu beraten. Dieser Kontakt vertiefte sich, als sie sich gemeinsam mit anderen Leipziger Kulturschaffenden um den wegen Majestätsbeleidigung zeitweilig in Leipzig inhaftierten Thomas Theodor Heine kümmerten, den bekannten Karikaturisten des seit 1894 in München erscheinenden *Simplicissimu*s. Zu der Sympathisantengruppe gehörte auch Richard Graul, der Direktor des Leipziger Kunstgewerbe-

und späteren Grassimuseums, ein bedeutender Theoretiker der Kunstgewerbereform und zusammen mit Otto Julius Bierbaum und Julius Meier-Graefe zeitweiliger Mitherausgeber der tonangebenden Kunst- und Kulturzeitschrift *Pan*. Graul wurde in der Folge zu einer weiteren Bezugsperson und einem wichtigen Anreger Schumachers.

Zu Hugo Licht konnte Schumacher während dieser Jahre kein so enges Verhältnis entwickeln, wie er es in München zu Gabriel Seidl gehabt hatte. Licht hatte mehrfach sein Unverständnis für die breit gefächerten Aktivitäten des Jüngeren gezeigt, und Schumacher teilte seine noch voll und ganz dem Historismus verhaftete Architekturauffassung ganz und gar nicht. Aber Licht beteiligte ihn an seinen interessanten großen Bauaufgaben und überließ ihm weitgehend selbstständig die innere Ausgestaltung sehr bedeutender Projekte. Schumacher zeichnete die Schaubilder für den siegreichen Wettbewerbsentwurf zum Leipziger Neuen Rathaus, für die dann aber nicht er, sondern Licht auf der Pariser Weltausstellung von 1900 mit einer Goldmedaille ausgezeichnet wurde. Er konnte große Teile des Rathausinneren gestalten und, wie es scheint, sehr selbstständig den Konzertsaal für das Gewandhausorchester im Neubau des Städtischen Kaufhauses entwerfen sowie maßgeblich am Umbau der Johanniskirche mitwirken. Die dort befindlichen Gräber von Johann Sebastian Bach und Christian Fürchtegott Gellert mussten dabei umgebettet werden und erhielten in der Kirche Kenotaphe, die zwar von Schumacher entworfen, aber nur teilweise entsprechend realisiert wurden.

Der große Abwesende auf Schumachers Altarwand über dem Schreibtisch ist Friedrich Nietzsche, dessen Büsten und Portraits von Klinger bald nach Nietzsches Tod im August 1900 schnell größte Verbreitung fanden. Der Hauptgrund hierfür ist wohl, dass Klinger diese Arbeiten gerade erst angefangen hatte, als Schumacher seine neue Wohnung einzurichten begann. Vielleicht dürfen wir stattdessen von dem Buch auf dem Schreibtisch annehmen, es sei eine der Schriften Friedrich Nietzsches. Leider können wir weder den Titel noch den Buchrücken sehen und müssen es deshalb bei der Vermutung belassen. Trotz mehrerer Buchgestaltungen hatte Schumacher nie wie van de Velde oder Behrens Gelegenheit, sich an der Gestaltung und Ausstattung von *Also sprach Zarathustra* oder anderen Schriften Nietzsches zu versuchen. Das heißt jedoch keinesfalls, dass er sich weniger als jene für Nietzsche interessiert und sich weniger mit dessen Schriften befasst hätte oder gar von diesem unbeeinflusst gewesen wäre. Selbstverständlich sah auch er, wie viele seiner Altersgenossen, in Nietzsche den alle anderen überragenden Denker und Propheten der Zeit, der ihnen für das anbrechende 20. Jahrhundert den Weg zu einer künstlerisch gestalteten höheren Kultur wies. Wie viele andere setzte auch Schumacher seinen Artikeln gern Nietzsche-Zitate voran oder verwendete sie als Motto zur Kennzeichnung von Wettbewerbsentwürfen. Noch 1935 stellte er mehreren Kapiteln seiner Lebenserinnerungen solche Zitate voran. Das dritte Kapitel, in dem er über seine Leipziger und Dresdner Jahre berichtet, überschrieb er mit dem Satz aus dem dritten Buch der *Fröhlichen Wissenschaft:* „Was sagt dein Gewissen? – Du sollst werden, der du bist."

Gegen die in vielen Fällen durchaus zutreffende Annahme, dass solche Zitate lediglich aus Georg Büchmanns *Geflügelten Worten* oder anderen populären Zitatenschätzen herausgepickt sein könnten, spricht bei Schumacher, in dessen Schriften sie an unterschiedlichsten Stellen zu finden sind, dass er selbst schwierige Texte gründlich zu lesen pflegte und sich persönlich mehr als andere mit dem Philosophen beschäftigte. Es ist kein Zufall, dass er als erste Tafel seiner 1899 erschienenen, mit *Studien* betitelten Mappe phantastischer Architekturen die Perspektivskizze zu einem Monument für Friedrich Nietzsche vorangestellt hat. Das Original des Blattes hatte zuvor nicht unwesentlich zu dem großen Erfolg einer Wanderausstellung von etwa 50 Kohlezeichnungen von seiner Hand beigetragen, die nach einer ersten Präsentation im Leipziger Kunstverein noch an mehreren anderen Orten in Deutschland gezeigt worden waren. 1899 hatte der Leipziger Verleger Baumgärtner die Mappe mit einer Auswahl von 20 dieser Skizzen herausgegeben. Wie Schumacher selbst schreibt, hatte er sich durch Otto Rieths vielbeachtete, seit 1891 in vier Bänden von Baumgärtner publizierte *Architekturphantasien* anregen lassen. Baumgärtner hatte vorgeschlagen, auch Schumachers Studien in ähnlicher Form herauszubringen, und Rieth hatte dem Vorschlag nach einem Treffen mit Schumacher ausdrücklich zugestimmt. Die Tafeln zeigen eine Reihe von Ideenskizzen zu Denkmälern für Richard Wagner, Otto von Bismarck und Kaiser Wilhelm I., zu phantastischen Gralsburgen und undefinierten Sakralbauten, aber auch monumentale Gestaltungen von modernen Großstadtbauten wie den repräsentativen Eingang

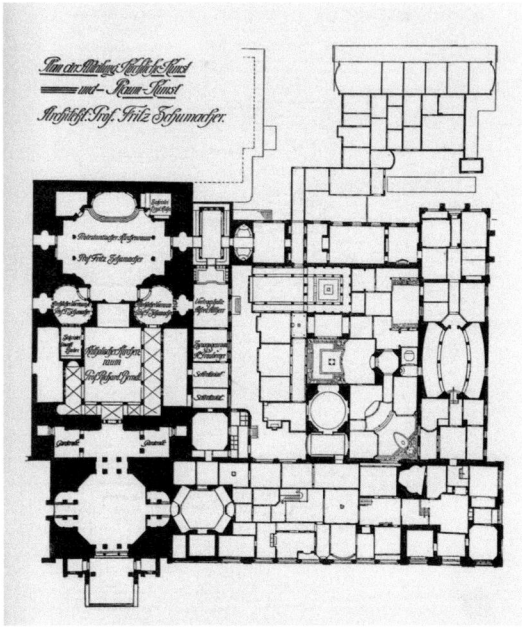

Lageplan der von Fritz Schumacher kuratierten Abteilung für Kirchliche Kunst und Raumkunst der Dritten Deutschen Kunstgewerbeausstellung im Kunstpalast Dresden, 1906

eines Universitätsgebäudes oder das elektrisch illuminierte Portal eines modernen Großstadtkaufhauses bei Nacht, wohlgemerkt zu einem Zeitpunkt, als die Elektrizität sich gerade erst zu ihrem Siegeszug aufmachte und der Bau von Großkaufhäusern wie Alfred Messels Berliner Kaufhaus Wertheim eben erst begonnen hatte.

Später wird Schumacher versuchen, sich vom Pathos dieser Jugendwerke zu distanzieren, aber er wird doch stolz auf den

Fritz Schumacher, Protestantischer Kirchenraum im Zentralbereich der Dritten Deutschen Kunstgewerbeausstellung Dresden, 1906, mit Mosaiken von Otto Gussmann

Erfolg seiner Skizze eines Nietzsche-Monuments bleiben. Diese Idee hatte zwar nie Projektreife erlangt, ihm aber die für seine weitere Karriere sehr nützliche Einladung zur Schwester des moribunden Philosophen, Elisabeth Förster-Nietzsche, und zu dem illustren Kreis in ihrem Haus in Weimar verschafft. Tief bewegt berichtet er von dem Besuch am Sterbebett Nietzsches, den ihm Nietzsches Schwester ermöglicht hatte. Die Trauerfeier allerdings, zu der er nur kurze Zeit später an den gleichen Ort geladen war, wird er kritisieren. Insbesondere die vom Blatt gelesene, sehr akademische Trauerrede des Historikers Kurt Breysig hatte ihm missfallen, er hatte sie angesichts des aufgebahrten großen Toten als unpassend und würdelos empfunden.

Seinen Ruf an die TH Dresden hatte Schumacher bereits vor Nietzsches Tod auf Initiative von Cornelius Gurlitt erhalten, aber die durch den äußerst einflussreichen Weimarer Kreis um Nietzsches Schwester entstandenen neuen Kontakte waren zweifellos eine weitere große Hilfe für die weitgespannten kulturpolitischen Aktivitäten, an denen er sich nach Antritt seiner Dresdner Lehrtätigkeit beteiligte. Seine führende Rolle sowohl bei der Ersten Deutschen Städteausstellung von 1903 in Dresden als auch bei der Dritten Deutschen Kunstgewerbeausstellung von 1906, die zum entscheidenden Impuls für die Gründung des Deutschen Werkbunds im Jahr darauf werden sollte, hätte er ohne die Unterstützung der in München, Leipzig und jetzt auch in Weimar geknüpften Kontakte kaum so schnell übernehmen können.

Eine solche Wirkung seiner flüchtigen Skizze eines Nietzsche-Monuments hatte er selbstverständlich nicht voraussahnen können. Das Blatt wurde noch zu Lebzeiten Nietzsches mehrfach ausgestellt und dann in der erwähnten Mappe publiziert, aber Nietzsche konnte sie aufgrund seiner fortgeschrittenen Krankheit nicht mehr zur Kenntnis nehmen. Der Vorschlag, den Philosophen mit einer monumentalen Denkmalanlage zu ehren und zu verewigen, hatte sowohl inhaltlich wie stilistisch den Geist der Zeit getroffen und blieb noch längere Zeit in der Diskussion. Van de Velde, der 1902 das Weimarer Haus von Elisabeth Förster-Nietzsche zu einem Nietzsche-Archiv umgestaltet hatte, griff zwölf Jahre nach Schumacher die Idee eines

Fritz Schumacher, Wohnraum im Sächsischen Haus auf der
Dritten Deutschen Kunstgewerbeausstellung, Dresden, 1906
oben: farbige Zeichnung (vermutlich von Max Pechstein)
unten: Foto (ohne Verfasserangabe), Dresden 1906

solchen Monuments erneut auf und entwarf mehrere Varianten hierfür. Unter diesen stach die um eine großartige Stadionanlage erweiterte heraus, die wohl kaum zufällig dem nicht realisierten Stadion von Bruno Schmitz ähnelte, das dieser ursprünglich dem Leipziger Völkerschlachtdenkmal zuordnen wollte. Das Völkerschlachtdenkmal wurde 1913 mit größter öffentlicher Anteilnahme und patriotischer Propaganda einge-

Fritz Schumacher, ex libris für Cornelia Gurlitt und für Anton Kippenberg, ausgestellt in einer Sonderausstellung von Schumachers graphischen Arbeiten im Deutschen Buchgewerbehaus Leipzig, vermutlich 1902

weiht, aber van de Veldes Vorschläge für ein großes Nietzsche-Monument wurden aus Geldmangel und wohl auch wegen des 1914 ausbrechenden Krieges nicht weitergeführt.
Das gesuchte monumentale Pathos in Schumachers Architekturphantasien widerstrebt heute, 120 Jahre später, ähnlich dem Völkerschlachtdenkmal unserem gern zur Schau gestellten generell antimonumentalen Geschmack. Es war unübersehbar dem Geist der Entstehungszeit geschuldet, aber zugleich markieren die *Studien* den Anfang von Schumachers Suche nach einem neuen, zeitgemäßen Ausdruck von Monumentalität, die sich durch sein gesamtes weiteres architektonisches Werk zie-

hen wird. Die thematische Bandbreite der *Studien*, die von einem Nietzsche-Monument über Gralsburgen bis zu Eingangsfronten von Universitäten und einer Kaufhausanlage reicht, sollte uns aufmerken lassen, denn sie verweist auf den engen Zusammenhang zwischen der Suche nach tektonischer Monumentalität und der nach einer repräsentativen Gestaltung für die vorbildlosen Bauaufgaben der Moderne.

Schumacher stand nicht allein bei dieser Suche und er war auch nicht der Erste, der dazu aufgebrochen war. Wichtige Anregungen hatte er zweifellos von dem vier Jahre jüngeren Wilhelm Kreis erhalten, den Hugo Licht kurz nach ihm ebenfalls für die Mitarbeit am Wettbewerb zum Leipziger Neuen Rathaus gewonnen hatte. Kreis hatte 1895, noch als Student, den prestigeträchtigen Wettbewerb zum Leipziger Völkerschlachtdenkmal gewonnen, aber den Auftrag hierzu an den 15 Jahre älteren Bruno Schmitz verloren, der schon erfolgreich mehrere gigantische Kaiserdenkmäler an markanten Orten des ganzen Reichgebiets errichtet hatte: an der Porta Westfalica, am Deutschen Eck in Koblenz und auf dem Kyffhäuser in Thüringen. Schumacher kannte mit Sicherheit auch das Projekt seines Münchner Kollegen Theodor Fischer für einen Bismarckturm in Assenhausen am Starnberger See, das etwa zur gleichen Zeit wie seine *Studien* entstanden war. Fischer hatte dort, angeregt von der Relieftheorie des Bildhauers Adolf Hildebrand und zum Teil in direkter Kooperation mit diesem, versucht, eine tektonische Antwort sowohl auf die üblichen vollplastischen Statuen wie auf die theatralisch narrativen Monumentalbauten in der Manier von Schmitz zu geben.

Schumachers eigener, in die *Studien* aufgenommener noch sehr tastender Versuch, einen Bismarckturm auf der Kuppe eines Berges zu skizzieren, hat lange nicht die Qualität des Turmes von Fischer, der nicht nur neu sein wollte, sondern zugleich die Erinnerung an römische Grabdenkmäler wie die Igeler Säule wachhalten sollte. Er reichte auch nicht an die Projekte heran, mit denen Kreis kurz darauf den 1899 ausgeschriebenen Wettbewerb der Deutschen Studentenschaft für den Bau von Bismarcktürmen für sich entschied, der in der Folge einen regelrechten Bauboom in ganz Deutschland für diese Art architektonischer Monumente ohne jeden figurativen Schmuck auslöste. Schumacher wird keinen Bismarckturm bauen, aber er wird als

Mitglied der Jury zu den beiden 1908 und 1912 ausgeschriebenen Wettbewerben für das Bismarck-Nationaldenkmal am Rhein bei Bingerbrück zu einem entschiedenen Verteidiger des Projekts von Wilhelm Kreis, das seiner eigenen Vorstellung von einem zeitgemäßen Monument am nächsten kam, schließlich den ersten Preis erhielt, aber aufgrund des Ersten Weltkriegs nicht mehr realisiert wurde. Auf das von Hugo Lederer und Emil Schaudt errichtete Hamburger Bismarck-Denkmal mit der großen freistehenden Statue des Reichskanzlers konnte er keinen Einfluss nehmen, denn es wurde errichtet, bevor er 1909 nach Hamburg übersiedelte. Es war von Alfred Lichtwark und anderen Jurymitgliedern gegen einen rein architektonischen, tektonischen Entwurf von Kreis durchgesetzt worden. Lichtwarks und Schumachers gegensätzliche Konzepte von zeitgemäßer Monumentalität waren in der Jury für Bingerbrück unvereinbar aufeinandergestoßen, und die zumindest seit der Dresdner Ausstellung von 1906 bestehende Freundschaft der beiden hatte dadurch einen nicht mehr reparablen Bruch erhalten.

Wie sehr Schumacher an der Frage der Monumentalität interessiert war, hatte er schon mit den drei Kapiteln, die er diesem Thema 1899 in seinem kleinen Band mit dem Titel *Im Kampfe um die Kunst* widmete, deutlich gemacht, der als erster Band der Reihe „Ueber Kunst der Neuzeit" vom Straßburger Verlag Heitz herausgegeben worden war, übrigens demselben Verlag, der 1893 Adolf Hildebrands *Das Problem der Form in der bildenden Kunst* und dann etwa ein Dutzend Übersetzungen von Schriften John Ruskins veröffentlicht hatte. Es handelte sich um die drei Aufsätze „Monumentalbaukunst", „Bürgerliche Baukunst" und „Grabmalskunst", die bis auf den letzten, schon 1897 in der *Dekorativen Kunst* erschienenen, keine Wiederveröffentlichungen waren, sondern von Schumacher extra für diesen Band geschrieben wurden. Er forderte darin, die Debatte über Monumentalbaukunst von der sklavischen Nachahmung der Konzepte und Bilder der Renaissance zu befreien, einen undogmatischen, eher künstlerischen Umgang mit den historischen Vorbildern zu pflegen und die Architektur wieder enger mit den freien Künsten, insbesondere mit der Bildhauerei und der Wandmalerei, zu verbinden. Wenn er hierbei ausdrücklich Otto Rieth das Verdienst zuschreibt, mit sei-

oben: Fritz Schumacher, Villa für Heinrich Eduard Osthaus, Hagen
unten: Fritz Schumacher, Villa für Werner Sombart in
Oberschreiberhau, Schlesien

nen *Architekturphantasien* als Erster den Weg zu einer solchen Befreiung gezeigt zu haben, so verweist er zugleich auch auf den Vorbildcharakter von Rieth für seine eigene Arbeit und schließt sich und seine *Studien* unausgesprochen in dessen Lockerungsbemühung mit ein.

Schumacher spricht von den weitreichenden Möglichkeiten zur Erprobung monumentaler Wirkungen bei den großen Ausstellungen und beklagt den Niedergang und die Nüchternheit der Sakralbaukunst in den zurückliegenden Jahrzehnten. Beides seien Felder, auf denen die Debatte um eine moderne Monumentalität weiterentwickelt werden könne, und er wird sich in der Folge auf beiden versuchen. 1903 gehörte er zusammen mit Cornelius Gurlitt zu den Protagonisten der Ersten Deutschen Städteausstellung in Dresden und durfte den Eingangsbereich des Dresdner Kunstpalasts in seinem Sinne monumental neu gestalten. Bei der Dritten Deutschen Kunstgewerbeausstellung 1906, die er ebenfalls maßgeblich mitorganisierte, konnte er dann den zentralen Bereich des gleichen Gebäudes der modernen Sakralkunst widmen. Er platzierte dort drei als beispielhaft verstandene Sakralräume: einen jüdischen Synagogenraum von Heinrich Frauberger, einen katholischen Kirchenraum von Richard Berndl und einen protestantischen, den er selbst gestaltet hatte. Er schlug in der reformierten Bautradition eine Kanzelkirche vor, die sich einerseits an aktuellen englischen Kirchenbauten orientierte, etwa von John Dando Sedding oder Henry Wilson, die Hermann Muthesius in Deutschland bekannt gemacht hatte, andererseits an byzantinischen und frühchristlichen Vorbildern, was insbesondere in der raumbeherrschenden Apsis mit zentraler Kanzel und Orgel unter einem Mosaik von Otto Gussmann zum Ausdruck kam.

Seine bald darauf entstandenen großen Kirchenprojekte für Dresden und für Hagen konnte er zu seinem Bedauern nicht verwirklichen. Lediglich die eine Hälfte des Innenraums des von Katholiken und Protestanten gemeinsam genutzten Bautzener Domes wurde nach seinem Entwurf umgebaut und gab ihm die Möglichkeit, sein Verständnis von einer dem Kontext angepassten modernen Formensprache zu demonstrieren. Noch vor seinem Wechsel von Dresden nach Hamburg erhielt er mit dem Krematorium in Dresden-Tolkewitz seinen einzigen größeren Bauauftrag für Dresden. Bei diesem nicht religionsgebundenen, aber im erweiterten Sinne dennoch als Sakralbau zu verstehenden Gebäude konnte er seine Vorstellungen von einer inhaltlich begründeten modernen Monumentalbaukunst in ihrer ganzen Tiefe zum Ausdruck bringen, was ihn dennoch nicht davor bewahrte, seine Arbeit wie die anderer Zeitgenossen, etwa Behrens und van de Velde, als „Zarathustra-Stil" belächelt zu sehen.

Solchen Spott musste er bei seinen Grabdenkmälern nicht erfahren, die er trotz ihrer geringen Größe ebenfalls zum Aufgabenfeld der Monumentalarchitektur zählte. Sie waren die kleinen privaten Monumente im Gegensatz zu den großen „sozialen" wie Kirchen und Staatsbauten, zu denen er bald auch die neuen öffentlichen Großbauten wie Bahnhöfe, Krankenhäuser, Universitäten, Schulen und dergleichen zählte. Zum Bindeglied zwischen diesen Kleinmonumenten und den in seinem späteren Werk so wichtigen sozialen Monumenten werden Denkmäler im öffentlichen Raum, deren Gestaltung er mehrfach größte Aufmerksamkeit gewidmet hat. Sie zeigen, dass die Grabdenkmäler für ihn keinesfalls eine Gattung von Sonderaufgaben ohne Bezug zu seinen übrigen Arbeiten darstellten.

Um ihre Bedeutung stärker ins Bewusstsein der Fachkollegen und der Öffentlichkeit zu rücken, hatte Schumacher bei der Dresdner Ausstellung von 1906 der Friedhofskunst zu einer eigenen Abteilung verholfen, zu der neben anderen bekannten Architekten wie Wilhelm Kreis und Max Hans Kühne auch er selbst mehrere Grabstätten beigesteuert hatte. Private Begräbnisstätten gehörten neben Privathäusern zu den häufigsten Gestaltungsaufträgen seiner Dresdner Jahre. Gerade bei der Suche nach monumentaler Wirkung für kleine und kleinste Bauwerke sammelte er entscheidende Erfahrungen für die Dimensionierung und Proportionierung seiner späteren Großbauten. In den Grabdenkmälern sah er eine Bauaufgabe, in der nicht Nützlichkeitserwägungen vorherrschten, sondern für private Trauer Orte des Andenkens und der Erinnerung geschaffen werden sollten, bei denen mit Hilfe künstlerischer Gestaltung dem menschlichen Tod die Dauerhaftigkeit des Gebauten entgegengesetzt und so eine der grundlegenden Aufgaben der Architektur überhaupt erfüllt werden konnte. In dem Aufsatz von 1897 über Grabmalskunst hatte er diesen Gedanken erstmals geäußert. In dem Zusammenhang hatte er die Unfähigkeit der figürlichen Grabskulpturen, solches zu leisten, hervorgehoben und stattdessen eine künstlerische tektonische Gestaltung der Grabmäler gefordert. Dass diese Problematik ihn durch sein Lebenswerk begleitete, zeigen seine letzten beiden Bauwerke, das 1934 fertiggestellte Krematorium in Hamburg-Ohlsdorf und der Kenotaph für Ernst Schumacher, den 1941 in

Fritz Schumacher, Krematorium Dresden-Tolkewitz, Eingangsfront, 1908–11

Wjasma bei Smolensk gefallenen Sohn seines Bruders Hermann, den er noch vor Kriegsende in Berlin-Dahlem realisieren konnte, obwohl er kein Mitglied der Reichskulturkammer war und deshalb nicht bauen durfte. Grabdenkmäler zählten offiziell nicht zur Architektur. Der Weg von der Faszination für die Böcklinsche *Toteninsel* und Klingers Bildfolge „Vom Tode" zu diesen letzten Werken war lang, aber er ist von Schumacher sicher nicht unbewusst und nur zufällig verfolgt worden.

Fritz Schumacher, Krematorium Dresden-Tolkewitz, Rückfront, 1908–11

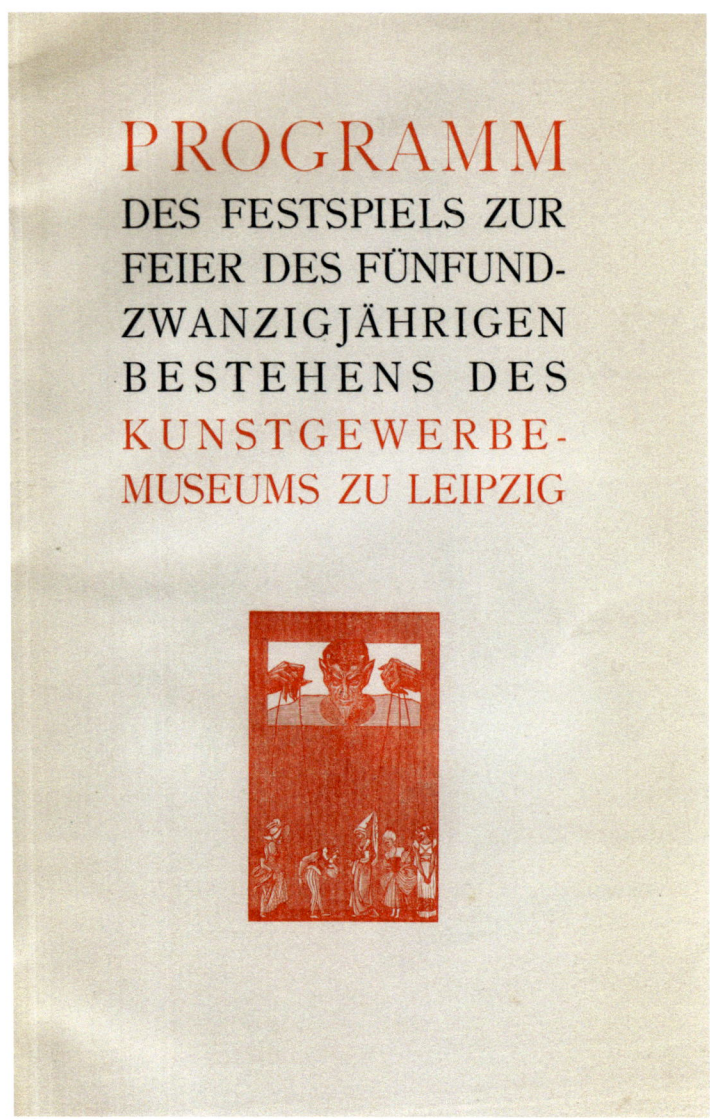

Fritz Schumacher, Titel des Programmhefts zum Festspiel anlässlich der „Feier des fünfundzwanzigjährigen Bestehens des Kunstgewerbemuseums zu Leipzig" im Carola-Theater, Leipzig, 14.11.1899

„Phantasien in Auerbachs Keller"

Am 14. November 1899 feierte das Leipziger Kunstgewerbemuseum, das spätere Grassimuseum, sein 25. Jubiläum. Sein Direktor Richard Graul plante zu dem Anlass ein Großereignis, das den Reformbestrebungen im Kunstgewerbe – dem besonderen Anliegen dieses nach dem Vorbild des Londoner Victoria & Albert Museums eingerichteten Instituts – zu einer besseren Wahrnehmung und Anerkennung im Kulturleben Leipzigs verhelfen sollte. In Fritz Schumacher, mit dem er bei den Aktivitäten zur Freilassung des wegen Majestätsbeleidigung inhaftierten Karikaturisten Thomas Theodor Heine in engeren Kontakt gekommen war, hatte er einen engagierten Mitstreiter gefunden. Gemeinsam planten sie keine der üblichen Ausstellungen, sondern ein Festspiel – wir würden heute eher sagen: ein Event –, das die unterschiedlichen Kunstgattungen Dichtung, Malerei, Bühnenbild, Tanz, Schauspiel unter Beteiligung namhafter Künstler und vor allem vieler Laien aus dem Leipziger Bürgertum zusammenführen und in den Dienst ihres Anliegens stellen sollte. Ein Komitee von elf Persönlichkeiten aus dem Leipziger Kulturleben sollte mithelfen, dieses Ereignis vorzubereiten und ihm, schon im Voraus, Aufmerksamkeit und natürlich auch finanzielle Unterstützung zu verschaffen. Außer Graul und Schumacher gehörten dem Komitee unter anderen der Direktor des Leipziger Historischen Museums Albrecht Kurzwelly, der Komponist und Cellist des

Gewandhausorchesters Julius Klengel und die Verleger Max Brockhaus, Georg Hirzel und Johann Weber an. Stattfinden sollte das Festspiel im Leipziger Carola-Theater, das gerade von einem Vaudeville-Theater zu einem Schauspielhaus mit anspruchsvollem Programm avanciert war.

Schumacher schrieb ein programmatisches Stück in Reimen, das in seinem Titel *Phantasien in Auerbachs Keller* einen Bezug

Titel des Sonderhefts von *The Studio* zum Festspiel der Art Workers Guild *Beauty's Awakening. A Masque of Winter and of Spring*, London 1899

zu Goethes *Faust* und zur Stadt Leipzig herstellte, aber noch keinen zum modernen Kunstgewerbe. Die sechs Akte des Stückes stellten jeweils eine kunsthistorische Epoche vom Mittelalter bis zur Gegenwart dar und gipfelten in einem optimistischen Ausblick auf eine kommende künstlerische Kultur, die „Der moderne Stil" überschrieben war. Die Musik hatten Karl Frodl und Otto Wittenbecher komponiert, und für die Kostümentwürfe der Schlussszenen waren bekannte zeitgenössische Künstler wie Ludwig von Hofmann, Friedrich August von Kaulbach und Emil Orlik gewonnen worden. Jean Golinelli, der Ballettmeister des Opernhauses, studierte die Tanzszenen ein, die Kostüme und die Bühnenbilder stellten die Werkstätten

des Theaters her. Die künstlerische Oberleitung hatte Oskar Borcherdt, die technische Gesamtleitung Albert Goldberg, beide vom Neuen Theater, dem Leipziger Opernhaus. Graul und Schumacher verantworteten die Inhalte und hatten das Inszenierungskonzept der sechs Bilder des Spieles entwickelt.
Es sind keine Entwurfszeichnungen für das Bühnenbild, sondern nur Fotos von einigen Szenen dieser Aufführung erhalten,

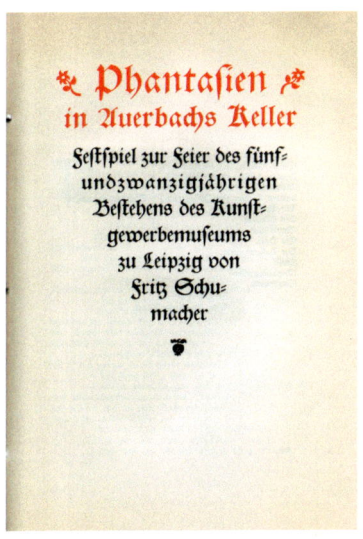

Fritz Schumacher, Titelblatt des Texthefts zum Festspiel *Phantasien in Auerbachs Keller*, Leipzig 1899

sodass wir uns auf zeitgenössische Kritiken und auf Schumachers Beschreibungen in seinen Erinnerungen verlassen müssen. Demnach war die Bühne horizontal in zwei Teile geteilt. Der untere Teil zeigte einen geschlossenen Raum, der Auerbachs Keller darstellen sollte, mit einer Treppe, die von der höhergelegenen Eingangstür in den Keller hinunterführte. Dort saßen um einen Stammtisch vier Leipziger Handwerksmeister mit stark unterschiedlichen Ansichten über die zeitgenössische Kunst und das Kunstwerbe: ein Konservativer, ein Spezialist, ein Fortschrittler und ein Indifferenter, die gemeinsam mit einem Kunstgelehrten, einem Musiker, einem Maler und einem Poeten angeregt und weinselig debattierten. In diese Versammlung platzten zwei späte Gäste hinein, die sich als Faust (gespielt von Oskar Borcherdt) und Mephisto (E. Müller) vorstellten und sofort in die Diskussion einmischten.

Wie es sich für einen Teufel gehört, zauberte Mephisto in der Folge mit dem Besen eine Reihe von historischen Gemälden in Form von lebenden Bildern an die Stirnwand des Kellergewöl-

Walter Crane, Figurinen für „The Dance of the Five Senses" im Festspiel *A Masque of Winter and of Spring*, Guildhall London, 29.6.1899

bes, wofür sich dann jeweils der obere Teil der Bühne öffnete. In Kostümen und im Ambiente ausgewählter vergangener Epochen stellten dort Laienspieler aus der Leipziger Gesellschaft in lebenden Bildern nach bekannten Gemälden mit Tanz, Musik, Couplets und Gesängen das von den späten Gästen Vorgetragene dar. Das erste Bild zeigte ein höfisches Fest aus der Zeit Karls des Kühnen von Burgund mit einem gemessen getanzten Reigen. Von der Gotik führte das Streitgespräch schnell wieder ins gegenwärtige Leipzig, zu Stadtwachstum und zum Gegensatz von Großindustrie und Handwerk. Der Wunsch nach einem neuen Bild aus der von einem Diskutanten besonders gepriesenen deutschen Renaissance wurde schnell erfüllt, und man sah staunend einen Osterspaziergang vor den Toren des alten Nürnberg und Ringelreihen tanzende Kinder.

In der hieran anschließenden Debatte wurde die altertümelnde Renaissance-Mode gehörig madig gemacht und in ein Rokoko übergeleitet, das ganz ohne Puderperücken auskam und für das

Mephisto ein drittes Bild „Szenen im Stile der Watteau-Zeit" zauberte: Schäferidylle, Italienische Komödie und eine Gavotte. Nach einem weiteren Zwischenspiel mit einem Plädoyer des Konservativen für das beschauliche Gestern gegenüber dem „nervösen" Heute erschien als viertes Bild eine „Kaffeegesellschaft in einem Leipziger Garten der Biedermeier-Zeit". Währenddessen ging die Debatte über Johann Strauß und Richard Wagner in ein Wortgefecht über moderne Malerei über. Auf die folgenden beiden Bilder war das gesamte Stück ausgerichtet.

Die Impressionisten wurden für passé erklärt und Edward Burne-Jones herausgestrichen, worauf Mephisto, aufgefordert, etwas im Stil der englischen Präraffaeliten zu zaubern, als fünftes Bild eine Gruppe junger Damen erscheinen ließ, die das Gemälde *The Golden Stairs* von Burne-Jones nachstellten.

Danach ging es um die Dichtkunst, in der die Diskutierenden eine ähnliche Ich-Bezogenheit wie im zeitgenössischen Kunstgewerbe und im Jugendstil mit seinen geschwungenen Linien zu erkennen glaubten. Das verführte Mephisto zu dem Versprechen: „Nun gut! Ich will Euch Kunst der Zukunft zeigen! Ein Bild aus dem ästhet'schen Zukunftsstaat."
Hatten schon die Damen auf der goldenen Treppe nicht mehr historische Kostüme, sondern eher zeitlose Gewänder getragen, so traten im sechsten Bild unter dem Titel „Moderner Stil" auf einer jede räumliche Tiefe vermeidenden dreiteiligen Bühne neue Reigen in den speziell für das Festspiel entworfenen Kreationen zeitgenössischer Künstler auf. In seiner Besprechung bezeichnete der Mitorganisator Ernst Schwedeler-Meyer dieses letzte Bild als das „Schmerzensbild des Abends", an seinem Gelingen sei dem Museumsdirektor Graul besonders gelegen gewesen, weil es den Unterschied zwischen historischer Maskerade und zeitgemäßer Schöpfung qualitätsvoll beweisen sollte. Während er in dem von Schumacher entworfenen dreiteiligen Goldrahmen ein Kompositionsmotiv wiederzuerkennen glaubte, das an moderne Plakate von Jules Chéret oder Eugène Grasset erinnere, sah Schumacher selbst in der Rückschau hier sein erstes Bemühen um einen neuartigen, gegen die naturalistische Bühnenmode der Zeit gerichteten „Reliefstil", wie ihn auch Edward Gordon Craig und andere Bühnenreformer der Zeit anstrebten. Der obere Teil seiner Bühne war nicht um Raumtiefe oder Raumillusion bemüht, sondern versuchte, die zweidimensionalen Möglichkeiten der Malerei auf die Bühne zu übertragen.
Das Stück endete mit einer „Apotheose der Schönheit". Nachdem sich Faust mit einer Ansprache gegen die Sirenen des „Protzer- und des Modentums" und zum Lobe der zeitlosen Schönheit, die sich in vielen Formen offenbaren könne, an das Publikum gewandt und damit Mephisto in die Flucht getrieben hatte, fand eine gemeinsame Huldigung der Schönheit durch sämtliche Figurinen der vorangegangenen historischen Epochen statt. Faust behielt das letzte Wort und beschloss das Stück mit dem Zukunftsbild einer Freude spendenden harmonischen Alltagskultur, die nach dem Sieg der jetzt noch heiß umkämpften künstlerischen Reformbestrebungen in einer endlich gefundenen Harmonie von Kunst und Handwerk aufblühen würde.

Figurine von Friedrich August von Kaulbach zur Schlussszene von
Phantasien in Auerbachs Keller, 1899

Mit den Reden am Stammtisch, die jeweils zwischen den Bildern mit ihren szenischen, tänzerischen und Gesangsdarbietungen geführt wurden, war diese Apotheose argumentativ vorbereitet worden. In ihnen waren in heftigem Für und Wider der

links: Edward Burne-Jones, *The Golden Stairs*, Gemälde, 1889
rechts: Fotomontage des von Fritz Schumacher nach Burne-Jones mit Laiendarstellern inszenierten lebenden Bildes „Die goldene Treppe" im 5. Akt des Festspiels *Phantasien in Auerbachs Keller*, Leipzig, 1899

Reihe nach die strittigen Themen der Kunst und des Kunstgewerbes der Zeit abgehandelt worden, wobei Schumacher es verstanden hatte, vom Publikum wohlverstandene zeitkritische Hinweise einzuflechten, etwa auf den aktuellen Prozess gegen Th. Th. Heine, auf die elitäre Zeitschrift *Pan*, auf die Malerei von Klinger oder die Dichtungen von Zola oder Ibsen.

Das Konzept des Festspiels und seine Organisation waren nicht ohne Vorbild, was allerdings nirgendwo, weder im Programmheft noch in der Veröffentlichung des Textes, auch nicht in den späteren Kritiken erwähnt wurde. Dabei waren das Stück selbst, die Art der Inszenierung unter Beteiligung zahlreicher Laien und zeitgenössischer Künstler, sowie die Gestaltung der Begleitveröffentlichungen unverkennbar inspiriert von einer ähnlichen programmatischen Veranstaltung, die von der englischen Art Workers Guild 1899 dreimal in der Londoner Guildhall aufgeführt und als Sommer-Sonderheft der Zeitschrift *The Studio* detailliert publiziert worden war. Dieses Maskenspiel, das mit vollem Titel *Beauty's Awakening. A Masque of Winter and of Spring* hieß, wird in der Literatur zur Arts-and-Crafts-Bewegung meist kurz als *The Masque* zitiert und stellte für die Art Workers Guild, die aus namhaften Künstlern, Kunsthandwerkern und Architekten bestand, einen wichtigen Wendepunkt in der Auseinandersetzung über die Frage dar, ob ihre Reformbemühungen sich streng auf künstlerische Fragen zu beschränken oder sich im Gegenteil gezielt in politische einzumischen hätten. Bei der Schönen, die in ihrem Stück erweckt werden sollte, handelte es sich um die Stadt London, die in den Fängen der Dämonen von Spekulation und Hässlichkeit gefangen sei und erlöst werden sollte. Am Ende siegte natürlich der Geist der Schönheit, verjagte die bösen Geister und wies den Weg in eine hoffnungsvolle Zukunft: „*Hope is the lesson that our dream shall teach.*" Die bei den drei Aufführungen anwesenden Politiker sollten agitiert werden und mussten hierfür die sarkastischen Vergleiche mit einigen der auftretenden Dämonen über sich ergehen lassen. Alle Autoren, Regisseure und Darsteller waren Mitglieder der 1892 gegründeten Art Workers Guild. Sie hatten selbst alle Texte geschrieben, die Masken und Kostüme entworfen und die Veröffentlichung gestaltet, an führender Stelle der Kunsthandwerker Charles Robert Ashbee, der Illustrator Walter Crane und der Architekt Henry Wilson.

Ob Schumacher oder Graul die Aufführung in London gesehen hatten, wissen wir nicht, aber daran, dass sie die Veröffentlichung in *The Studio* genau studiert haben, besteht schon bei einem flüchtigen Vergleich der jeweiligen Veröffentlichungen zu beiden Ereignissen kein Zweifel. Hinzu kommt, dass beide die Entwicklung der englischen Reformbestrebungen insgesamt und die Aktivitäten der verschiedenen Organisationen der Arts-and-Crafts-Bewegung bereits seit mehr als einem Jahrzehnt intensiv verfolgt und sich in Deutschland für vergleichbare Ziele eingesetzt hatten.

Das Leipziger Festspiel war im Gegensatz zu dem Londoner Maskenspiel weniger ein lustiger augenzwinkernder Mummenschanz als vielmehr ein ernstes deutsches Lehrstück, obwohl die dritte und letzte Aufführung – im Beisein des sächsischen Königspaars im Leipziger Opernhaus, dem von Carl Ferdinand Langhans erbauten sogenannten Neuen Theater – direkt in einen großen Faschingsmaskenball übergeleitet hatte. Die Proben und die Aufführung des Stückes waren in eine regelrechte Kulturkampagne eingebettet, die darauf abzielte, dem Leipziger Bildungsbürgertum die gestalterischen Ziele der Reformbewegung näherzubringen. Der Inhalt des Stückes, seine Einstudierung mit zahlreichen Laien und einigen Theaterleuten sowie die eigentlichen Aufführungen können deshalb als ein pädagogisches Projekt innerhalb des großen „Kampfes um die Kunst" gesehen werden, den Schumacher sich auf die Fahne geschrieben hatte. Diese „Kulturarbeit" war sicherlich kein leichtes Unterfangen, denn man darf sich die angesprochene Leipziger Gesellschaft in Fragen aktueller Kunstbestrebungen durchaus ähnlich skeptisch vorstellen wie die entsprechenden Kreise in anderen Kaufmannstädten auch, zum Beispiel in Hamburg oder Bremen.

Von zentraler Bedeutung für die Breitenwirkung und den nachhaltigen Erfolg des Festspiels war, dass daran neben den professionellen Schauspielern, Tänzern und Musikern nahezu 150 junge Damen und 30 junge Herren aus ‚guten' Leipziger Familien als Laiendarsteller teilnahmen, die zuvor ein intensives Probenprogramm zu absolvieren hatten. Nach den drei Aufführungen des Festspiels konnte man dann auch stolz melden, dass nicht nur die Aufführungen selbst – trotz exorbitant hoher Eintrittspreise – ein großer Publikumserfolg waren, sondern dass es darüber hinaus während der Proben zu nicht weniger als 23 Verlobungen gekommen sei und dass das Festspiel dem Kunstgewerbemuseum viele neue Fördermitglieder zugeführt habe. Zur allgemeinen Überraschung hatten die drei Aufführungen sogar Gewinne eingespielt, die nach der Endabrechnung an verschiedene Leipziger Kulturinitiativen verteilt werden konnten.

Diese Anekdoten allein sind allerdings kaum so bemerkenswert, dass es sich lohnte, hier so ausführlich darüber zu berichten. An der lokalen Bedeutung der drei Aufführungen ist nicht zu zweifeln. Fraglos hatten sie zur Förderung des Kulturlebens in der Messestadt beigetragen. Das Kunstgewerbemuseum stieg in den Folgejahren zu überregionaler Bekanntheit auf und wurde ab 1920 unter dem Namen Grassimuseum mit zwei jährlichen Kunstgewerbemessen zum führenden Ort der Kunstgewerbe- und Designförderung in Deutschland. An dieser Stelle aber interessiert vorrangig die Rolle Fritz Schumachers bei der inhaltlichen Ausrichtung, Gestaltung und Organisation dieses Festspiels und dessen Bedeutung für seinen weiteren Werdegang.

Schumacher war der alleinige Textverfasser des aufgeführten Stückes und wohl auch der maßgebliche Autor des Inszenierungskonzepts, an dessen Realisierung er zudem mit eigenen Bühnenbildern und der Regie der programmatischen beiden letzten Akte beteiligt war. Sein Plakat für das Festspiel, das als Emblem auch den Titel des Programmhefts (Abb. S. 62) und die Einladungen geziert hatte, zeigt Mephisto als Puppenspieler, der historisch gekleidete Figuren mit seinen Fäden lenkt. Es ist denkbar, dass Schumacher anfänglich das Spiel als eine Art Marionettentheater gedacht hatte. Das ließe sich aus seiner mehrfach geäußerten Überzeugung folgern, dass auf der Bühne nur eine weitgehend stilisierende Gestaltung die Dichtkunst zu voller Wirkung bringen könne. Er kannte selbstverständlich den Text Heinrich von Kleists über das Marionettentheater und möglicherweise auch die Überlegungen Edward Gordon Craigs zur symbolistischen Stilisierung von Shakespeare-Stücken. Allerdings gab es noch nicht Craigs erst 1908 in seiner Zeitschrift *The Mask* vorgestellten Vorschlag, die realistisch agierenden Schauspieler durch große unbelebte Figuren, sogenannte Über-Marionetten, zu ersetzen.

1906 während der Vorarbeiten zur Dritten Deutschen Kunstgewerbeausstellung in Dresden hatte Schumacher Harry Graf

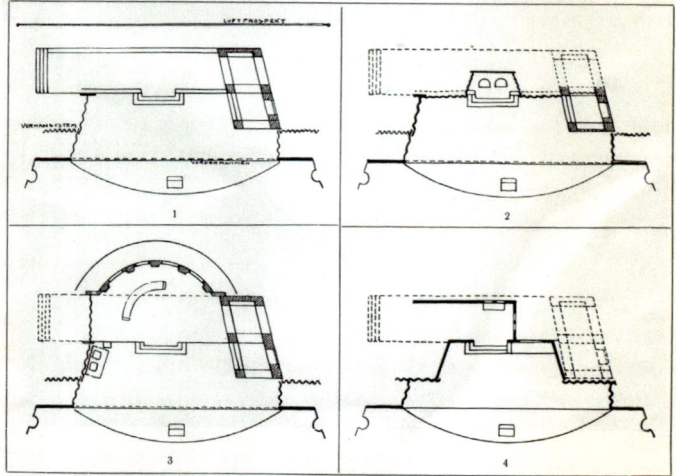

oben: Fritz Schumacher, Bühnenentwurf zu Shakespeares *Hamlet*, 2. Akt. 1. Szene, Hoftheater Dresden, Aufführung 1909
unten: Fritz Schumacher, Beispiele zur Verwandlung der Bühnenarchitektur für vier Szenen der *Hamlet*-Aufführung im Hoftheater Dresden, Aufführung 1909

Fritz Schumacher, Bühnenbilder zu *Hamlet* im
Hoftheater Dresden, Aufführung 1909
oben: „Terrasse in Helsingfors", 1. Akt, 1. Szene
unten: „Audienzsaal", 1. Akt, 2. Szene

Kessler gebeten, ihn mit Craig zusammenzubringen. Er hatte die Absicht, im Rahmen der von ihm verantworteten Sektion Raumkunst gemeinsam mit Craig einen für dessen stilisierende Inszenierungen geeigneten Theaterraum zu entwickeln. In seinen Erinnerungen berichtet Schumacher bedauernd, dass es dazu nicht kam, weil Craig sich gegenüber den technischen Fragen einer solchen Aufgabe als Dilettant erwies und er deshalb schnell von den großen Plänen wieder Abstand nehmen musste. Er habe stattdessen eine sehr reduzierte Art einfacher Marionettenbühne vorgeschlagen. Aber auch diese konnte nicht realisiert werden, weil Craig nach anfänglicher Begeisterung die Zusammenarbeit abbrach und plötzlich statt tatsächlicher Marionetten erneut, wie ganz am Anfang von ihm vorgeschlagen, seine Lebensgefährtin Isadora Duncan und andere schöne Tänzer in marionettenhaften Bewegungen auftreten lassen wollte, was Schumacher leider empört als einen „künstlerischen Bastardgedanken" von sich wies und erst Oskar Schlemmer 20 Jahre später auf seiner Bauhausbühne mit großem Erfolg erproben sollte.

Obwohl sich Schumacher in seinen Leipziger Jahren neben der Architektur in verschiedenen anderen Gestaltungsdisziplinen versucht hatte, wurde das Festspiel von 1899 für sein weiteres architektonisches und städtebauliches Werk zum vielleicht folgenreichsten Seitensprung in eine andere Kunstgattung. Sein Interesse für das Theater war nicht neu. Es war schon in der Bremer Schulzeit ausgeprägt, und er hatte es anschließend während der Münchner Studienjahre im Hause seiner Gastfamilie Willich bei Inszenierungen von lebenden Bildern nach bekannten Meisterwerken der Malerei und in Dekorationen für Faschingsbälle weiterentwickeln können. Zweifelsohne hatte darüber hinaus auch das reiche Münchner Theaterleben seinen heimlichen Wunsch nach intensiverer Betätigung auf diesem Feld wachsen lassen. Er berichtet über die Wirkung der vieldiskutierten Shakespeare-Bühne von Jocza Savits und über Diskussionen im Hause des Verlegers Bruckmann über das von dessen künftiger Gattin Elsa, Prinzessin Cantacuzène (bei Schumacher: Cantacuzena), übersetzte Werk von Adolphe Appia zur Reform der Wagner-Bühne, *Die Musik und die Inszenierung*, noch vor dessen Veröffentlichung im Jahr 1899. Er hatte die

Fritz Schumacher, Entwurf und Ausführung zu *Hamlet*, 3. Akt, 2. Szene, „Saal des Schauspiels", Hoftheater Dresden, Aufführung 1909

deutschen und englischen Bestrebungen zur Theaterreform genau verfolgt und ist später noch mehrfach in seinen Veröffentlichungen darauf eingegangen, zuletzt in der kleinen Broschüre *Wandlungen im Bühnenbild*, deren Erscheinen im Jahr 1948 er allerdings nicht mehr erleben sollte. Dort hat er sowohl diese Reformbewegung als auch seine eigenen Werke für das Theater in konzentrierter Form dargestellt.

Nach den Leipziger Jahren hat diese praktische Wende seines anfänglich dilettantischen Interesses für das Theater ihren Niederschlag in einer Reihe professioneller Theaterarbeiten gefunden, darunter in zwei in der Fachwelt stark beachteten Shakespeare-Inszenierungen mit seiner Bühnengestaltung, 1909 der Hamlet im königlichen Hoftheater in Dresden und 1920 der Macbeth am Deutschen Schauspielhaus in Hamburg. Noch in Leipzig hatte er ein Jahr nach dem Festspiel für das Jubiläum des Kunstgewerbemuseums anlässlich der Einweihung des Künstlerhauses eine Art Folgeauftrag erhalten und das selten gespielte, ebenfalls mit „Festspiel" untertitelte Stück *Paläophron und Neoterpe* von Goethe inszeniert, das wie seine eigenen *Phantasien in Auerbachs Keller* den Kampf des Neuen mit dem Alten zum Gegenstand hatte und mit der Forderung nach Freiheit für die Kunst endete. Er hatte hierfür einen Prolog gedichtet, in dem er auf die unveränderte Aktualität des auf den Tag genau ein Jahrhundert zuvor in Weimar uraufgeführten Stückes verwies.

Im Gegensatz zu dem vorangegangenen Festspiel war diese Aufführung wirtschaftlich und räumlich äußerst beengt. Schumacher musste aus der Not eine Tugend machen und mit einem Minimum an Ausstattung auf einer Bühne ohne räumliche Tiefe spielen lassen, was besonders die ausgelassenen Tanzszenen am Schluss sehr komplizierte. Er hatte hier einen Bühnenraum zu bespielen, bei dem Tiefenwirkungen und Perspektiven praktisch ausgeschlossen waren und das gesamte Spiel sich ähnlich der Nutzung der oberen Bühnenhälfte beim Festspiel von 1899 wie ein zweidimensionales Bild entwickeln musste. Die hierfür erforderliche strenge Stilisierung des Dekors eignete sich sehr gut für das Pathos des in Versform gefassten Stückes, verlieh der Aufführung insgesamt einen monumentalen Charakter und entrückte sie der Alltagsrealität. Dieses Konzept von monumentaler Gestaltung, das er ganz ähnlich bei seinen Entwürfen für private Grabdenkmäler schon versucht hatte, lässt sich in vergleichbarer Weise auch im Werk anderer Zeitgenossen, etwa bei Theodor Fischer oder bei Peter Behrens, finden. Es fußte unverkennbar auf der Relieftheorie des Bildhauers Adolf Hildebrand und war nicht unbeeinflusst von den Theorien Theodor Lipps' zur menschlichen Wahrnehmung.

1909 konnte er wegen seines Umzugs von Dresden nach Hamburg eine bereits konzipierte Inszenierung für *Manfred*, ein geheimnisvoll romantisches, möglicherweise autobiographisches Drama von Lord Byron, nicht mehr realisieren und auch die begonnenen Entwurfsarbeiten für Wagners *Ring des Nibelungen* nicht mehr fortsetzen. Mit beiden war er im Anschluss an den Erfolg seines Dresdner *Hamlet* beauftragt worden. Noch vor der Arbeit am *Macbeth* für das Deutsche Schauspielhaus in Hamburg hatte er 1919 in der auftrags- und geldarmen Zeit nach dem Krieg seine Erfahrungen bei der Goethe-Inszenierung im Leipziger Künstlerhaus wieder aufgegriffen und intensiv an einem jetzt Monumentalbühne genannten Reliefbühnenkonzept gearbeitet. Diese Bühne war tatsächlich das genaue Gegenteil dessen, was man gemeinhin unter einem Monumentaltheater verstehen würde, also keine Einrichtung für das Massentheater wie das von Hans Poelzig für Max Reinhardt etwa gleichzeitig eingerichtete Große Schauspielhaus in Berlin oder das 1927 von Walter Gropius für Erwin Piscator vorgeschlagene „Totaltheater", sondern eher für ein kleines Kammertheater von geringen Dimensionen und mit begrenzten wirtschaftlichen Mitteln.

Es handelte sich um keine der üblichen Bühnen für häufigen Szenenwechsel, sondern vielmehr um eine Art Bühnenmaschinerie für eine Reliefbühne, auf der mit variablen, aber vorgegebenen äußerst einfachen und abstrakten Elementen verschiedenste Stücke gespielt werden konnten. Schumacher hatte dieses Konzept Monumentalbühne genannt, nicht weil die Bühne monumental erscheinen sollte, sondern weil dort erhabenes monumentales Theater gespielt werden sollte, für das eine stilisierte Ausstattung den Rahmen lieferte. Ohne konkreten Auftrag hatte er für diese Bühne probeweise verschiedene Szenen zu Shakespeares *Coriolan* und *Julius Caesar* entworfen, um ihre Flexibilität nachzuweisen.

In einem 1923 in der *Dekorativen Kunst* veröffentlichten Artikel beschreibt Schumacher präzis und knapp das Konzept für diese Bühne und seine Intention bei diesem Entwurf. Seine Bühnenmaschinerie bestand aus acht beliebig verschiebbaren, aufgehängten Pfeilern und einer zahlenmäßig nicht benannten Anzahl Wandscheiben von drei verschiedenen Höhen, die auf Schienen ebenfalls variabel, aber immer parallel zum Bühnen-

Fritz Schumacher, Bühnenbild zu *Manfred* von Lord Byron
für das Hoftheater Dresden, 1909

hintergrund verschoben werden konnten. Mit den wenigen abstrakten Elementen und einer modernen flexiblen Bühnenbeleuchtung sollten alle für das dramatische Geschehen nötigen Stimmungen erzeugt werden, ohne in irgendeiner Weise illusionistischen Naturalismus zu Hilfe nehmen zu müssen. Allein mit den Horizontalen und Vertikalen dieser wenigen Elemente sowie mit den durch die Beleuchtung hervorgerufenen Schatten und Farben würden die erforderlichen Eindrücke der Szenen und die rhythmischen Wirkungen der Darstellung erzielt. Die so entstehenden Bühnenbilder seien nicht Selbstzweck, sondern sollten mit den durch sie erzeugten Stimmungen und Situationen die Darsteller der dramatischen Werke in ihren Aktionen unterstützen. Das Dichterwort und der Schauspieler sollten im

Mittelpunkt stehen und die Zuschauer nicht durch narrative oder naturalistische Bühnengestaltung abgelenkt oder gar vom Hohen Spiel in die Niederungen des Alltags geleitet werden. Mit diesen nicht realisierten Bühnenentwürfen griff Schumacher die Berichte über die *Hamlet*-Inszenierungen Edward Gordon Craigs von 1911 in Stanislawskis Moskauer Theater sowie über die von Fritz Erler von 1912 im von Max Littmann neu

Fritz Schumacher, Bühnenbildentwurf zu *Macbeth* von Shakespeare, 2. Akt. 2. Szene „Schlosshof", für das Deutsche Schauspielhaus in Hamburg, 1920

erbauten Münchner Künstlertheater auf und verdichtete sie mit seinen eigenen Erfahrungen der Dresdner Shakespeare-Inszenierung zu einer radikal abstrakten Gestaltungstheorie. Diese hinterließ ihre Spuren nicht nur in seiner 1920 folgenden Inszenierung am Deutschen Schauspielhaus in Hamburg, sondern noch nach 1933 in einer erneuten, wieder ohne Auftrag unternommenen Serie von Bühnenentwürfen für antike und klassische Dramen und in einem eigenen Kapitel zur „Kunst der Bühne" in seinem 1942 erschienenen Buch *Die Sprache der Kunst*, in dem die Nähe dieser Kunst zu der einige Kapitel danach dargestellten „Kunst des Bauens" sehr deutlich wird.

In nahezu allen während seiner Dresdner und Hamburger Jahre entstandenen Architekturen werden unter dem Eindruck dieser

Bühnenarbeiten entwickelte Gestaltungsprinzipien eine wichtige Rolle spielen. In dem genannten Kapitel zur Baukunst und schon zuvor in seinem bedeutenden, 1926 im Handbuch der Architektur erschienenen Aufsatz *Das bauliche Gestalten* hatte Schumacher auf die unterschiedlichen Wahrnehmungs- und Wirkungsmechanismen von baulichen Volumina und von Innenräumen hingewiesen, auf die besondere Bedeutung von Proportionen und die Abhängigkeit der Wahrnehmung von den Bewegungsabläufen und wechselnden Perspektiven der Betrachter. Innen- und Außenraum lassen sich nicht gemeinsam erfahren, sondern fügen sich kaleidoskopartig erst aus unterschiedlich wahrgenommenen Einzelbildern beim Umschreiten des Baukörpers und beim Durchschreiten der Innenräume zu einem Gesamteindruck zusammen. Im Theater ist dieser Prozess geteilt: Der Zuschauer erfährt die Szenerie und das Spiel unbeweglich von seinem Sitz aus als Bild, während der Schauspieler sich in der Szenerie bewegt und mit seinen Bewegungen den Bühnenraum definiert. Die gebaute Architektur und der Stadtraum sind eher dauerhaft und sie dienen nicht der Darstellung eines bestimmten Stückes, sondern sie sind im Gegenteil Szenerie einer unendlichen Zahl ständig wechselnder Nutzungen, des Alltags der Passanten und Besucher ebenso wie im Lauf der Zeit wechselnder besonderer Ereignisse. Ähnlich sind dagegen die formalen Elemente, aus denen sowohl die Theaterszenerie als auch die städtischen Bauten komponiert sind. In beiden Fällen sind es die vom entwerfenden Künstler durch die Gestaltung der Volumina und Räume gesuchten symbolischen und monumentalen Wirkungen, ihr Spiel von Licht und Schatten, ihr Rhythmus und ihre Proportionen.
Schumachers spezifische architektonische Kompositionstechnik, ja sein gesamtes architektonisches und städtebauliches Werk nach der Jahrhundertwende kann ohne Verständnis für dessen inszenatorischen Charakter und die durch die Bühnenarbeiten geförderte Tendenz zur Stilisierung und Abstraktion der formalen Elemente nur unvollständig nachvollzogen und gewürdigt werden. Hierfür seien hier nur zwei charakteristische Raumdispositive kurz benannt: zum einen dasjenige der von 1911 bis 1913 erbauten Hamburger Kunstgewerbeschule und zum anderen das des Museums für Hamburgische Geschichte, dessen Bau

Fritz Schumacher, drei Probeentwürfe für Inszenierungen unterschiedlicher Stücke auf der Monumentalbühne, Hamburg, 1920

oben: Fritz Schumacher, Entwurfsperspektive zur Eingangshalle der Kunstgewerbeschule, Hamburg, 1909
unten: Fritz Schumacher, Eingangshalle der Kunstgewerbeschule mit Haupttreppe und Czeschka-Fenster (heutiger Zustand nach Instandsetzung der Kriegsschäden und Glättung der ornamentierten Vouten der Deckenkonstruktion)

1914 begonnen, aber durch den Krieg unterbrochen erst 1922 eröffnet und bis 1924 fertiggestellt wurde. In beiden Fällen sind sowohl die Abfolge der wechselnden Eindrücke beim Näherkommen, beim Betreten und beim Durchschreiten der Innenräume als auch die besonders theatralische Wirkung der Eingangshallen sorgfältig inszeniert. Nicht die Funktionen und die Konstruktion und auch nur in zweiter Linie die Materialität und das Dekor bestimmen hier den Gesamteindruck, sondern zuallererst der Gestaltungswille des Entwerfers, seine Absicht, wirkungsmächtige Orte zu schaffen. Im ersten Fall sollen die angewandten Künste durch eine besonders sorgfältige und zeitgemäße Gestaltung ihres Ausbildungsorts eine breitere gesellschaftliche Anerkennung erfahren, im anderen soll die hamburgische Geschichte in einem Bauwerk nachvollziehbar repräsentiert und in ihrer Bedeutung zusätzlich gesteigert werden. Hierzu wird ein überlegter Parcours für den Besucher der Bauten geplant, mit Portalen, Schwellen, Durchgängen, Richtungswechseln und Folgen unterschiedlich dimensionierter Innenräume. Die Tiefenstaffelung der Raumelemente, die Wegeführungen und die Raumteilung in der Horizontalen und in der Vertikalen sind hier auf das Engste mit den Bühnenszenarien verwandt. Schumachers Architekturen sind Bühnen für das Alltagsleben, nicht nur die repräsentativen Innenräume solcher öffentlicher Bauten wie der zwei hier beispielhaft erwähnten, sondern auch die große Zahl der bis 1933 errichteten Schulen oder die Außenräume seines Hamburger Stadtparks und seiner Wohnsiedlungen der 1920er Jahre. Schumachers Raumkunst verleugnet nie die Spuren seiner frühen Bühnenarbeiten, sondern lässt sie selbstbewusst und zielgerichtet in seine moderne Großstadtarchitektur einfließen.

oben: Fritz Schumacher, Schiffsanleger und Haupteingang zum Hamburger Stadtpark bei dem Stadthalle genannten Hauptrestaurant, farbiges Schaubild, Dresden, 1909
unten: Fritz Schumacher, Blick über das Wassertheater auf die Stadthalle, farbiges Schaubild, Dresden, 1909

„Ein Volkspark"

An einem Herbsttag des Jahres 1908 sitzt Fritz Schumacher in Hamburg auf der Terrasse des Othmarscher Gasthauses Ritscher und blickt sinnend über den großen Strom zu seinen Füßen. Er steckt mitten in den Verhandlungen um die Übernahme der Leitung des Hamburger Hochbauamts. Diesmal ahnt er es nicht nur, wie damals am Fuß des Schlern in Südtirol, sondern er weiß genau, dass er eine folgenreiche Entscheidung für seinen weiteren Lebensweg zu treffen hat. Es fällt ihm sehr schwer, seine breit gefächerten Dresdner Aktivitäten auf einen Schlag abzubrechen und die verlockenden Angebote der sächsischen Regierung auszuschlagen, die ihn zu gern behalten hätte. Er weiß nicht, ob er sich beruflich verbessern oder verschlechtern wird, ob er die kommenden Aufgaben in seinem Sinne wird bewältigen können. Er weiß nur, dass es etwas völlig anderes sein wird, seinen „Kampf um die Kunst" nicht wie bisher auf dem Feld der Kulturpolitik und der Hochschullehre mit Analysen, Ausstellungen und Seminaren auszufechten, sondern ihn künftig auf dem zu diesem Zeitpunkt noch kaum erschlossenen praktischen Feld der Stadtbaukunst zu bestehen, zudem in einer Stadt, in der es bisher kaum Anzeichen dafür gegeben hat, dass die Verantwortlichen im Städtebau mehr als eine technische organisatorische Aufgabe gesehen oder ihm gar raumkünstlerische Bedeutung zugemessen hätten. Er muss seine akademische, ganz überwiegend theoretische

Albert Renger-Patzsch, Luftbild des Hamburger Stadtparks, um 1930

Beschäftigung abbrechen und sich in der großen Stadt ein völlig neues Arbeitsfeld erschließen.

In seinen Erinnerungen beschreibt Schumacher, wie er in der kurzen Verhandlungspause, die er nur nutzen wollte, um seine Gedanken zu ordnen, durch ein als zeichenhaft empfundenes Ereignis zu seiner Entscheidung gebracht wurde: Just in dem Moment fuhr auf der Elbe ein aus Amerika zurückkom-

Fritz Schumacher, Entwurf für das Hamburger Institut für Tropenmedizin, Dresden/Hamburg, 1909

mender Passagierdampfer vorbei – nicht irgendeiner, sondern, wie er meinte, das gleiche Schiff, mit dem seine Eltern 1888 aus New York zurückgekehrt waren, von ihm und weiteren Familienmitgliedern von eben dieser Terrasse fröhlich winkend begrüßt. Er versteht das Ereignis als einen direkten Zuspruch seines längst verstorbenen Vaters, den Sprung ins Unbekannte zu wagen und sich mit einem radikalen Schnitt von seiner akademischen Laufbahn zu trennen. Er nimmt die in Hamburg seit längerem vakante Stelle an, aber erbittet sich zuvor eine fast einjährige unbezahlte Auszeit, um sich gründlich auf die anstehenden Planungsaufgaben vorbereiten zu können. Sein neues Amt als Leiter des Hamburger Hochbauamts tritt er dann an seinem 40. Geburtstag an, dem 4. November 1909.

Er erfüllte sich damit den langgehegten Wunsch, endlich all die Ideen zu einer modernen, künstlerisch gestalteten und gesünderen Großstadt praktisch anwenden zu können, die er theoretisch mehrere Jahre lang im akademischen Umfeld der TH Dresden diskutiert hatte. Schon 1903 hatte er auf der von Cornelius Gurlitt und ihm selbst maßgeblich mitorganisierten Ersten Deutschen Städteausstellung in Dresden seinen Vortrag

Fritz Schumacher, Entwurf zur Erweiterung des Hamburger Stadthauses an der Stadthausbrücke, Hamburg, 1909

über „Architektonische Aufgaben der Städte" mit dem Hinweis beendet, dass eine reiche und prosperierende, aber so hässlich und unorganisch entwickelte Großstadt wie Hamburg nur unter der Leitung eines künstlerisch versierten Städtebaudirektors die für ihre Entwicklung erforderliche Struktur und ein zeitgemäßes modernes Aussehen erhalten könne. Er schlug damals noch nicht sich selbst vor, sondern nannte Theodor Fischer und Bruno Schmitz als besonders geeignete, herausragende Vertreter der jungen Kunst des Städtebaus. Er hatte gerade erst seine Professur in Dresden angetreten und hatte sich als Architekt und Städtebauer noch kaum einen Namen machen können. Da sich aber in der Folge seine praktische Mitwirkung am Dresdner und sächsischen Baugeschehen nicht so entwickelte wie anfangs erhofft, hatte er nun für viele überraschend die

Stelle im Hamburger Hochbauamt angenommen, dessen vorheriger Leiter, Johann Christian Zimmermann, bereits viele Jahre krankheitshalber ausgefallen war und dessen amtierenden Stellvertreter, Albert Erbe, man nicht hatte befördern wollen. Eine vergleichbare Stelle als Stadtbaurat der damals reichsten deutschen Stadt Charlottenburg hatte Schumacher 1907 ausgeschlagen, möglicherweise wegen der in naher Zukunft bevorstehen-

Fritz Schumacher, Entwurf zur Volksschule Teutonenweg in Hamburg-Hammerbrook, Dresden/Hamburg, 1909

den Zusammenlegung mit dem benachbarten Berlin und wohl auch wegen der zu erwartenden Konkurrenz mit dem damaligen Berliner Stadtbaurat Ludwig Hoffmann.
Seine Entscheidung für eine Tätigkeit im öffentlichen Dienst Hamburgs stieß bei seinen Hochschulkollegen auf tiefes Unverständnis. Sie hätten es eher nachvollziehen können, wenn er eine der an ihn ergangenen Berufungen an eine andere Hochschule oder auf die Direktorenstelle einer zu reformierenden Kunstgewerbeschule angenommen hätte, statt diese eine nach der anderen auszuschlagen. Er aber wechselte in die Hamburger Bauverwaltung und zog das geringere Sozialprestige dieser Stelle der Professur an der Dresdner Technischen Hochschule vor, die manch anderer bereits als Höhepunkt seiner beruflichen Karriere gesehen hätte.

Er ging nicht sofort nach Hamburg, sondern begann seine Amtszeit, was ebenfalls durchaus ungewöhnlich war, mit dem erwähnten unbezahlten Urlaub. Er wollte in Dresden seine Umgestaltung des Bautzener Domes, den Bau der Leipziger Handelshochschule und den des Dresdner Krematoriums noch abschließen und sich parallel dazu auf die neue Tätigkeit in Hamburg gründlich vorbereiten, da er, von seiner subalternen Mitarbeit bei Hugo Licht in

Fritz Schumacher, Entwurf für das Kleinkinderhaus in Hamburg-Uhlenhorst, 1909

Leipzig abgesehen, über keine nennenswerte Verwaltungserfahrung verfügte und bis anhin als Architekt lediglich die zwei genannten öffentliche Großbauten in Leipzig und Dresden zu verantworten hatte. Er nutzte diesen Vorlauf, um mit seinen Dresdner Mitarbeitern eine Reihe von Projekten auszuarbeiten, die im Hamburger Hochbauamt auf ihn warteten.
Dank dieser sorgfältigen Vorbereitung konnte er in Hamburg mit einem Paukenschlag beginnen und sowohl den Mitarbeitern seines Amtes als auch den lokalen Politikern und der Fachwelt der Stadt seine Absichten von Anfang an unmissverständlich klarmachen, konnte zeigen, wie er seine Rolle als künstlerischer Gestalter einer modernen Großstadt verstand und mit welchem Gestaltungskonzept er der Stadt ein zeitgemäßes Gesicht geben wollte. Keiner sollte glauben, dass seine Ziele nur theoretisches Gerede wären und nicht ernst und realistisch gemeinte Absichten. 1935 wird er stolz in seinen Erinnerungen schreiben: „Beim Einzug in Hamburg war ich künstlerisch gewappnet, und das war mein Glück, denn sonst wäre ich verloren gewesen."

oben: Gebr. Roethe mit Willy Bungarten, Entwurf zum Hamburger Stadtpark,
1. Preis im Wettbewerb von 1908
unten: Max Laeuger, Entwurf zum Hamburger Stadtpark,
Ankauf im Wettbewerb von 1908

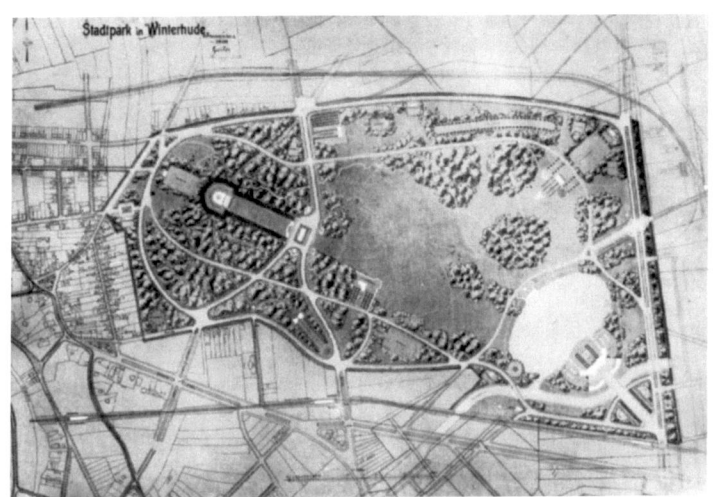

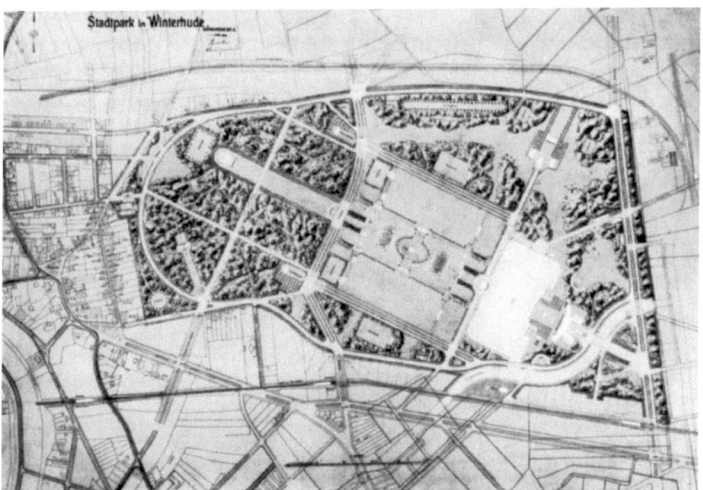

Ferdinand Sperber, zwei alternative Vorprojekte zum Hamburger Stadtpark auf der Grundlage der Wettbewerbsvorschläge, 1908

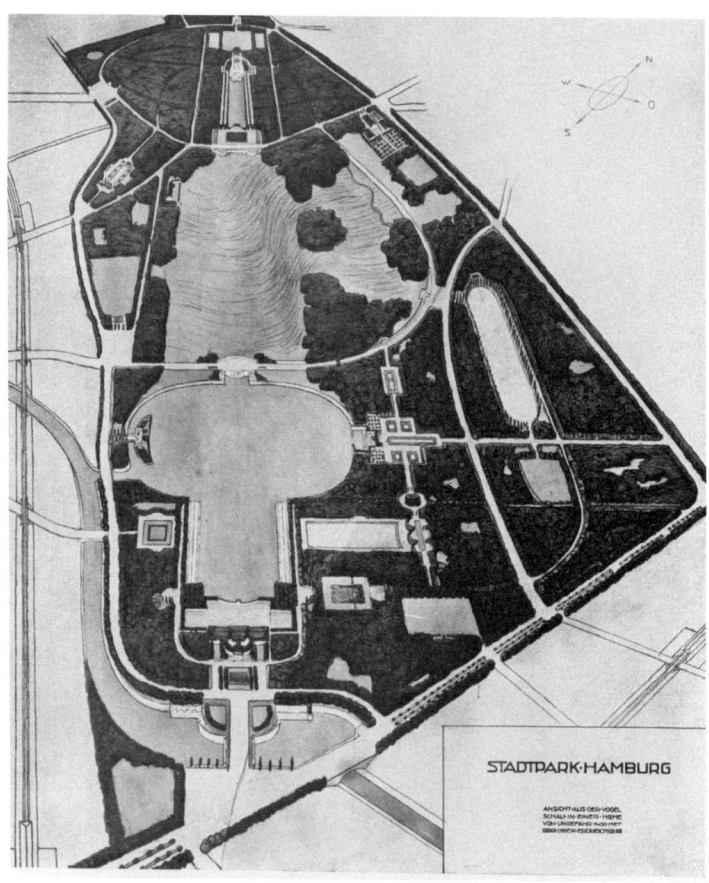

Fritz Schumacher/Ferdinand Sperber, genehmigtes Ausführungsprojekt
für den Hamburger Stadtpark, 1909

Alle diese Projekte waren öffentliche Bauten, wie sie die schnell
wachsende Großstadt für die Verwaltung, die Ausbildung und
die Gesundheitsfürsorge in großer Zahl benötigte. Ihre Programme waren schon lange beschlossen, aber nicht ihre Form
und Gestalt. Als die vordringlichsten hatte Schumacher die
neue Kunstgewerbeschule, das Technikum am Berliner Tor, das
Tropeninstitut, die Schule am Teutonenweg und das Museum
für Hamburgische Geschichte ausgewählt und vorab bearbeitet.
Dazu kam als wichtigstes und umfangreichstes Projekt sein Vorschlag für das umkämpfte Gesamtkonzept zum neuen Hambur-

ger Stadtpark mit einer Serie von Entwürfen für das zur Ausstattung des Parks vorgesehene umfangreiche Bauprogramm. Dennoch beschreibt er in seinen Erinnerungen, wie ihm erst schrittweise klar wurde, welch gewagten Sprung er tatsächlich unternommen hatte. Zwar hatten die wenigen der Kulturreform zuneigenden Hamburger, nicht zuletzt der Werkbundmitbegründer und Kunsthallendirektor Alfred Lichtwark und der Direktor des Museum für Kunst und Gewerbe Justus Brinckmann, große Erwartungen an sein Kommen geknüpft, aber die Entscheidungsträger der Stadt, die Behördenvertreter und die Mehrzahl der Fachkollegen verhielten sich ihm gegenüber

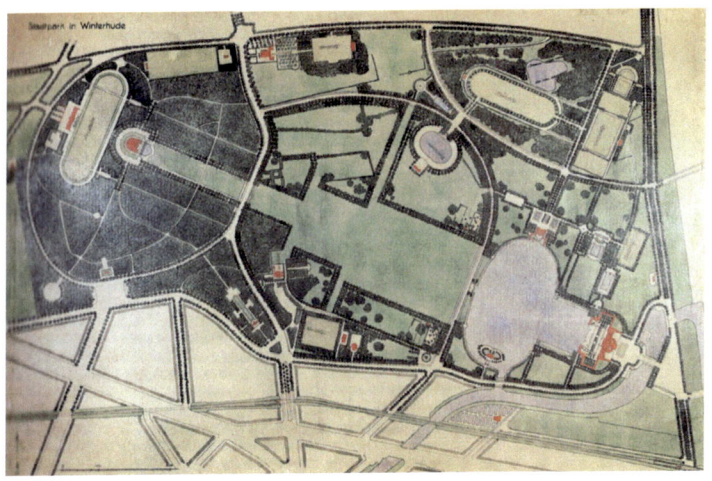

Fritz Schumacher/Otto Linne, Gesamtplan des Hamburger Stadtparks nach Fertigstellung, ca. 1924

wenn nicht feindselig, so doch zumindest abwartend. Die ersten Projekte, die er mit seiner Zustimmung absegnen sollte, waren nicht die aus Dresden baureif mitgebrachten, sondern ein Gasometer in Fuhlsbüttel und das Schwesternhaus, das der Direktor des Eppendorfer Krankenhauses Hermann Lenhartz nach seinem Geschmack hatte anfertigen lassen. In höchster Eile verpasste er dem Gasometer eine neue, nicht historistische Fassade und überarbeitete das Schwesternhaus, das heutige Erikahaus, komplett nach seiner für alle öffentlichen Bauten gedachten Gestaltungslinie.

„Ein Volkspark" 97

Die Auseinandersetzungen um den Bau des Hamburger Stadtparks hatten sich schon vor seinem Kommen zugespitzt, seit das Parkprojekt nach langem Vorgeplänkel 1902 mit der Zuweisung des Sierichschen Wäldchens und angrenzender Ländereien in Winterhude begonnen hatte, konkrete Form anzunehmen. Als Schumacher berufen wurde, gab es in der zuständigen Kommission zwei unversöhnliche Lager. Auf der einen Seite, geschart um den Kunsthallendirektor Alfred Lichtwark und den Direktor des Museums für Kunst und Gewerbe Justus Brinckmann, die Anhänger eines architektonischen Parks amerikanischer und englischer Prägung, auf der anderen um den gerade

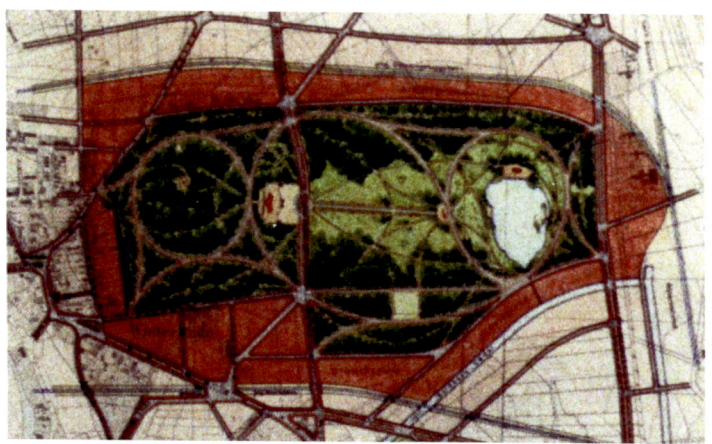

Franz Eduard Vermehren, Skizze D der Vorentwürfe zum Hamburger Stadtpark, 1902

aus dem Amt scheidenden Leiter des Amtes für Ingenieurwesen Franz Eduard Vermehren und seinen langjährigen Mitarbeiter und seit 1907 amtierenden Nachfolger Ferdinand Sperber die glühenden Verteidiger des Landschaftsgartens in der Tradition der englischen Gärten des 18. Jahrhunderts und die Bewunderer der Pariser *jardins anglais* von Adolphe Alphand aus der zweiten Hälfte des 19. Jahrhunderts. Das gesamte Projekt stand kurz davor, an dieser Konfrontation zu scheitern.
Tatsächlich reichte die Planungsgeschichte des Hamburger Stadtparks bis in das Jahr 1892 zurück, in die Zeit direkt nach der Hamburger Choleraepidemie, als das Fehlen einer größeren

öffentlichen Grünanlage für die Bevölkerung der dichtbebauten und übervölkerten inneren Stadt und insbesondere der neuen Arbeiterviertel im Nordosten der Stadt endlich dem Hamburger Bürgertum und seinen politischen Repräsentanten bewusst geworden war. Die Hamburger Stadtparkfrage war so gesehen von Anfang an alles andere als eine rein ästhetische, sondern eine höchst aktuelle soziale Frage. Man sprach es in Hamburg nicht gern an, aber das benachbarte Bremen hatte zu diesem Zeitpunkt bereits die Anlage eines Bürgerparks abgeschlossen, den der aus den USA zurückgekehrte Wilhelm Benque schon 1866 entworfen hatte und der auf städtischem Grund fast völlig aus privaten Spenden finanziert worden war. Erst in seinen Erinnerungen, lange nach der 1924 erfolgten Fertigstellung des Hamburger Stadtparks, erwähnte Schumacher beiläufig die Rolle, die sein Vater Hermann Albert Schumacher als Schriftführer des Bürgerpark-Vereins bei der Realisierung des Bremer Parks gespielt hatte.

Alfred Lichtwark hatte sich von Anfang an für den Bau eines Hamburger Stadtparks engagiert. Seit seiner Reise zur World's Columbian Exposition in Chicago von 1893 kannte er die modernen amerikanischen Volksparks und die Bestrebungen des amerikanischen Park- und des City-Beautiful-Movement zur Verbesserung der großstädtischen Lebensverhältnisse. Auf seinen zahlreichen Reisen für die Hamburger Kunsthalle hatte er in der Folge auch die neuesten Parks in anderen deutschen Städten, vor allem aber in Frankreich, England und Skandinavien besucht und ab 1897 in seinen „Briefen an die Kommission für die Verwaltung der Kunsthalle" den Hamburger Kunstfreunden und Förderern seines Museums ausführlich und mit unverhohlener pädagogischer Absicht darüber berichtet.

1908, im Jahr von Schumachers Bewerbung in Hamburg, hatte Lichtwark seine Überlegungen zu einem zeitgenössischen Park für Hamburg im Jahrbuch seines Museums zusammengefasst und 1909 erweitert in seinem stark beachteten Buch *Park- und Gartenstudien* erneut vorgestellt. Er forderte einen Park, in dem der Bürger nicht mehr wie ein geduldeter Gast im Garten seines Fürsten umherwandelt, sondern einen Park, den er nicht nur bezahlt hat, sondern den er auch als seinen Besitz versteht, in dem er sich zu Hause fühlt und den er selbstbewusst bewohnt.

Lichtwark polemisierte gegen die geschlängelten Wege der romantischen Gartenanlagen des vergangenen Jahrhunderts, die zwar bei geringstmöglicher Gesamtfläche ein Maximum an pittoresken Parkansichten ermöglichten, die man aber nicht verlassen durfte, um auf einer Wiese ein Picknick zu machen oder Ball zu spielen. Er war begeistert von den amerikanischen Parks, die mit ihren Bauten und Anlagen zu vielfältigen sportlichen Betätigungen und Geselligkeiten anregten. Das damals längst von der Kommission für den Hamburger Park vereinbarte Programm baulicher Anlagen ist ohne diese amerikanischen Vorbilder mit ihren *field houses, tennis courts, swimming lakes,* der obligatorischen antialkoholischen *dairy farm* oder dem *Kinderberg* nicht denkbar. Leider standen aber einem solchen Programm die feudal geprägten europäischen Gartenbautraditionen entgegen, und auch in Hamburg überwog bei den städtischen Baubeamten noch immer der Hang zur pittoresken Überhöhung der Natur und wurden die städtischen Massen eher als Gefahr denn als Nutzer von Parkanlagen angesehen.

Die Planung des Parks unterstand formell dem Amt für Ingenieurwesen, das in Hamburg neben dem Tiefbau auch für alle Fragen der Stadtplanung und der öffentlichen Grünanlagen verantwortlich war. Es war deshalb selbstverständlich, dass dessen Leiter, der Oberingenieur Franz Eduard Vermehren, die ersten Entwürfe für den Park vorlegte. Die Machtfülle seines Amtes ging auf Franz Andreas Meyer zurück, der nicht nur den Freihafen und die Speicherstadt geschaffen, sondern 1892 auch den ersten Generalplan für die Stadterweiterung Hamburgs vorgelegt hatte. Unter ihm hatte Vermehren während vieler Jahre gearbeitet, bis er 1901 sein Amt übernehmen konnte. 1907 hatte er es dann seinerseits an seinen langjährigen Mitarbeiter Ferdinand Sperber weitergegeben, der wie schon Meyer und auch Vermehren selbst ein Absolvent des Polytechnikums Hannover und Schüler von Conrad Wilhelm Hase gewesen war, der mit seiner von England beeinflussten neogotischen „Hase-Schule" ganz Norddeutschland mit unverputzten Ziegelbauten geprägt hatte – so über seinen Schüler Meyer vermittelt auch die Hamburger Speicherstadt.

Vermehrens Vorentwürfe von 1902, allesamt herkömmliche englische Gärten, blieben in der Kommission nicht unwidersprochen, aber erst 1908 wurde ein offener Wettbewerb ausgeschrieben, zu dem insgesamt 64 Arbeiten eingereicht wurden. Der Entscheid der Jury, an deren Abstimmung Lichtwarks wichtigste Verbündete Justus Brinckmann und Johann Wilhelm Cordes, der Gestalter und Direktor des Ohlsdorfer Friedhofs, nicht hatten teilnehmen können, heizte den schwelenden Konflikt weiter an und veranlasste Lichtwark zu den oben genannten Veröffentlichungen. Es gab keinen ersten Preis, sondern die Empfehlung an das zuständige Amt, auf der Grundlage eines der zweiten Preise, der für einen herkömmlichen Landschaftspark an das Bonner Gartenbaubüro Gebr. Roethe mit dem Architekten Willy Bungarten vergeben worden war, einen Ausführungsplan zu erarbeiten. Alle prämierten Arbeiten folgten ähnlichen Konzepten, lediglich der letzte der drei Ankäufe war, wohl als Trostpflaster für den überstimmten Lichtwark, an Max Laeuger aus Karlsruhe für den Entwurf eines künstlerisch-monumentalen architektonischen Gartens vergeben worden.

Laeuger, der zusammen mit Lichtwark und Schumacher sowie weiteren namhaften Künstlern, Industriellen und Politikern 1907 den Deutschen Werkbund gegründet hatte, war seit der von ihm im gleichen Jahr organisierten Mannheimer Kunst- und Gartenbauausstellung der bekannteste deutsche Vorkämpfer für den architektonischen Garten und den großstädtischen Volkspark. Er hatte für Hamburg einen architektonischen Park in der Manier der formalen Gärten vorgeschlagen, wie sie seit einigen Jahren im Umfeld der englischen Arts-and-Crafts-Bewegung unter anderen von Reginald Blomfield, Gertrude Jekyll und Thomas Hayton Mawson angelegt worden waren. Nicht nur sein großer Sondergarten auf der Mannheimer Ausstellung, sondern auch die gerade im Bau befindliche Gönner-Anlage in Baden-Baden hatte Laeuger, der kein Gärtner oder Landschaftsplaner, sondern Architekturprofessor an der TH Karlsruhe und international berühmter Keramiker war, Anerkennung und Lob seitens der Gartenbaureformer weit über Deutschland hinaus eingetragen, was jetzt Lichtwarks Kritik an der Hamburg Juryentscheidung zusätzliches Gewicht verlieh. Allerdings beförderte Laeugers Protagonistenrolle auch zugleich die Kritik aus der Gartenbaubranche, die meinte, sich gegen eine Einvernahme ihrer Domäne durch fachfremde Architekten und Künstler zur Wehr setzen zu müssen.

Fritz Schumacher, Stadthalle und Stadtparksee, Luftfoto, Hamburg, ca. 1925

Fritz Schumacher, Bootsanleger auf der Stadtparkinsel,
Hamburg, ca. 1925
(Foto: Heinrich Lübbert)

Fritz Schumacher, Bootsanleger beim Stadtcafé, Hamburg, ca. 1925
(Foto: Heinrich Lübbert)

Dieser Kritik schloss sich Leberecht Migge nicht an, der äußerst talentierte junge Mitarbeiter der Hamburger Gartenbaufirma Jakob Ochs, der nach dem Krieg zu einem der bedeutendsten Gartenarchitekten Deutschlands mit Arbeiten nicht nur in Hamburg, sondern insbesondere auch im Neuen Frankfurt und in den Berliner Großsiedlungen aufsteigen sollte. Obwohl nicht Architekt, sondern gelernter Gärtner, griff er die Juryentscheidung massiv an und veröffentlichte die kleine Kampfschrift *Der Hamburger Stadtpark und die Neuzeit* mit dem suggestiven Untertitel *Die heutigen öffentlichen Gärten – dienen sie in Wahrheit dem Volke?*, eine Philippika gegen den Landschaftsgarten und ein Plädoyer für den architektonischen Park, zugleich eine Eloge auf Laeugers Entwurf, der hier in den beigegebenen Illustrationen erstmals einer breiteren Öffentlichkeit vorgestellt wurde. Migge erklärte den Landschaftsgarten nicht nur für überwunden, sondern rundheraus für unsozial und schädlich in einer modernen Großstadt. Der Hamburger Stadtpark müsse ein echter Volkspark werden, und hierfür eigne sich nur ein raumkünstlerisch gedachter architektonischer Park, der keinerlei Anschein von Pseudonatur zu erwecken versuche.

Als Folge der durch die Juryentscheidung ausgelösten Polemik wurde Ferdinand Sperber aufgefordert, in seinem Amt für Ingenieurwesen zwei Planvarianten zu erarbeiten, für einen Landschaftsgarten und einen architektonischen Park, an Hand derer die zu erwartenden Baukosten abgeschätzt werden sollten. Das Ergebnis dieses Vergleichs fiel, wie angesichts der Parteinahme des Verfassers nicht anders zu erwarten war, selbstverständlich zugunsten des Landschaftsgartens aus. Diese beiden Varianten für den Gesamtplan der Parkanlage sowie das bereits zuvor beschlossene Nutzungskonzept für die erwünschten Bauten fand Schumacher bei seiner Ernennung vor, und auf ihrer Grundlage begann er in Dresden mit seiner Entwurfsarbeit. Als künftiger Leiter des Hochbauamts war er allein für diese Bauten und nicht für die Gesamtanlage des Parks zuständig. Diese Tatsache erschwerte seine Arbeit, denn an seiner Parteinahme für Lichtwark und Laeuger in der Gestaltungsfrage bestand kein Zweifel, und er war natürlich von Lichtwark in allen Details über die Vorgeschichte informiert.

Die meisten Bauten des Stadtparks entwarf Schumacher noch in Dresden und stellte sie bei seinem Amtsantritt in überzeugenden, zum Teil farbigen Perspektivdarstellungen vor. Sie wurden im Folgejahr auf der großen Berliner Städtebauausstellung neben den neuesten Parks anderer Großstädte aus Europa und Amerika ausgestellt und von dem Kurator der Ausstellung, Werner Hegemann, in seinem zweibändigen Katalogbuch als beispielhaft abgebildet. Sicherlich nicht zufällig finden sich 1910 die ausführlichen Berichte zum Hamburger Wettbewerb und zu Schumachers Stadtparkentwürfen in der *Deutschen Bauzeitung* in direkter Nachbarschaft zu denen über die Berliner Städtebauausstellung und zu den dort erstmals in Europa gezeigten Schaubildern zum Entwicklungsplan für Chicago von Daniel Hudson Burnham und Edward Bennet.

Schumacher hatte die Stadtparkbauten in mehreren Phasen entworfen. In Dresden entstanden die Entwürfe für den Schiffsanleger am Haupteingang, die Stadthalle nach dem Vorbild der Chicagoer *field houses* und die Anlagen am Stadtparksee, das Stadtcafé am See, die Trinkhalle für Mineralwasser-Kuren, das Landhaus, die antialkoholische Milchwirtschaft – eine als Vier- und Marschländer Bauernhof gestaltete Gastwirtschaft, bei der Kühe und Ziegen weideten und Großstadtkinder wie in der New Yorker *dairy farm* lernen konnten, wo die Milch herkam – sowie eine Platzanlage gegenüber der Einmündung der Maria-Louisen-Straße in den Grasweg. Die Schaubilder zeigen an der höchsten Stelle des Geländes noch nicht den Wasserturm von Oscar Menzel, dessen Entwurf nach einem ebenfalls 1908 ausgeschriebenen Wettbewerb bereits zur Realisierung ausgewählt worden war. Der Wasserturm erscheint erst auf den in Hamburg bearbeiteten Perspektiven, die nach der Einigung über den Gesamtplan des Parks entstanden sind. Für den Wasserturm entwarf Schumacher zu einem späteren Zeitpunkt eine neue Fassade und die dortige Brunnenanlage, ebenso das damit korrespondierende Kaskadengebäude am See. Auch die einzelnen Sondergärten, das große Planschbecken und die Anlage beim Heine-Denkmal folgten später.

Man konnte zu diesem Zeitpunkt den Hamburger Stadtpark nur bedingt als Schumachers Werk bezeichnen. Dazu wurde der Park erst nach zahllosen zähen Auseinandersetzungen um jedes Realisierungsdetail, die sich über die lange Zeit bis zu der durch den Ersten Weltkrieg verzögerten Fertigstellung im Jahr 1924 hinzogen. Begleitet war dieser Prozess von einem komplizierten Mehrfrontenkrieg mit dem Amt für Ingenieurwesen, mit der Berufsgruppe der Gärtner und Landschaftsplaner und mit der in Hamburg sehr starken Heimatschutzbewegung. Noch nicht die bereits in Dresden entworfenen Einzelbauten des Parks und das

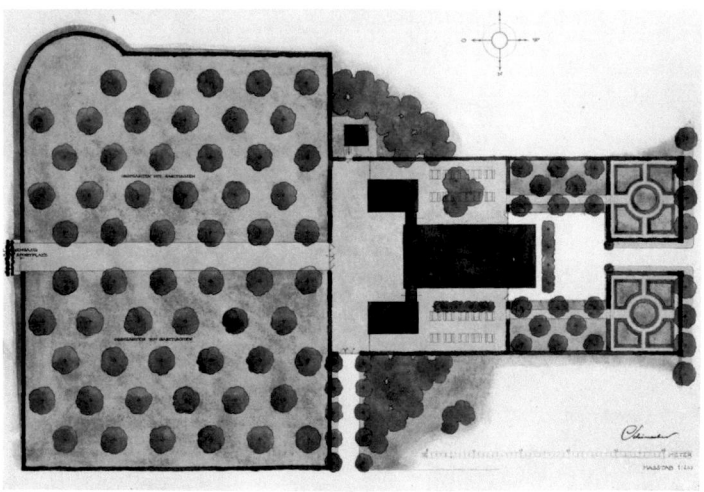

Fritz Schumacher, Milchwirtschaft im Hamburger Stadtpark, in der Art eines Vierländer Bauernhofs, Lageplan

mit Ferdinand Sperber gemeinsam verabschiedete Kompromissprojekt, sondern erst den als komplexes Raumkunstwerk gestalteten neuartigen Volkspark, der am Ende realisiert worden ist, darf man mit Recht als ein Hauptwerk Schumachers bezeichnen. Der 1907 zum Leiter des Amtes für Ingenieurwesen und zum Oberingenieur avancierte Ferdinand Sperber, der wegen eines seiner weiteren Vornamen wie Schumacher ebenfalls oft Fritz genannt wurde, war sein stärkster Kontrahent. Sperber war an einer Reihe wichtiger städtebaulicher Projekte in Hamburg beteiligt, darunter der Durchbruch der Kaiser-Wilhelm-Straße, der Bau der Landungsbrücken, des Bismarck-Denkmals und der Hochbahn. Ihm unterstanden – neben dem Tiefbau als dem eigentlichen Ingenieurbau – der Städtebau, der Gartenbau und sogar ein vom Hochbauamt unabhängig arbeitendes Architektur-

Fritz Schumacher, Milchwirtschaft im Hamburger Stadtpark
oben: Hofplatz, Ansicht vom Park
unten: Diele mit Blick zum Haupteingang

büro. Sperber herrschte damit über ein Planungsimperium, wie Schumacher es sich von Anfang an ersehnt hatte, das er aber erst 1923 mit seiner Ernennung zum Oberbaudirektor erringen konnte.

Der Konflikt mit Sperber war unausweichlich. Dieser hatte wie Schumacher keine eigenen Erfahrungen im Bau von Parkanlagen, aber im Gegensatz zu ihm verfügte er auch über kein spezifisches Städtebaukonzept und hatte wohl auch keinen Sinn für die Ziele der Kulturreform, denen sich Schumacher verschrieben hatte. Der Konflikt der beiden „Fritze" war nicht persönlich, sondern sachlich und ideologisch bedingt. Er war schon bei den ersten direkten Kontakten in Hamburg deutlich geworden und blieb bestehen, bis Sperber 1923 in den Ruhestand trat. Alfred Lichtwark hatte Sperber schon zuvor mehrfach wegen seines fehlenden Gesamtkonzepts für die Hamburger Stadtgestaltung angegriffen und deshalb, auch in der schwelenden Stadtparkfrage, größte Hoffnungen auf Schumachers Eingreifen gesetzt. Schumacher nahm den Kampf um die Deutungshoheit und die Entscheidungskompetenz in allen stadtgestalterischen und planerischen Fragen vom ersten Tag an auf und eroberte sich diese Domäne schrittweise mit intensivster Arbeit. Es brauchte mehr als ein Jahrzehnt, weshalb Lichtwark, der bereits 1914 starb, die Erfüllung seiner Hoffnungen nicht mehr erleben konnte. Er hatte kein Verständnis für Schumachers anfängliches vorsichtiges Taktieren in der Stadtparkfrage, wo er wohl eher eine offene Feldschlacht mit den Anhängern des Landschaftsparks gewünscht hätte. Zudem hatte sich sein Verhältnis zu Schumacher wegen der Kontroversen in der Jury für das große Bismarck-Denkmal in Bingerbrück und beim Erweiterungsbau der Kunsthalle erheblich abgekühlt.

In der Diskussion um Fragen der Denkmalpflege und des Städtebaus war die Heimatschutzbewegung in Hamburg sehr präsent und arbeitete bei ihrer Forderung einer niederdeutschen Architektur mit den lokalen Gruppierungen in den Vier- und Marschlanden, in den Hamburger Geestlanden und im preußischen Altona zusammen. Ihr musste sich Schumacher gleich zu Anfang insbesondere mit seinen Projekten für die Bauten im Stadtpark in der Frage des Baumaterials anpassen, wenn nicht gar unterwerfen. Er tat das auf eine für ihn charakteristische

Weise sofort und unkommentiert. In späteren Veröffentlichungen machte er jedoch keinen Hehl aus seiner grundsätzlichen Ablehnung jener Bemühungen um eine Architektur, die sich formal eher auf die Ergebnisse von Haus- und Geschichtsforschung berief als auf künstlerischen Neuerungswillen. Seine in Dresden für Hamburg entworfenen Projekte waren noch stark vom Lokalkolorit der dortigen Moderne aus dem Umfeld von Erlwein, Lossow & Kühne, Kreis, Schilling & Graebner und weiteren seiner Genossen in der Dresdner Künstlervereinigung *Die Zunft* geprägt und ließen noch Nachklänge des dortigen Neobarock erkennen. Diesen Eindruck weckten die in der Mehrzahl in Naturstein ausgebildeten Fassaden, woran auch die großen, in Sichtbeton geplanten Eingangshallen der beiden Hochschulen und des Museums nichts ändern konnten. Der Hamburger Heimatschutz forderte für Hamburg und sein Umland, niederdeutsche Bautraditionen aufzugreifen, lehnte Natursteinfassaden grundsätzlich ab und setzte sich vehement für die Verwendung des roten, aus den eisenhaltigen Tonen Norddeutschlands gebrannten Backsteins ein.
Obwohl man angesichts der Fachwerkstadt Hamburg und ihres Wiederaufbaus mit Putzbauten nach dem Großen Brand von 1842 eine solche Materialtradition durchaus bezweifeln darf, fügte sich Schumacher sofort der Kritik, überarbeitete nahezu alle seine Projekte in kürzester Zeit und detaillierte sie in Backstein-Sichtmauerwerk. Ausnahmen machte er nur wenige, so wegen der Nachbarschaft zum Görtzschen Palais beim Verwaltungsbau an der Stadthausbrücke und bei der Erweiterung der Kunsthalle, die allerdings überwiegend auf einem in enger Kooperation mit Lichtwark entstandenen Entwurf Albert Erbes basierte. Nur beschränkte Schumacher sich nicht auf den Materialwechsel für die Außenwirkung seiner Bauten, sondern er schaffte es, diesen Schwenk in der Folge zu seinem eigenen Markenzeichen werden zu lassen. Fortan verwendete er den roten Backstein für fast alle seine Neubauten und schrieb ihn für die von ihm geplanten neuen Wohnquartiere verbindlich vor. Darüber hinaus erforschte er die Tradition des Ziegelbaus in den verschiedensten Baukulturen und diskutierte dessen aktuelle Anwendungsmöglichkeiten, die sich aufgrund industrieller Herstellungsmethoden und kontrollierbarer Farbigkeit und Fes-

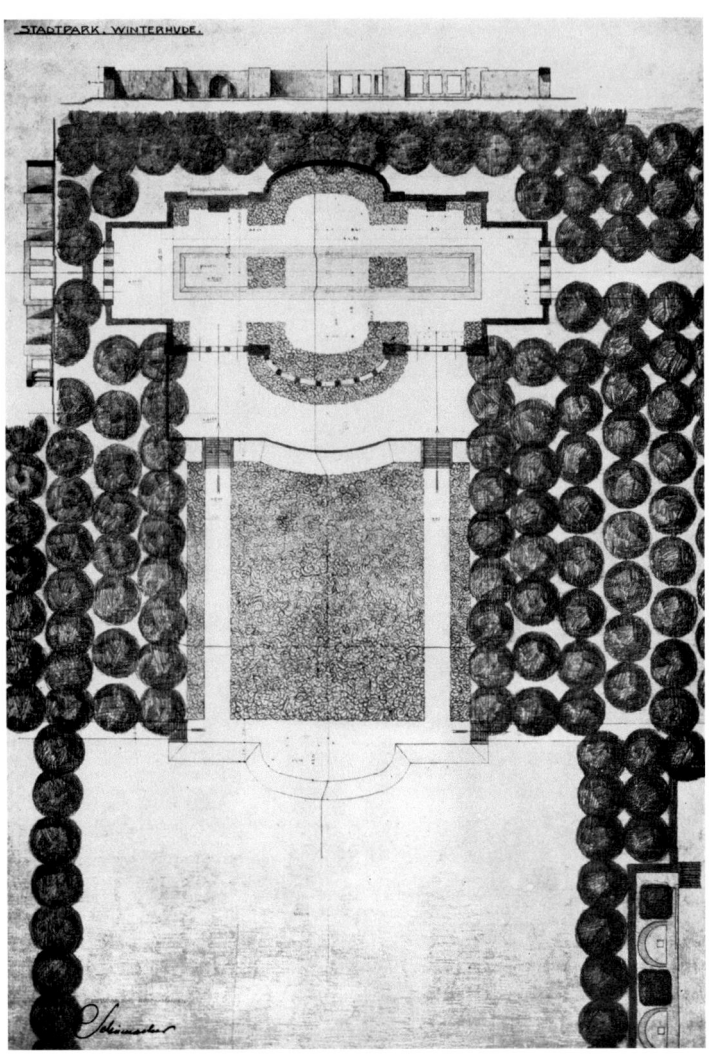

Fritz Schumacher, Heckengarten im Hamburger Stadtpark

tigkeit radikal verändert und erweitert hatten. Diese Untersuchungen stellte er in Vorträgen und Artikeln vor und veröffentlichte sie 1920 in seinem Buch *Das Wesen des neuzeitlichen Backsteinbaues*, mit dem er sich selbst, sehr zum Kummer des selbsternannten Hamburger „Backsteinfürsten" und Vorzeigearchitekten der Heimatschutzbewegung Fritz Höger, für alle Zeiten als Backsteinarchitekt par excellence und sein modernes Hamburg als eine rote Backsteinstadt etablierte.

Diese und ähnliche Auseinandersetzungen um scheinbar formale Planungsdetails sind eindrückliche Schaustücke für Schuma-

Fritz Schumacher, Entwurf zum Rondell im Hamburger Stadtpark

chers Zielstrebigkeit, seine Hartnäckigkeit und sein taktisches Geschick. Er verschließt sich der Kritik nicht von vornherein, sondern greift sie auf und wendet sie in seinem Sinne. Auf dem Weg zur modernen Großstadt als Raumkunstwerk verfolgt er eine Hierarchie von mehreren Zielen gleichzeitig, was ihm das Einlenken in Einzelfragen erlaubt, solange die übergeordneten Ziele nicht gefährdet sind. Schumacher arbeitet gleichzeitig auf sehr unterschiedlichen Ebenen und bedient sich dabei nach Bedarf seiner künstlerischen und seiner intellektuellen Fähigkeiten, er kann seine Projekte äußerst anschaulich darstellen und ihnen beredt in parallelen Vorträgen und Veröffentlichungen den erforderlichen intellektuellen und ideologischen Hintergrund schaffen. Mit der schnellen Überarbeitung seiner ersten Hamburger Hochbauprojekte hat er zugleich stets die feste Absicht im Auge behalten, so schnell wie möglich den vorgefundenen beschränkten Tätigkeitsbereich seines städtischen Hochbauamts auszuweiten, um mit seiner Tätigkeit die rasch wachsende Großstadt Hamburg zu einem unverkennbar modernen Raumkunstwerk werden zu lassen.

Wir wissen nicht, ob Schumacher den entscheidenden Gesamtplan des Stadtparks, mit dem er die beiden Varianten Sperbers zu einem scheinbaren Kompromiss zusammenfasste, schon in Dresden oder gleich nach seinem Arbeitsbeginn in Hamburg angefertigt hat. Der Plan stellt in jedem Fall eine taktische Meisterleistung dar, weil er den Eindruck erweckt, dass die Bauwerke und einige zentrale Aspekte des architektonischen Parks wie die zentrale Festwiese, der Stadtparksee und die zentrale Achse von der Stadthalle zum Wasserturm mit einem Rahmen eher landschaftsgärtnerisch verstandenen Charakters umgeben seien. Sperber konnte gegen diesen Kompromiss wenig einwenden und musste in der Folge miterleben, wie der Park mit jeder Detailentscheidung immer mehr zu einem architektonischen Park wurde. Erst verlor er die Debatte um harte oder weiche Pflanzkanten der großen Festwiese, dann um die Gestaltung der Sondergärten und des Planschbeckens. Der Kompromissplan wurde beschlossen, für die Ausführung bestimmt und firmierte künftig als Gemeinschaftswerk Sperbers und Schumachers. Selbst in seiner 1928 vorgelegten Veröffentlichung *Ein Volkspark. Dargestellt am Hamburger Stadtpark* bildet Schumacher nach den beiden Sperberschen Alternativen für die Vorentscheidung den zur Ausführung beschlossenen Gesamtplan ab und benennt als Verfasser F. Sperber und Fr. Schumacher.

Schumacher kann sich diese Geste fast 20 Jahre nach Planungsbeginn leisten, denn im Hamburger Stadtpark von 1924 sind nur noch wenige Elemente eines herkömmlichen Landschaftsparks erkennbar, wie ihn Sperber erträumt hatte. Um das zu verstehen, empfiehlt es sich, Sperbers Grundriss des Planungskompromisses und Schumachers raffiniert gekippte Perspektivskizze desselben (Abb. S. 96), die 1910 in der *Deutschen Bauzeitung* ohne Kommentar nacheinander als der gleiche Plan gezeigt wurden, kurz zu vergleichen und dann diese beiden dem Plan des Ausbauzustands von 1924 (Abb. S. 97) gegenüberzustellen. Was bei Sperber tendenziell noch immer ein Landschaftspark war, war bei Schumacher nur mehr das Fragment eines Landschaftsparks mit architektonischen Versatzstücken und ist im Endausbau zu einem veritablen architektonischen Park geworden. Erst in den Wiederaufbaujahren wird es den Anhängern des Naturgartens gelingen, zentrale Bauten Schumachers wie die Stadthalle, das Stadtcafé, das Kaskadengebäude und die Milchwirtschaft, die zum Teil Kriegsschäden erlitten hatten, ersatzlos verschwinden zu lassen und die für die Raumbildung so bedeutsamen Baumreihen und geradlinigen Pflanzkanten zu zerstören und aufzuweichen, um sich dem verlorenen Ideal eines Landschaftsgartens wieder anzunähern. Die starke Grundfigur mit der großen Wiese, der Schneise zum Wasserturm, dem Stadtparksee, die Sondergärten und das Wegenetz haben diese Revisionen jedoch überstanden und erlauben der heutigen Gartendenkmalpflege, einige der Intentionen Schumachers in Ansätzen wiederherzustellen.

Schumacher, der sich seines Dilettantismus als Gartenplaner wohl bewusst war, hatte es geschafft, für die Realisierung des Parks ein eigenes Gartenamt einrichten und Otto Linne als dessen Leiter einsetzen zu lassen. Mit diesem teilte er die Ideen eines modernen Volksparks und seiner grundsätzlich architektonischen Gestaltung, und mit ihm konnte er bei der Entwicklung der Teilpläne des Parks harmonisch zusammenarbeiten. Linne war Gärtner, er war mit Schumacher gleichaltrig und stammte ebenfalls aus Bremen. Bevor er 1913 nach Hamburg wechselte, war er Gartendirektor in Erfurt und in Essen, und wie Schumacher wurde er 1933 von den Nationalsozialisten aus politischen Gründen aus dem Amt entlassen.

Für Schumacher war der Hamburger Stadtpark weit mehr als eine Grünanlage der Stadt neben anderen. Er ist als ein zentraler Volkspark gedacht, gewissermaßen als ein übergeordneter Wohnraum der modernen Stadt, ein lebendiger und benutzbarer Ort für alle Klassen, Schichten und Altersgruppen, der als solcher aber auch die Stadt mit ihren Straßen, Plätzen und Wasserflächen, mit ihren Monumenten und Freiräumen symbolisieren sollte. Man betritt ihn von einem Schiffsanleger in einem eigenen Hafenbecken oder von der Hochbahnhaltestelle kommend bei der Stadthalle, einem Großrestaurant für Feste und Geselligkeiten aller Art mit erkennbaren Bezügen zu den *field houses* von Burnham in den Chicagoer Parks. Von seiner weiten Terrasse blickt man nach Westen auf den künstlichen See, der im nächstgelegenen Teil als ein Wassertheater mit Tribünen auf beiden Seiten ausgebildet ist. Von dort geht der Blick über die gegenüberliegende Kaskade und die große Wiese zu einer zweiten Kaskade vor dem den Park bekrönenden, später von Schumacher zu einem Planetarium umgebauten Wasserturm. Zwischen den beiden Kaskaden ist unter der zentralen Achse ein imaginärer Wasserlauf zu denken. Er war ursprünglich offen geplant und sollte gemeinsam mit den beiden Kaskaden dem Besucher das Wasser als das Lebenselixier der Hafen- und Handelsstadt in Erinnerung rufen. Seitlich vom See sind im Süden eine kleine romantische Liebesinsel mit ihrem Bootsverleih und gegenüber das nicht etwa Park-, sondern Stadtcafé genannte Restaurant mit einem kleinen Hafen für Wassersportler erkennbar. Die übrigen Bauten und die diversen Sportanlagen sowie die individuell gestalteten Sondergärten verbergen sich in dem Kranz der umgebenden Bepflanzung.

Für Schumacher entwickelte sich der Park während der Bearbeitungszeit schnell zu einem Modell für die Raumbilder seiner künftigen Stadt. Wir werden Dispositive der Teilräume des Parks, das Spiel von weiten und engen Räumen in raffinierter Staffelung in vielen seiner Siedlungsplanungen wiederfinden, zuerst in den reformierten Bebauungsplänen für den Dulsberg und in Barmbek-Nord, dann in den Planungen für Köln und schließlich auch in den neu aufgestellten Plänen für Hamburg-Hamm und -Horn oder in der Jarrestadt. Was im Park beschnittene Baumreihen und harte Pflanzkanten waren, wird in den Siedlungen zu Blockfronten, die auf offene, von Baumreihen gerahmte Grünflächen blicken und nur auf ihrer Rückseite von Verkehrsstraßen erschlossen werden. Die halböffentlichen Räume der Höfe im Inneren der weiten Blöcke erinnern an die geschlossenen Sondergärten des Parks.

Diese Analogien allerdings haben ihre Grenzen in den unterschiedlichen Charakteristiken der beim Bau von Stadträumen und Parkanlagen eingesetzten Elemente und Materialien. Im

Fall der gebauten Stadt überwiegen die dauerhaft ihre Form bewahrenden Ziegel, Steine und Beton, im Fall des Parks die wachsende und ständigen Veränderungen unterworfene Vegetation. Für die Einschätzung der geplanten räumlichen Wirkung von Bauwerk und Vegetation bedarf es sorgfältiger Abwägungen, für die sich die Kooperation Schumachers mit Linne als sehr segensreich erwies. Sie erarbeiteten gemeinsam für die Teilbereiche des Stadtparks den jeweiligen Raumeindruck anhand einer Vielzahl von Plastilinmodellen, mit denen sich die Raum-

Hamburger Stadtpark, Markierung des Geländesprungs am Beginn der Schneise zum Wasserturm mit den *Großen Kriechenden* von Georg Kolbe

gestaltungen durch eine Gegenüberstellung von Gebäuden und Bepflanzungen in unterschiedlichen Wachstumsphasen überprüfen ließen. Zusätzlich halfen Schnitte und Ansichten, die anfänglichen, die mittleren und die endgültigen Größen von Bäumen und Sträuchern in die Komposition einzubeziehen. Die endgültigen Pflanzpläne wurden anhand dieser Überlegungen dann von den Gartenbauspezialisten in Linnes Amt hergestellt. Schumacher übertrug diese Methode schrittweise auch auf die Erarbeitung der Bebauungspläne der neuen Wohnquartiere, die unter seiner Federführung in den 1920er Jahren realisiert wurden. Er sprach hier von „modellmäßigem Entwerfen". Seine in

Form von Skizzen, Plänen und Perspektiven artikulierten Vorüberlegungen wurden schrittweise in Kooperation mit Vertretern der Baugesellschaften und den für das jeweilige Viertel zum Teil mit Hilfe von Wettbewerben ausgewählten Architekten bearbeitet und umgeformt. Die Baulose wurden erst fest vergeben, wenn der einheitliche Bebauungsplan von allen Beteiligten abgesegnet worden war. Trotz der teilweise erheblichen Abwei-

Fritz Schumacher, Perspektivzeichnung zur Disposition von Freifläche und Wohnbebauung im Neubaugebiet am Barmbeker Dulsberg, Hamburg, 1918

chungen von der Ausgangsidee hat Schumacher bei diesem Vorgehen die Kontrolle nie aus der Hand gegeben. Mit Hilfe seiner strikten Materialvorgaben und seines Argumentationsgeschicks hat er dabei stets letztendlich seine Gestaltungskonzepte durchsetzen und bis heute beeindruckende homogene Stadträume schaffen können.

Schumachers Stadtpark ist ebenso wie seine Stadtquartiere immer ein Gemeinschaftswerk, obwohl sein Gestaltungswille immer unverkennbar im Hintergrund aufscheint. In beiden Fällen handelt es sich um die Inszenierung von Raumbildern und Sequenzen geschlossener Räume. Der Stadtpark insgesamt ist ein Modell der neuen Stadt. In ihm sollen die Hamburger ein Gefühl für Rhythmus und Raum erlernen, mit dem die Qualitäten der neuen Stadtquartiere für sie erfahrbar werden. Licht-

wark hatte 1909 in seinen *Park- und Gartenstudien* geschrieben: „Ist der neue Park das erste große Werk der neuen Raumempfindung, so wird er alle Herzen mitreißen und das künstlerische Wesen jedes Einzelnen auf eine höhere Stufe heben. ... Von dem neuen Park kann eine Gesundung aller Baukunst und Gartenkunst ... ausgehen, weil alles, was er Gutes hat, unmittelbar auf die Ausbildung des neuen Gefühls wirken wird."
Er hatte befürchtet, dass Schumachers Kompromissplan von 1909 diese Hoffnung zunichtemachen würde, und konnte nicht mehr miterleben, wie konsequent Schumacher dieses Ziel schließlich doch umgesetzt hat.

Fritz Schumacher, Denkmal für Ludwig Franzius, Blick von der Großen Weserbrücke auf die vom Fluss zum Platz und Denkmal führende Treppenanlage, Bremen, 1908

„Monumentalkunst"

1905 wurde Schumacher in seiner Vaterstadt Bremen zu einem Wettbewerb für eine Denkmalanlage eingeladen, die dem Andenken des 1903 verstorbenen Oberbaudirektors Ludwig Franzius gewidmet sein sollte. Diesem verdankte Bremen die von 1875 bis 1895 durchgeführte sogenannte Weserkorrektion und die Planung des Freihafens, wodurch die Stadt ihre alte Hafenfunktion zurückgewonnen hatte. Der Bremer Architekten- und Ingenieurverein hatte hierzu bereits im Jahr zuvor einen offenen Ideenwettbewerb unter Bremer Architekten und Künstlern ausgeschrieben, der aber zu keinem befriedigenden Ergebnis geführt hatte. Deshalb wurde ein zweiter Wettbewerb ausgelobt, zu dem diesmal neben Rudolf Jacobs, dem Preisträger des ersten, nur der Bildhauer Hugo Lederer, dessen Hamburger Bismarck-Denkmal sich gerade im Bau befand, sowie die Architekten Bruno Möhring, Hermann Billing und Fritz Schumacher eingeladen wurden.

Ohne Zweifel war Schumacher aufgrund seiner Familien- und Freundschaftskontakte nach Bremen mit der Vorgeschichte dieses Projekts bestens vertraut, und er hatte den zu Ehrenden mit Sicherheit auch noch persönlich gekannt. Franzius mag ihm sogar als Vorbild gedient haben, als er sich 1908 entschied, von Dresden in den Hamburger Staatsdienst zu wechseln, weil dieser 1875 – ganz ähnlich – seine Professur an der TH Charlottenburg zugunsten einer Tätigkeit im öffentlichen

Dienst aufgegeben hatte. Ihn hatten damals die großartigen in Bremen anstehenden Ingenieurbauaufgaben gelockt, Schumacher hoffte auf die öffentlichen Hochbauten in der sich schnell entwickelnden und erheblich größeren Nachbarstadt. Franzius war Absolvent des Polytechnikums Hannover wie so viele, wenn nicht die Mehrzahl der Bremer und Hamburger Fachkollegen Schumachers. Das allerdings scheint 1905 für Schumacher nicht gegen eine Ehrung für Franzius gesprochen zu haben, denn zu diesem Zeitpunkt waren ihm seine späteren

Fritz Schumacher, Wettbewerbsentwurf zu einem Denkmal für Ludwig Franzius, Perspektive mit Blick von der Weser auf die Denkmalanlage, Bremen, 1905

Erzfeinde vom Hamburger Amt für Ingenieurwesen ja noch nicht begegnet.
Obwohl die Mittel für den Denkmalbau begrenzt waren und der vorgesehene Standort auf einem beim Bau der Großen Weserbrücke übriggebliebenen Zwickel wenig attraktiv schien, hatte die Einladung zu einem Wettbewerb in seiner Vaterstadt für Schumacher großen Reiz. Sein ausgeprägtes Interesse an Monumentalkunst hatten wenige Jahre zuvor seine bereits erwähnten Architekturphantasien, die *Studien*, in der Fachwelt bekannt

gemacht. An diesem Ort und bei dieser Aufgabe allerdings würde es beim besten Willen nicht möglich sein, mit den riesigen Denkmalanlagen von Bruno Schmitz, wie den Monumenten für Kaiser Wilhelm und dem Völkerschlachtdenkmal, zu konkurrieren, auch nicht mit den Bismarcktürmen von Wilhelm Kreis, deren Entstehung Schumacher seit seiner Zeit in Leipzig und der gemeinsamen Arbeit bei Hugo Licht voller Bewunderung verfolgt hatte. Das Bremer Denkmalprojekt bot ihm die willkommene Gelegenheit nachzuweisen, dass Monumentalität keine

Fritz Schumacher, Wettbewerbsentwurf zu einem Denkmal für Ludwig Franzius, Perspektive mit Blick vom Platz auf die Exedra mit einer Herme des Geehrten, Bremen, 1905

Frage schierer Größe, sondern weit mehr einer aussagekräftigen Symbolik und der baulichen Gestaltung sei. Er hatte dieses Ziel bis dahin mit Entwurf und Bau von mehr als einem Dutzend Familiengrabanlagen und privaten Gedenkstätten verfolgt. In mehreren Aufsätzen hatte er von der kulturellen Bedeutung solcher privater Monumente im Gegensatz zu denen der weit mehr beachteten dynastischen und staatlichen Macht gesprochen und ihre Bedeutung für eine kommende, gesellschaftlich tief verankerte Monumentalbaukunst hervorgehoben. Das Franzius-

Das fertiggestellte Franzius-Denkmal mit der Büste von Georg Römer, im Hintergrund die 1893–1903 nach Entwurf von Hermann Billing erbaute Große Weserbrücke, zeitgenössische Postkarte, ca. 1910

Denkmal bot ihm die Gelegenheit zu beweisen, dass sich architektonische Monumente trotz geringer Dimension in der Öffentlichkeit des städtischen Raumes behaupten und in ihrer Wirkung die üblicherweise errichteten, beliebig aufstellbaren skulpturalen Standbilder übertreffen könnten.

Schumacher gewann den Wettbewerb und erhielt den Auftrag. Wir kennen seinen Entwurf aus einer Reihe von Veröffentlichungen in der Fachpresse und den unterlegenen von Billing aus dessen Nachlass, leider kennen wir nicht die Vorschläge Möhrings und Lederers. Es sei hier erwähnt, dass Schumacher in seinen Erinnerungen nur die letzten beiden als seine Konkurrenten im Wettbewerb genannt hat, nicht aber Billing. Vielleicht hatte es ihn gestört, dass dieser seinen Franzius auf ähnliche Weise wie er den seinen vor die Mauer am Weserufer platziert und zur Stadt hin hatte blicken lassen. Beide hatten keine der allgemein üblichen Freiplastiken inmitten des kleinen Platzes vorgeschlagen, sondern einen architektonischen Rahmen für ein Portrait von Franzius: Billing für eine sitzende Vollplastik, Schumacher für eine strenge Herme mit einem bronzenen Portraitkopf. Nur war Schumacher mit seiner rahmenden Anlage erheblich weiter gegangen und hatte, obwohl in der Ausschreibung gar nicht gefordert, ein kleines Bauwerk erdacht, das die Herme des Geehrten in raffinierter Weise mit der von diesem wieder in einen schiffbaren Strom umgewandelten Weser in Verbindung brachte. Dieses Bauwerk nimmt bereits Aspekte der später von Schumacher entwickelten Bühneninstallationen vorweg, bei denen die gleiche Konstruktion durch Drehung für unterschiedliche Szenen verwendet werden konnte. Nur drehte sich hier nichts vor einem bewegungslos sitzenden Publikum, sondern das Publikum musste sich um das Gebäude herumbewegen, um dessen zwei sehr unterschiedlich behandelte Seiten erfahren zu können. Vom Platz kommend ging der Betrachter auf eine konkave Exedra mit der darin aufgestellten Herme des Geehrten zu. Diese Exedra war erheblich höher als die rechts und links daran anschließende Brüstungsmauer. Durch ihre hoch angeordneten fensterartigen Öffnungen konnte der Blick nur in die Ferne schweifen und nicht über den einige Meter tiefer strömenden Fluss. Die schweren Quader des Natursteinmauerwerks versprachen Dauerhaftigkeit und waren nur zurückhaltend skulptural geschmückt. An den Kopfenden der Exedra befand sich je ein Putten-Pärchen in Vollrelief, und die Stürze der Öffnungen waren durch ein Ornamentband verziert. Die Herme mit dem vom Bremer Bildhauer Georg Römer geschaffenen Portraitkopf Franzius' stand auf einem gegenüber dem Platz um mehrere Stufen erhöhten Sockel.

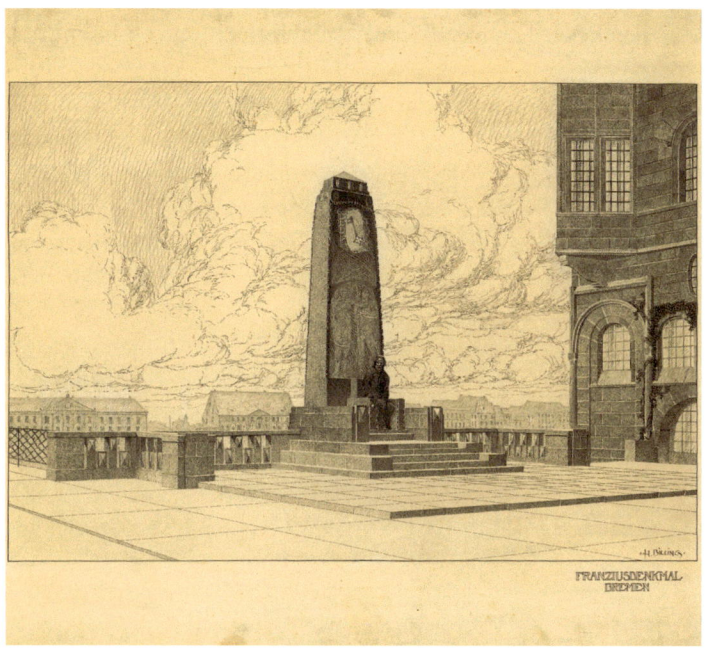

Hermann Billing, Wettbewerbsentwurf zum Franzius-Denkmal, Bremen, 1906

Der Gesamteindruck war ernster und schwerer als bei Billings Entwurf, der vorgesehen hatte, die Figur Franzius' als Vollplastik auf ein Podest vor eine hohe, mit zwei allegorischen Figuren in Goldmosaik verzierte dolmenartige Stele zu setzen. Zur Weser hin sollte eine hinter dieser durchlaufende, mit einfachen Steinstützen gegliederte Ufermauer die Anlage abschließen. Bei Schumacher dagegen erschloss sich die für das Verständnis der Anlage wichtige Rauminszenierung erst auf der Rückseite und war vom Platz aus nicht einsehbar. Durch eine links der Exedra befindliche Unterbrechung in der Brüstungsmauer konnte man eine zum Fluss hinabführende Treppenanlage betreten. Diese war durch zwei Podeste unterbrochen, das erste, etwa auf halber Höhe über dem Fluss vor der sich hier konvex abzeichnenden Exedra, mit einem breiten Balkon, das zweite, einen Treppenabsatz weiter unten, vor einem schweren schmiedeeisernen Tor. Nach einem weiteren Absatz endete die Treppe auf der Andeutung einer schmalen Kaimauer direkt an der Weser.

Von der damals neuen Großen Weserbrücke, die neben dieser Anlage den Strom überspannte, hatte man eine sehr gute Sicht auf die kleine Monumentalanlage, deren lichter Kalkstein sich strahlend hell vor dem dahinter aufragenden Gewirr der Altstadthäuser abzeichnete, ohne sogleich ihre Denkmalsfunktion zu verraten. Der Sinn der Anlage war erst dann zu enträtseln, wenn man links vom Brückenkopf auf den kleinen Platz trat und nach einer weiteren Linkswendung die Herme mit dem Portrait von Franzius und die Widmung erkannte.

Leider musste dieses bemerkenswerte städtebauliche Kunstwerk zu Anfang der 1960er Jahre einer Erneuerung und Verbreiterung der Brücke weichen. Heute ist von Schumachers enigmatischem, zum Nachdenken anregenden Bau keine Spur mehr zu finden. Lediglich ein Nachguss des während des Krieges eingeschmolzenen bronzenen Kopfes von Ludwig Franzius wurde 1962 auf einer einfallslos funktionalen Stele an anderem Ort neu aufgestellt, immerhin wieder am Flussufer, aber nicht mehr in der Altstadt, sondern beim Franziuseck in der gegenüberliegenden Bremer Neustadt. Dieses völlige Unverständnis für die Bedeutung und Qualität des abgebrochenen Bauwerks scheint jedoch keine spezifisch Bremer Ignoranz zu verraten, sondern ist eher Ausdruck der allgemein während der Wiederaufbaujahre in der Bundesrepublik herrschenden Ablehnung und Scheu vor jeder Andeutung von Monumentalität, die nicht mehr als eine Qualität des Gebauten gesehen, sondern lediglich als unerwünschte Erinnerung an die Pathosformeln der NS-Zeit verstanden wurde.

Das Bremer Franzius-Denkmal stellte eine Zäsur in Schumachers Verständnis von Architektur als Monumentalkunst dar. Dieses Denkmal trat auf neuartige Weise in den städtischen Raum. Es ist nicht länger ein Mal, das zur Erinnerung an irgendeine anerkannte Größe der Politik oder Kultur einem bestehenden städtischen Platz oder Park hinzugefügt wurde, sondern es wird als architektonisches Monument selbst zu einem konstitutiven Element der Stadt, dessen figuratives Narrativ hinter seiner tektonischen Qualität zurücktreten muss. Schumacher bezieht mit diesem Bremer Bau eine neue Position in seinem Verständnis von Stadtbaukunst. Er war zwar bereits zuvor, wie er es in seinem Dresdner Vortrag von 1902 artikuliert hatte, ganz allgemein davon überzeugt, dass die moderne Großstadt zur Überwindung ihrer gesellschaftlichen und ästhetischen Defizite der Intervention eines Stadtbaumeisters mit höchsten künstlerischen Ansprüchen bedürfe, aber erst im Franzius-Denkmal deutet sich an, worin ein solches Eingreifen bestehen könnte. Der städtische Raum wird nicht durch künstlerische Zutaten verschönt, sondern er wird von vornherein als künstlerisch gestaltetes Raumkunstwerk verstanden, dem symbolisch aufgeladene Elemente einen besonderen Charakter verleihen. Wie nach Schumachers Verständnis das einzelne Bauwerk erst durch eine monumentale Gestaltung zur Architektur aufgewertet wird, möchte er fortan den gesamten städtischen Raum monumentalisieren und ihm auf diese Weise ein höheres kulturelles Niveau verleihen.

Schumacher hat wie viele seiner Fachgenossen um die Jahrhundertwende nie verhehlt, dass ihn Camillo Sittes 1889 veröffentlichte Schrift *Der Städtebau nach seinen künstlerischen Grundsätzen* stark beeindruckt hatte. Er berichtet in seinen Erinnerungen von einer Rezension, die er voller Begeisterung sofort nach Erscheinen des Buches unter dem Titel „Plätze und Denkmäler" veröffentlicht habe. Dieser Artikel sei im Übrigen der erste überhaupt gewesen, in dem er sich zu Fragen von Architektur und Städtebau geäußert habe. Leider ist gerade er verschollen. Aber aus späteren Äußerungen wird deutlich, dass Schumachers eigener Begriff von städtischem Raum schon bald weit über Sittes sehr subjektiv begründetes Platz- und Raumverständnis hinausreichte.

Kurz nach dem Bremer Wettbewerb zum Franzius-Denkmal erschien 1908 Albert Erich Brinckmanns einflussreiche Schrift *Platz und Monument*, die in den folgenden Jahrzehnten des 20. Jahrhunderts im Bücherschrank keines deutschen Architekten fehlen durfte und schnell auch über die Landesgrenzen hinaus wirksam wurde. Von seinem Lehrer Heinrich Wölfflin angeregt, hatte Brinckmann das Wagnis unternommen, eine Ästhetik des Städtebaus zu begründen, die nicht bei einer Beschreibung historischer Bauensembles stehen blieb, sondern den städtischen Raum gemäß den jüngsten Erkenntnissen der Wahrnehmungstheorie nach objektiven Kriterien zu analysieren suchte. Bei seinen Untersuchungen beschränkte er sich nicht wie noch Sitte auf eine Qualifizierung des städtischen Raumes als Summe seiner Elemente und deren Wechselwirkung. Er

Fritz Schumacher, Grabmal Mohr, Dresden-Tolkewitz, 1906

bezog den bebauten und den unbebauten Raum als gleichbedeutend in seine Betrachtung ein und untersuchte neben der Wirkung von Fassaden, Baukörpern und Ausstattungselementen auch die Dimensionen von Plätzen und Straßen, die Nutzung von Freiflächen und die Gegebenheiten der natürlichen Topographie. Hatte Sitte erheblichen Einfluss auf die Herausbildung der neuen, sich zunehmend von der Architektur absondernden Disziplin des Städtebaus gehabt und einen jahrelangen hoch emotionalen Streit zwischen den Anhängern einer pittoresken und einer rationalen Gestaltung der Städte, insbesondere ihrer Stadterweiterungsgebiete, ausgelöst, so bewirkte Brinckmann eine Versachlichung der Debatte und verstärkte die

Tendenz, den Städtebau vorrangig als Raumkunst zu verstehen. Zu Beginn seiner stadtplanerischen Praxis in Hamburg folgt Schumacher noch überwiegend diesem Leitbild der Raumkunst. Aber sehr bald wird er sein Gestaltungskonzept um die technischen und vor allem um die sozialen Dimensionen der Stadt erweitern. Dadurch wird die Frage eines künstlerisch-monumental gestalteten öffentlichen Raumes für ihn nicht an Bedeutung verlieren. Sie wird weiterhin ein zentrales Leitmotiv bleiben. Aber der Charakter des Monumentalen in seinen Werken

Fritz Schumacher, Grabmal Weichardt, Dresden, 1907

wird sich verlagern, und sein um die gesellschaftliche und die technische Dimension erweitertes Verständnis von Städtebau wird ihn schrittweise zur Modifikation sowohl seiner städtebaulichen wie der architektonischen Formensprache führen.
In seinen Schriften hatte er anfangs die Anwendungsfelder der Monumentalbaukunst stets unterschieden nach öffentlichen und bürgerlichen Monumenten und von letzteren die Grabmalkunst noch einmal zusätzlich abgesondert. Die öffentlichen Monumente hatten in erster Linie der Repräsentation der staatlichen und wirtschaftlichen Macht zu dienen und nicht zuletzt auch der Religion. Sie waren notwendigerweise stark durch Geschichte und Tradition geprägt. Dagegen war die bürgerliche

Baukunst durch individuelle Interessen geprägt und hatte sich vor allem im zurückliegenden 19. Jahrhundert ungebundener und heterogener entwickelt. In ihrer Gesamtheit hatte sie so wesentlich zu dem beklagenswerten architektonischen Erscheinungsbild der modernen Großstädte beigetragen, sie vor allem bedurfte gestalterischer Reformen. In Schumachers Hamburger Planungspraxis gewinnt die gesellschaftliche Dimension des städtischen Raumes insgesamt schnell an Bedeutung und löst

Fritz Schumacher, Protestantischer Kirchenraum auf der Dritten Deutschen Kunstgewerbeausstellung in Dresden, 1906, Seitenwand

diese theoretische Klassifizierung schrittweise auf, wodurch die unterschiedlichen Formen der Monumentalbauten sich anzunähern und zu überlagern beginnen.

Als einer der Organisatoren der Dritten Deutschen Kunstgewerbeausstellung in Dresden hatte Schumacher 1906 in mehrfacher Hinsicht Gelegenheit, sein Interesse an der Monumentalkunst und ihrer Bedeutung für den kulturellen Entwicklungsstand Deutschlands zu dokumentieren. Er verantwortete die zentrale Abteilung „Kirchliche Kunst und Raumkunst" im hierfür komplett umgestalteten Mitteltrakt des Dresdner Ausstellungspalasts. Als Unterabteilung war dieser Sektion auch die Friedhofs-

kunst zugeordnet. Ein katholischer Kirchenraum von Richard Berndl aus München und der daran anschließende, von Schumacher selbst gestaltete, größere protestantische Kirchenraum bildeten den Schwerpunkt der Abteilung. In dem zu einer Friedhofsanlage umgewandelten linken Innenhof des Ausstellungsgebäudes hatte er Gelegenheit, auch mehrere von ihm selbst entworfene Grabdenkmäler auszustellen, zudem war er mit kunstgewerblichen Arbeiten in mehreren anderen Abteilungen vertreten. Ein von ihm ausgestatteter Wohnraum in dem von Wilhelm Kreis erbauten Sächsischen Haus gab ihm zusätzlich Gelegenheit, sich zur modernen bürgerlichen Wohnkultur zu äußern.
Alle seine Beiträge, insbesondere der Kirchenraum und der Wohnraum, belegten eine starke Orientierung an englischen Vorbildern. Es fällt auf, dass er noch mit keinem dieser Beiträge den städtischen Raum oder die Großstadtproblematik thematisierte. Sie bewegten sich alle im Rahmen des erklärten Zieles der Ausstellung, die unterschiedlichen Gattungen der angewandten Kunst in ihren neuesten Tendenzen auf höchstem gestalterischen Niveau zu zeigen und ihnen in einer neuen „harmonischen Kultur" eine gemeinsame Perspektive zu geben, wie Schumacher es im Jahr darauf in seiner Rede bei der Münchner Gründungsversammlung des Deutschen Werkbunds formulieren wird.
Man gewinnt den Eindruck, dass Schumacher zu diesem Zeitpunkt noch ganz gefangen ist von der Aufgabenstellung seiner zahlreichen großbürgerlichen Villen und privaten Grabanlagen. Das gleichzeitig entstehende Bremer Denkmal stellt noch eine Ausnahme dar, nimmt aber schon einige der Fragen vorweg, die ihn in Hamburg bald vorrangig beschäftigen werden. Noch erhoffte er sich Aufträge zu großen Monumentalbauten, insbesondere zu Sakralbauten. In der direkten Nachfolge seines protestantischen Kirchenraums auf der Kunstgewerbeausstellung hatte er eine Reihe Kirchen entworfen, von denen er jedoch keine bauen konnte. Darunter waren so bemerkenswerte Projekte wie die Heilandskirche in Dresden-Cotta, für die er im Wettbewerb den ersten Preis erhalten hatte, die dann aber Rudolf Kolbe aus Dresden baute, sowie die auf Anregung von Karl Ernst Osthaus in Konkurrenz zu Peter Behrens für die evangelische Gemeinde von Wehringhausen bei Hagen entwor-

fene Kirche, die schließlich weder der eine noch der andere realisieren durfte.
Seine Hoffnungen auf öffentliche Monumentalbauten erfüllten sich ebenso wenig, obwohl er noch kurz vor seinem Weggang aus Dresden mit dem Bau der staatlichen Handelshochschule in Leipzig und des Krematoriums in Dresden-Tolkewitz beauftragt wurde. Eine Karriere als Reformer moderner Monumentalbaukunst blieb ihm vorerst verschlossen, und er musste seinen Wunsch, hierzu beizutragen, schrittweise auf andere Aufgaben

Fritz Schumacher, Perspektivansicht zum Wettbewerb für die Heilandskirche in Dresden-Cotta

im Stadtraum richten. Dennoch gibt es noch am Ende seiner Karriere Zeugnisse seines Interesses am Sakralbau. Er wird außer der Neugestaltung des Innenraums im protestantischen Teil des Bautzener Domes keine Kirchen bauen, aber er kann in Hamburg noch die Kapelle XIII und das Krematorium auf dem Ohlsdorfer Friedhof errichten, sodass zwei beispielhafte Krematorien seine Tätigkeit in Hamburg gewissermaßen einrahmen werden: das 1908 noch in Tolkewitz errichtete und das Hamburger, das erst nach seiner Entlassung fertiggestellt wurde.
Kurz nach seinem Dienstantritt in Hamburg im Jahr 1909 begann Schumacher auf die Gestaltung der Mönckebergstraße

Einfluss zu nehmen und sie schrittweise zu dem zu machen, was er nach der Fertigstellung ihrer Randbebauung mit Geschäftshäusern stolz als die erste Hamburger Großstadtstraße bezeichnen wird. Dieser Straßendurchbruch folgte der Trasse der neuen U-Bahnlinie vom Rathausmarkt zu dem 1906 eröffneten neuen Hauptbahnhof und verlief durch die Teile des berüchtigten Gängeviertels, die der Große Brand 1842 verschont und

Fritz Schumacher, Schnittperspektive zum Wettbewerbsentwurf für die evangelische Kirche in Hagen-Wehringhausen, 1908

die man nach der Choleraepidemie von 1892 zum Abbruch bestimmt hatte. All dies war bei seinem Amtsantritt lange geplant, seit 1905 im Bau und zum großen Teil bereits ausgeführt. Schumacher konnte nur noch die Art des Parzellenzuschnitts und die Gestaltung der Randbebauung mit großen Geschäftshäusern in seinem Sinne beeinflussen.
Als Baudirektor und Leiter des Hochbauamts durfte er nur öffentliche Hochbauten planen und keine privaten Bauausträ-

„Monumentalkunst" 135

ge übernehmen. Die Stadtplanung unterstand insgesamt dem parallelen Amt für Ingenieurwesen unter seinem Konkurrenten, dem Oberingenieur Ferdinand Sperber. Seinem betonten Interesse an Fragen der Stadtgestaltung, das vermutlich bei seiner Berufung eine wichtige Rolle gespielt hatte, standen keine adäquaten Durchsetzungsmittel zur Verfügung. Dennoch gelang es ihm, den Planungsverlauf entscheidend in seinem Sinne zu beeinflussen. Der zu Anfang der 1890er Jahre entstan-

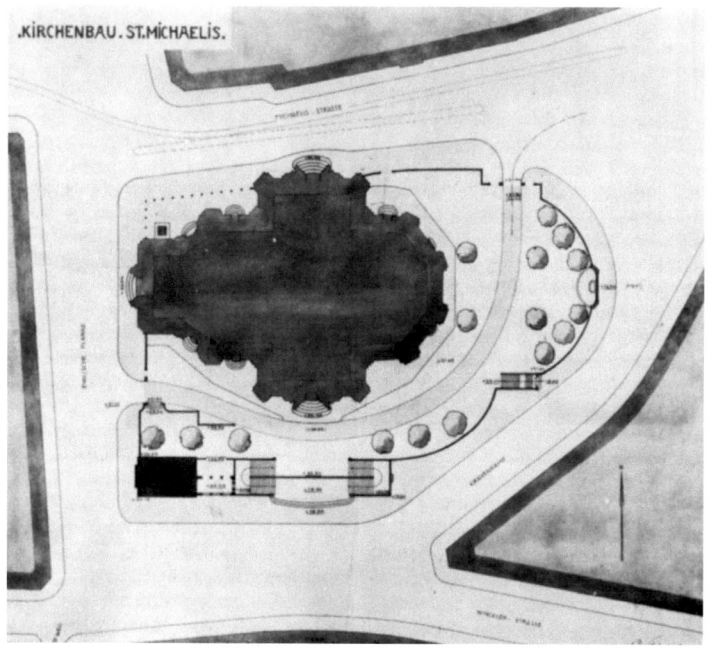

Fritz Schumacher, Lageplan zu Außenanlagen und Pastorat der nach dem Brand von 1906 wiederaufgebauten Kirche St. Michaelis, Dresden/Hamburg, 1908

dene Durchbruch der Kaiser-Wilhelm-Straße in der Neustadt mit seinen individuellen, stilistisch heterogenen Fassadenfolgen diente ihm gegenüber dem Senat und der Bürgerschaft als das Negativbeispiel, das überwunden werden musste. Die Mönckebergstraße mit den dort geplanten Kontor- und Kaufhäusern sollte wesentlich einheitlicher und insgesamt repräsentativer gestaltet werden. Mit ihr sollte der Ausbau der ersten modernen City auf dem europäischen Festland eingeleitet werden. Sie sollte zu einem Monument des modernen Geschäftslebens werden, mit Bauten ganz ähnlich jenem nächtlich elektrisch illuminierten Kaufhauseingang, mit dessen Kohlezeichnung er zehn Jahre zuvor die Veröffentlichung seiner *Studien* abschloss, die er, wie wir uns erinnern, mit einer Skizze zu einem architektonischen Monument zu Ehren Friedrich Nietzsches eingeleitet hatte (Abb. S. 46/47).

Fritz Schumacher, Pastorat und Sonnin-Denkmal vor St. Michaelis, Hamburg, 1910

Gern hätte Schumacher die Straße im Herzen der Stadt ganz in seinem Sinne entworfen und erbaut. Stattdessen konnte er die Gestaltung nur indirekt steuern und musste in mühsamer Gremienarbeit versuchen, über den Weiterverkauf des durch Enteignung des abgebrochenen Altbaubestands in städtischen Besitz gelangten Baulands zu beiden Seiten der festgelegten Trasse Einfluss auf die Gestaltung zu nehmen. Es gelang ihm, die Baudeputation davon zu überzeugen, dass für die Gestaltungsfragen ein Kontrollgremium eingesetzt werden müsse, um die Wiederholung eines städtebaulichen Unglücks à la Kaiser-Wilhelm-Straße zu vermeiden. Dem Gremium gehörten neben ihm selbst der Leiter des Ingenieurwesens, der Baupolizeidirektor, die Architekten Alfred Löwengard und Henry Grell als Vertreter des Architekten- und Ingenieurvereins sowie mehrere Vertreter der Finanz- und der Baudeputation an. Den Vorsitz hatte

Fritz Schumacher, Denkmal für Ernst Georg Sonnin beim Pastorat von St. Michaelis, Hamburg, 1910 (mit Plastik von Oskar Ulmer)

weder Schumacher noch Sperber, sondern der Präses der Finanzdeputation, Senator Arnold Diestel.
In der ersten Arbeitsphase dieses Gremiums setzte Schumacher durch, dass die Baugrundstücke sehr groß zugeschnitten wurden, um nur kapitalkräftige Investoren anzusprechen. Für die Kaufverhandlungen erarbeitete er dann mit seinem Amt eine Gestaltsatzung, deren Einhaltung vom Käufer garantiert werden musste. Sie regelte die Höhe der Traufkante und des

Daches, die Dachneigungen, die Ausnutzung der Dachgeschosse, die Geschosszahl insgesamt und schrieb eine zweigeschossige Ladenzone vor. Aufgrund dieser Bestimmungen war Wohnungsbau an der Mönckebergstraße von vornherein unwirtschaftlich und praktisch ausgeschlossen.

Schumacher hatte dieses Planungsinstrument nicht erfunden. Es war bereits im Paris des 19. Jahrhundert entwickelt und über hundert Jahre lang perfektioniert worden. Mit solchen *ordonnances* konnten Straßen- und Platzfronten trotz unterschiedlicher Eigentumsverhältnisse und divergierender Bauherreninteressen überall dort gestalterisch vereinheitlicht werden, wo der radikale Stadtumbau und die Neuparzellierung es erforderlich machten. Die geschlossene Gesamterscheinung vom Paris *intra muros* war von vielen Städtebauern bewundert und von den Kritikern des Stilpluralismus der Gründerzeit immer wieder als Vorbild für eine Vereinheitlichung von Blockfassaden empfohlen worden.

Weitere Anregungen für das Gesicht der neuen Geschäftsstraße fand Schumacher in der lokalen Diskussion. Die Architekten Fritz Höger und Ferdinand Sckopp hatten sie gerade mit ihren Vorschlägen für die Fassaden moderner Kontorhäuser befeuert. Beide standen der Heimatschutzbewegung sehr nahe und agitierten gemeinsam mit dem Journalisten Paul Bröcker für die Wiederbelebung der norddeutschen Backsteintradition sowie lokaler Gestaltungstraditionen. Bröckers Buch *Über Hamburgs neue Architektur. Zeitgemäße Betrachtungen eines Laien* war 1908 erschienen, 1910 folgte, gemeinsam von ihm und Höger verfasst, *Die Architektur des hamburgischen Geschäftshauses. Ein zeitgemäßes Wort zur Ausbildung der Mönckebergstraße* mit einer Fülle von Ferdinand Sckopp gezeichneter Beispiele von Kontorhäusern, von denen in der Folge mehrere von Höger an verschiedenen Orten der Stadt auch realisiert wurden. Schumacher konnte an diesen Arbeiten nicht achtlos vorbeigehen, und es gelang ihm, Höger von Beginn an in die Gestaltung der Mönckebergstraße einzubinden. Höger schuf zwei beispielgebende Anwendungen der von Schumacher durchgesetzten Gestaltsatzung: 1911/12 das noch ganz von neobarocken Tendenzen geprägte, breit gelagerte und mit fünf Giebeln zur Mönckebergstraße hin gegliederte Rappolthaus, sowie 1912/13 das durch den Rhythmus seiner *bow windows* fast angloamerikanisch anmutende Klöpperhaus.

Wie in der schon erwähnten Frage der Backsteinarchitektur vermied Schumacher die Konfrontation mit den Hamburger Privatarchitekten und suchte diese vielmehr von Anfang an in sein Großstadtprojekt einzubinden. Es versteht sich von selbst, dass

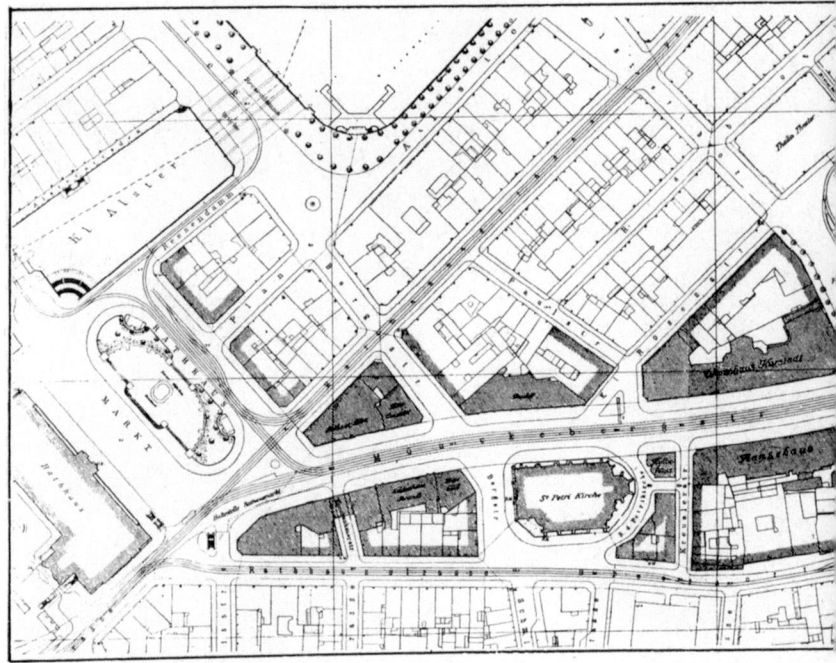

Fritz Schumacher, Plan des Straßendurchbruchs Mönckebergstraße mit neuer Parzellierung, Hamburg, 1909

er sich nicht nur Freunde machte, wenn er die Gemeinschaftswerke später stolz als seine eigenen präsentierte. Es ist zu vermuten, dass die Hamburger Architektenschaft die Fülle seiner aus Dresden mitgebrachten Vorprojekte nur sehr reserviert zur Kenntnis genommen hat. Später, als sich immer klarer abzeichnete, dass er nicht die Absicht hatte, irgendeinen öffentlichen Bau in andere Hände zu geben, und die Zahl der von ihm entworfenen Projekte immer größer wurde, regte sich mehrfach Widerstand gegen ein solches künstlerisches Entwurfsmonopol.

Zugleich ist es selbstverständlich, dass sich der Traum eines baukünstlerisch monumentalisierten Stadtraums erst mit einer größeren Zahl aus einer Hand stammender, über das gesamte Stadtgebiet verteilter richtungsweisender Pilotprojekte verwirklichen ließ. Die Stadt als ein in Schumachers Sinne verstandenes Kunstwerk setzte den künstlerischen Gestaltungswillen eines

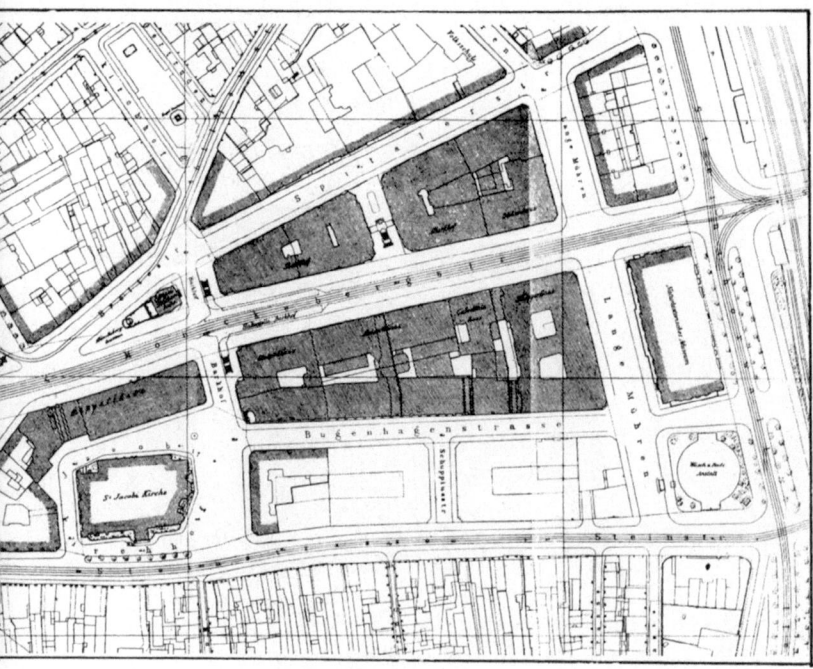

Einzelnen voraus, der sich, wenn schon nicht als Monopolist, so doch als Dirigent der gesamten Bautätigkeit verstehen musste.

Auch wenn Schumacher die Mönckebergstraße nicht in ihrer Gesamtheit und keinen einzigen Bau ihrer Blockränder entwerfen konnte, ist ihre schließlich realisierte Erscheinungsform ohne sein zielstrebiges Eingreifen in den Planungsprozess nicht erklärbar. Er hat ihre Gestaltung nach seinen Vorstellungen durchgesetzt, obwohl die meisten technischen und stadtplanerischen Entscheidungen schon getroffen waren, als er sich einmischte – wohlgemerkt, ohne als Leiter des Hochbauamts dazu in diesem Umfang befugt zu sein. Hier war es ihm erstmals gelungen, mit Hilfe von Vorprojekten, die von ihm selbst und seinen Mitarbeitern entworfen und von der Beratungskommission abgesegnet worden waren, den mit dem Entwurf der einzelnen Geschäftshausblöcke beauftragten Privatarchitekten eine Gestaltungsrichtung vorzugeben und sie letztlich in den meisten Fällen auch durchzusetzen. Er wird das später bei anderen Planungen ähnlich machen und zu einer spezifischen

Fritz Schumacher, Mönckeberg-Denkmal mit
Brunnenanlage und Lesehalle, Hamburg, 1913
(Fotomontage vor Fertigstellung)

Methode weiterentwickeln, die er „modellmäßiges Entwerfen" nannte. Mit Hilfe von Zeichnungen und Massenmodellen wurde zu jedem Projekt ein Vorprojekt vorgelegt, das die Gestaltung in ihren Grundzügen definierte. Anschließend wurde in Kooperation und im Dialog mit den Bauträgern, den in Aussicht genommenen Architekten und den für die Ausführungsplanung und den Bau Verantwortlichen das endgültige Projekt iterativ über viele weitere Planungsschritte bis zur Baureife entwickelt. Alle Teilbereiche des Stadtparks wurden auf diese Weise mit Hilfe zahlreicher immer wieder veränderter Plastilinmodelle erarbeitet. Die dort verfeinerte Methode kam dann bei den Bebauungsplänen der „Wohnstadt" Hamburg systematisch zur Anwendung. Die Planvarianten wurden im permanenten Dialog mit allen Beteiligten immer wieder revidiert, bis ein Konsens erreicht war. Erst dann wurden die Realisierungsaufträge an die Entwerfer der einzelnen Gebäude vergeben, die alle gemeinsam an dem vorangegangenen Verfahren beteiligt waren. Schumacher wird in diesem diskursiven Verfahren nie auf der Verwirklichung seiner Ausgangsidee im Detail beharren, aber er wird genau darauf achten, dass deren Generallinie durchgehalten wird und das Ergebnis nicht seinem Grundkonzept vom Raumkunstwerk zuwiderläuft. Er wird bei allen Siedlungsplanungen – wo er nicht in gleicher Weise wie bei den staatlichen Hochbauten selbst als Entwerfer in Erscheinung treten kann – im Hintergrund alle Fäden in der Hand behalten und niemanden aus der Reihe tanzen lassen, ganz wie der Marionettenspieler, der auf seinem Plakat für das Festspiel *Phantasien in Auerbachs Keller* zu sehen war.

Im Fall der Mönckebergstraße, wo diese Planungsmethode sich erstmals in Ansätzen abzeichnete, gelang es ihm darüber hinaus, zusätzlich doch selbst als Architekt tätig zu werden und den von anderen Architekten entworfenen großen Kontor- und Kaufhäusern einen anfänglich nicht vorgesehenen kleineren Bau von seiner Hand hinzuzufügen. Sein Arbeitsvertrag verbot ihm zwar die Annahme von privaten Bauaufträgen, aber hier befand er sich in einer Grauzone, denn er entwarf auf öffentlichem Grund unentgeltlich eine Denkmalanlage zu Ehren des 1908 verstorbenen Namensgebers der Straße, des Bürgermeisters Johann Georg Mönckeberg, die aus einer Stiftung Hamburger Bürger finanziert werden sollte. Er plante und baute ein hybrides Ensemble aus einer kleinen zweigeschossigen „Volkslesehalle", also einer öffentlichen Bibliothek, die verbunden war mit einer Brunnenanlage und dem eigentlichen Denkmal. Im Bemühen, die Kommerzpromenade kulturell zu veredeln, inszenierte er eine Anlage, die sich erst auf den zweiten Blick als Denkmal zu erkennen gibt. Schumacher verknüpfte die Ehrung Mönckebergs, der als Bürgermeister den Wiederaufbau der Stadt nach dem Großen Brand von 1842 zielstrebig zu ihrer Modernisierung genutzt hatte, sowohl mit dem Genius Loci der vom Wasser abhängigen Hafenstadt als auch mit der Volksbildung als einem der zentralen Anliegen der Reformkultur und schuf hier in der gerade im Entstehen begriffenen ersten Großstadtstraße erstmals ein architektonisches Denkmal in Form eines sozialen Monuments.

Beim alten Pferdemarkt hatte die unglücklich spitzwinklige Einmündung der Spitalerstraße in die Mönckebergstraße ein Baugrundstück entstehen lassen, auf dem beim besten Willen kein Großkaufhaus oder Bürohaus unterzubringen war. Zahlreiche Nutzungsvorschläge waren gemacht worden, darunter auch ein rundes Hochhaus. Die Situation ist nur bedingt vergleichbar mit dem kleinen Grundstück bei der Kreuslerstraße

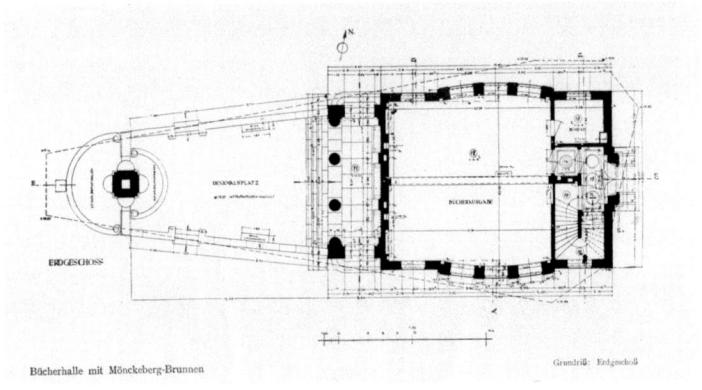

Fritz Schumacher, Lageplan des Mönckeberg-Denkmals, Hamburg, 1913

zwischen dem Durchgang bei der Petrikirche und dem Hansehaus, auf dem Henry Grell das Kunstgewerbehaus Hulbe in einer romantischen Nachempfindung der niederländischen Renaissance errichtet hatte, das in seiner bescheidenen Dimension zwischen der nach dem Großen Brand wiedererrichteten Kirche und dem jetzt neu erbauten Geschäftshaus geschickt vermittelte. Schumacher spielte ebenfalls mit dem Dimensionssprung, schlug aber mit der Denkmalanlage eine völlig aus dem Rahmen der Geschäftsstraße fallende Nutzung vor. Er verwies auf das, wie er sagte, „groteske" New Yorker *flatiron building* von Daniel Burnham als ein abschreckendes Beispiel dessen, was auf einem solchen Grundstück entstehen könne und dringend verhindert werden müsse. Er durfte seinen Entwurf in der von ihm vorgeschlagenen Form realisieren, wohl auch weil das Projekt den Haushalt der Stadt nicht belastete.

Im Gegensatz zum Franzius-Denkmal in Bremen ist die Anlage für Bürgermeister Mönckeberg nicht nur die Inszenierung eines

Fritz Schumacher, Mönckeberg-Brunnen mit Plastiken von Georg Wrba, 1926
(Foto: Gebr. Dransfeld)

Ortes öffentlichen Andenkens im städtischen Raum, sondern ein Ensemble aus einem zweigeschossigen Gebäude mit einer tempelartigen Front, in dem eine allgemein zugängliche „Volkslesehalle" eingerichtet war, an die sich bis zur Spitze des dreieckigen Grundstücks in der Straßengabelung, über einen leicht erhöhten Hof verbunden, eine zum Straßenraum hin orientierte Brunnenanlage anschließt. (Nach jahrzehntelanger Nutzung durch ein Fastfood-Restaurant befindet sich in der Lesehalle heute das „Elbphilharmonie-Café".)

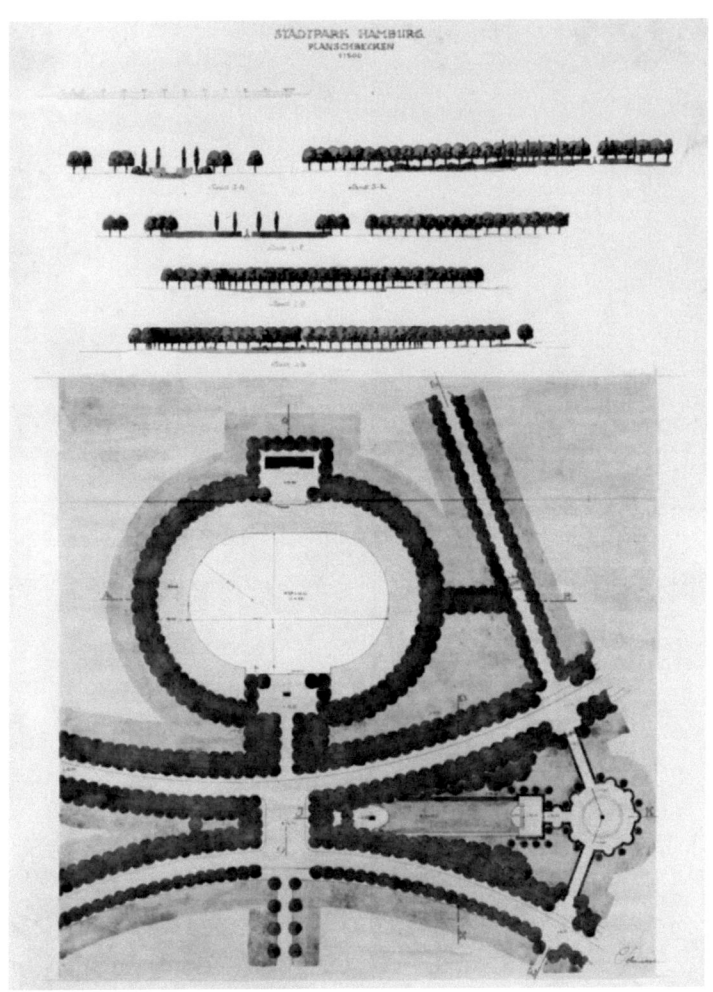

Fritz Schumacher, Lage- und Bepflanzungsplan für das Planschbecken und das Heinrich-Heine-Denkmal im Hamburger Stadtpark, o. D.

Wie in Bremen ist auch bei diesem Denkmal der Geehrte nur mit einer kleinen Portraitbüste anwesend. Man muss sie fast suchen. Sie befindet sich im Aufsatz einer massigen quadratischen Stele in der Art eines römischen Cippus und blickt von dort auf das Getümmel der Geschäftsstraße herab. Über ihr dominiert die Vollplastik eines stehenden bronzenen Löwen das Denkmal. Die hoch aufragende Stele mit den vier glatten

Eckpilastern, zwischen denen jeweils Reliefplatten rinnendes Wasser symbolisieren, erinnert entfernt an römische Grabmäler und Erinnerungsmale und – in stark verkleinerter Form – auch an die Bismarcktürme von Wilhelm Kreis. Die Stele erhebt sich aus einem halbrunden Wasserbecken und ist auf jeder Seite von einer glatten, wesentlich niedrigeren Stütz-

Hugo Lederer, Denkmal für Heinrich Heine.
Die bereits 1912 angefertigte Bronze wurde 1926 im Hamburger Stadtpark aufgestellt und nach 1933 zerstört
(auf dem Foto noch ohne Sockelbeschriftung).

mauer flankiert, auf der sich Inschriften finden, links der Hinweis auf die Stiftung durch die Hamburger Bürger, rechts die Widmung an Johann Georg Mönckeberg. Auf diesen Stützmauern, die zugleich den kleinen Vorhof der Lesehalle vom Denkmal abtrennen, befinden sich weitere Bronzen von

Georg Wrba, dem mit Schumacher befreundeten Dresdner Bildhauer, links Adam, rechts Eva, oder einfach zwei nackte, aber zufriedene Bürger Hamburgs, die sich leicht auf die Köpfe von zwei Seelöwen aufstützen. Es bleibt offen, ob diese unter ihnen auftauchen oder ob die beiden Figuren auf ihnen sitzen. Das Wasser rinnt am Fuß der Stele aus Wasserspeiern

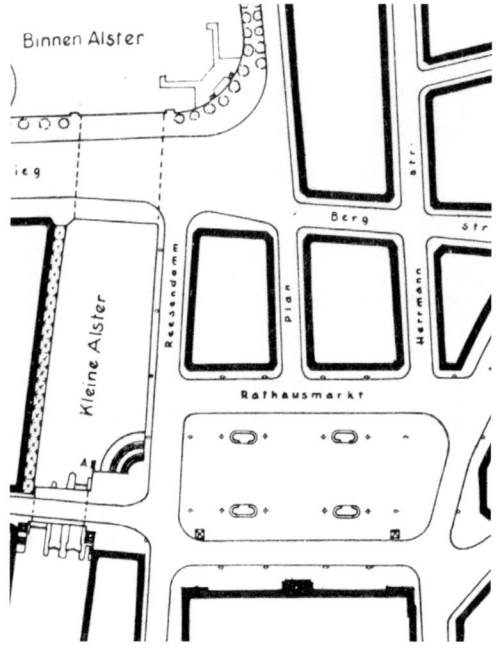

Fritz Schumacher und Gustav Leo, Neugestaltung des Rathausmarkts nach Umsetzung des Denkmals für Kaiser Wilhelm I. an den Wallring und vor Aufstellung des Ehrenmals für die Opfer des Weltkriegs an der Alstertreppe. Hamburg, 1930

in drei kleine Becken und fließt dann in das große Sammelbecken.

Dieses eigentliche Mönckeberg-Denkmal ist so ungewöhnlich wie das ganze Ensemble. Der Bürgermeister Mönckeberg wird mit einem Brunnen geehrt, der das Wasser als Quelle des Reichtums der Hafenstadt symbolisiert, und diesem Brunnen wird dann eine zweigeschossige öffentliche Bücherhalle hinzugefügt, die in dieser Kommerzstraße einen Beitrag zur kulturellen

Volkserziehung leisten soll. Die Gesamtanlage ist überzeugender als die Denkmalstele, die mit ihrem figürlichen Schmuck, vor allem dem dräuenden Löwen, etwas überinszeniert wirkt und auch Schumachers späterem Umgang mit Denkmälern im öffentlichen Raum zu widersprechen scheint, beispielsweise seiner Inszenierung des Wassers in den beiden Kaskadenanlagen

Klaus Hoffmann, Ehrenmal für die Opfer des Ersten Weltkriegs mit Relief der Trauernden von Ernst Barlach, Hamburg, 1931

des Hamburger Stadtparks und der Platzierung des von Hugo Lederer geschaffenen Heine-Denkmals in einem ganz auf das Standbild zugeschnittenen Teilraum des Stadtparks. Schumachers Umgang mit der Frage des Denkmals tendiert nach dem Mönckeberg-Monument in zwei verschiedene Richtungen. Während die „Volkslesehalle" die Richtung zu den sozialen, gesellschaftlich genutzten Monumentalbauten im städtischen Siedlungsraum weist, deutet der Gedenkbrunnen seinen künftigen Umgang mit dem figürlichen bildhauerisch gestalteten Denkmal an.

Dieser Grundidee des sozialen Monuments werden die zahlreichen öffentlichen Bauten folgen, die bis zum Ersten Weltkrieg nach Schumachers Entwurf überall in Hamburg entstehen. Sie dienen nicht nur ihrem jeweiligen Zweck als Schulen, Krankenhäuser oder Verwaltungsbauten, sondern sie sind immer auch zugleich Monumente mit symbolischer Bedeutung für die Bewohner der Stadt. Ihre Rolle verglich Schumacher mit den städtischen Kirchen, Rathäusern und Klöstern des Mittelalters. Sie erheben sich über das heterogene Durcheinander der gewachsenen und sich ständig wandelnden Stadt. Sie sind gewissermaßen trigonometrische Punkte der Identifikation und Dauer. Ihre Gestaltung wirkt leitbildgebend für die Architektur der Stadt insgesamt.
Das herkömmliche, meist von einem Bildhauer figürlich ausgestattete oder insgesamt gestaltete Denkmal behält seine bisherige Rolle als Stadtmöbel zum Nachdenken oder als zur Erinnerung anregende Verzierung städtischer Plätze und Parks. Dies illustriert Schumachers zwei Jahrzehnte dauernder Kampf um eine veränderte Aufstellung des Kaiser-Wilhelm-Denkmals auf dem Rathausmarkt. Den Wettbewerb von 1898 hatten die Bildhauer Carl Garbers und Ernst Barlach gewonnen. Ihr Entwurf ging mit ein in das schließlich aufgestellte Reiterstandbild von Johannes Schilling. Man hatte es in der Mittelachse des Rathauses im Zentrum des Platzes platziert, mit der unvorteilhaften Rückseite des Pferdes zum Betrachter, der sich dem Rathaus von der Alster her nähert. Schumacher hatte, wie er mehrfach äußerte, seine Vorbehalte gegen Freiplastiken im städtischen Raum, wenn überhaupt wollte er sie im Sinne des von ihm hochverehrten Adolf Hildebrand in eine architektonische Anlage einbinden. Im Fall des Rathausmarkts kam hinzu, dass er dessen frühere Geschlossenheit durch den diagonal einschneidenden Durchbruch der Mönckebergstraße als zumindest gestört empfand. 1919 veröffentlichte er einen ersten Gegenvorschlag, der den Platz für die modernen Verkehrserfordernisse ertüchtigen sollte. Hierzu rückte er das große Reiterstandbild um 90° gedreht auf einen neuen Standort an die Südostseite des Platzes, um dadurch einen räumlichen Abschluss gegenüber der klaffenden Öffnung der Mönckebergstraße zu schaffen und die von ihm so gern mit dem Markusplatz in Venedig verglichenen, von Alexis de Chateauneuf nach

dem Großen Brand geschaffenen Platzproportionen zurückzugewinnen. Dieser Vorschlag kam nicht zur Ausführung, aber 1929, als die Neuorganisation des Rathausmarkts unausweichlich geworden war – diesmal von Sperbers Nachfolger beim Ingenieurwesen Gustav Leo geplant –, durfte Schumacher endlich einen neuen Standort suchen und das Reiterstandbild in den Wallanlagen beim Ziviljustizgebäude auf niedrigerem Sockel und von Grünanlagen umgeben neu aufstellen. Diese Aktion lässt sich kaum als Kritik an dem dargestellten Reichsgründer deuten, für den Schumacher ohne Zweifel höchste patriotische Gefühle hegte, sondern als Ausdruck seiner Abneigung gegen figürliche Standbilder, deren starke Autonomie keinen Dialog mit der stadträumlichen Umgebung ihres Aufstellungsorts zuließ. Ihren angemessenen Ort sah er in der scheinbar natürlichen, aber dennoch räumlich gestalteten Umgebung eines Parks, was er mit der Aufstellung von Plastiken namhafter zeitgenössischer Künstler im Stadtpark eindrücklich bewiesen hat, den er damit zu einem veritablen Museum für *Plastik im Freien* machte. Unter diesem Titel stellte er 1928 seine Bemühungen um die Bildhauerkunst im städtischen Raum für die Oberschulbehörde in einer kleinen Broschüre zusammen, womit er auch hier wie schon bei der „Volkslesehalle" erneut sein Interesse an der Volksbildung unter Beweis stellte. Er suchte für die bildende Kunst einen Platz in harmonischem Einklang mit Architektur, Gartenkunst und Stadtbaukunst.

Fritz Schumacher, Innenhof des Museums für Hamburgische Geschichte, Hamburg, 1922

Soziale Monumente

Als Schumacher 1909 zu seinem Kampf um die Gestaltung Hamburgs als moderner Großstadt antrat, fand er keine Tabula rasa vor. Er war nicht der Erste, der sich darum bemühte, er hatte Vorbilder und er hatte Konkurrenten. Er war nicht der Deus ex Machina, der vom Bühnenhimmel auf die Szene herabschwebt, zumindest nicht für die Entscheidungsträger der noch völlig in ihrer oligarchischen Tradition gefangenen Hansestadt, sondern allenfalls für eine elitäre Minderheit von lokalen Vorkämpfern der Kulturreform. Er hatte noch keine präzise, sondern lediglich eine ideelle Vorstellung dessen, was er hier erreichen wollte. Diese Vorstellung musste er sich, so schnell es irgend ging, erarbeiten, musste sie praktisch erproben und permanent modifizieren. Die Stadt war in seinen Augen so etwas wie ein Biotop, ganz ähnlich der Vegetation eines Parks ständigem Wachstum und Verfall ausgesetzt. Er konnte die Gestalt der Stadt nicht ein für alle Mal festschreiben, sondern ihr lediglich wie dem Park mit wenigen Bauten einige dauerhafte Fixpunkte geben. Für die Stadt insgesamt musste er, wie er es für den Stadtpark getan hatte, eine Struktur finden, welche die permanenten Veränderungen ihrer Elemente durch Jahreszeiten oder Umnutzungen zuließ, ohne dass dadurch der Grundcharakter ihrer raumkünstlerischen Gestalt verloren ging. Wie die Vegetation von Wiesen, Hecken und Bäumen eines Parks brauchten auch die baulichen Elemente der Stadt, ihre Infra-

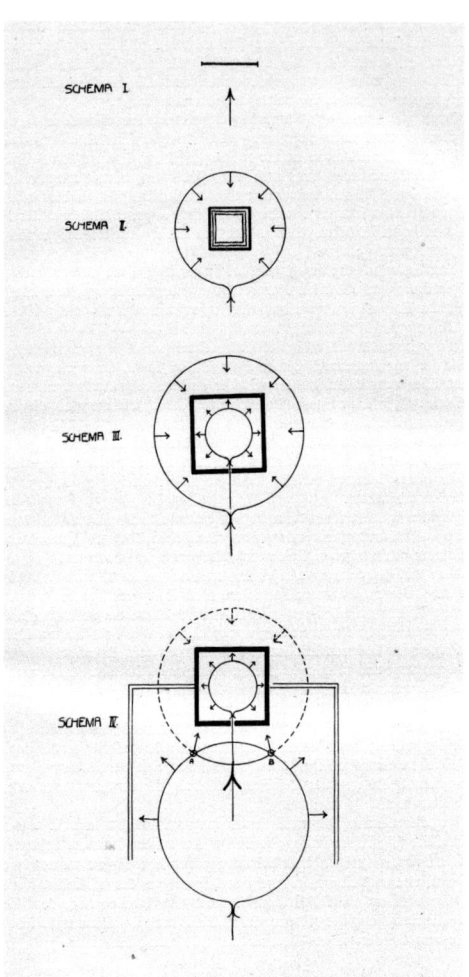

Fritz Schumacher, vier Arten der Wahrnehmung von Kunst- und Bauwerken (nach Herman Sörgel): 1. Wandbild und Relief, 2. freistehende Plastik, 3. einräumiges Bauwerk, 4. komplexes Bauwerk

strukturen, die Freiflächen und Häuserreihen einen strukturellen Rahmen, der Wildwuchs verhinderte, ihr langfristiges Wachstum und die Anpassung an alle Arten von gesellschaftlichen Veränderungen erlaubte oder ihnen zumindest nicht im Wege stand. Die Grundlage einer solchen Struktur sollten die Monumentalbauten bilden, die das kulturelle Leben der Gesellschaft symbolisieren und ihm Orte zuweisen sollten. Wie trigonometrische Punkte helfen, das Land zu vermessen, sollten sie den städtischen Lebensraum erfahrbar machen und ihm darüber hinaus zu einem spezifischen Charakter, einem Genius Loci, verhelfen.

Die Entwürfe, die Schumacher für die Bauten des Hamburger Stadtparks und für eine bunte Reihe anstehender öffentlicher Bauaufgaben aus Dresden mitbrachte, lassen bei näherer Betrachtung seine Suche nach einer generellen Gestaltungslinie hierfür erkennen. Er folgte noch unterschiedlichen Gestaltungs- und Kompositionsprinzipien. Er musste zur schnellen Bewältigung der für ihn völlig neuen Aufgaben typologische und gestalterische Anregungen von allen Seiten aufgreifen und erproben. Naturgemäß bezogen sich diese auf vergleichbare Arbeiten von Zeitgenossen, denen er in München, in Berlin, in Leipzig und in Dresden begegnet war und mit denen er zusammengearbeitet hatte. Wie er, hatten auch sie sich bemüht, den bis zur Jahrhundertwende vorherrschenden historistischen Akademismus zu überwinden und Wege zu einer freieren Gestaltung zu finden. Dazu kamen die Anregungen aus Arbeiten ähnlicher Tendenz, die in den wichtigsten Fachzeitschriften der Zeit in großer Zahl publiziert wurden, Arbeiten nicht nur aus den deutschsprachigen Ländern, sondern oft aus Großbritannien, den Vereinigten Staaten, Frankreich, Belgien, den Niederlanden und Skandinavien. So gesehen war Schumacher mit seinen Problemen keineswegs allein und nicht der Erste, der sich um ihre Lösung bemühte. Er traf diese Weggefährten gelegentlich, korrespondierte mit einigen von ihnen und sah ihre Werke bei seinen Reisen, beim Besuch der großen Ausstellungen, nicht zuletzt auch bei der Organisation seiner eigenen in Dresden. Als Teilnehmer von Tagungen und Mitglied in den wichtigen Reformorganisationen, allen voran dem Deutschen Werkbund, stand er mit ihnen in einem intensiven geistigen Austausch.

Auch Schumachers bis dahin geäußerte Absichten zur Neugestaltung Hamburgs waren nicht singulär. In München hatte Theodor Fischer bereits ähnliche Ziele verfolgt, in Berlin Ludwig Hoffmann, in Dresden Hans Erlwein, in Breslau Max Berg. Sie stimmten in ihren Methoden und in ihren Gestaltungskonzepten selten überein, aber sie teilten sein Verständnis von Stadtplanung als Kulturarbeit. Sie strebten nicht den Rückbau und die Auflösung der allgemein kritisierten und verteufelten Großstadt an, sondern sahen in ihr den Ort einer künftigen

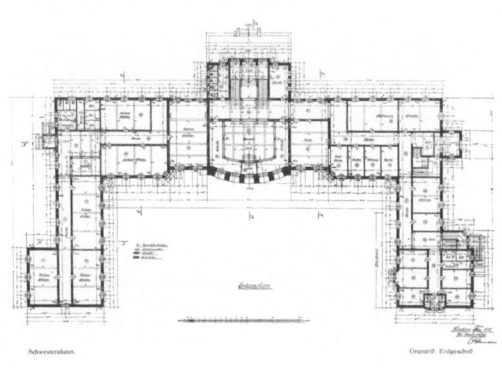

Fritz Schumacher, Schwesternhaus im Klinikum Hamburg-Eppendorf, Grundriss des Erdgeschosses, 1912

höheren Kultur, was sie gern mit Zitaten von Friedrich Nietzsche begründeten. Bald nach Schumachers Arbeitsbeginn in Hamburg wird 1913 der aus Hamburg stammende Kritiker Karl Scheffler in seinem Buch *Die Architektur der Großstadt* diese Problematik grundsätzlich erörtern und mit Arbeiten ausgewählter Vorkämpfer illustrieren, die seit der Jahrhundertwende entstanden waren. Seine Helden waren vor allem Alfred Messel, Peter Behrens, Heinrich Tessenow und Hermann Muthesius, von denen er die in seinem Sinne wichtigsten Werke abbildete. Schumacher gehörte noch nicht dazu. Von ihm hatte Scheffler im Jahr zuvor gerade erst einmal die Entwürfe moderner Grabanlagen gewürdigt. Seine Hamburger Arbeiten kannte er noch nicht, denn kaum eine von ihnen war bereits fertiggestellt. Lediglich der von Franz Bach erbaute Barkhof an der

Mönckebergstraße taucht ohne Verfassernennung in der Bildstrecke von Schefflers Buch auf.

Unter den Architekten, die sich vor der Jahrhundertwende und während der Jahre danach um eine neuartige Typologie für das moderne Geschäftshaus bemühten, spielten ohne Zweifel der Berliner Alfred Messel und der Hamburger Martin Haller führende Rollen. Aber überraschenderweise fand Haller in Schumachers Schriften nur negative Erwähnungen als der tonangebende Architekt des Rathausbaumeisterbunds und damit als

Fritz Schumacher, Schaubild des Schwesternhauses im Klinikum Hamburg-Eppendorf, 1909

‚Hauptschuldiger' für die Gestaltung des Hamburger Rathauses in Anlehnung an die niederländische Renaissance. Über Hallers schon 1885 entstandenen richtungsweisenden, 1967 für den *Spiegel*-Neubau abgerissenen Dovenhof und die zahlreichen späteren, trotz ihrer historistischen Stilarchitektur zweifellos modernen Kontorhäuser hat er kein Wort verloren. Ähnliches widerfuhr Albert Erbe, obwohl dieser sich, durchaus mit Schumacher vergleichbar, um eine Reformarchitektur mit gelegentlichen neobarocken Anklängen bemüht hatte. Er war in Vertretung Johann Christian Zimmermanns der direkte Vorgänger Schumachers als Leiter des Hochbauamts und musste mit ihm noch bis 1912 zusammenarbeiten. Erbe hatte sich vergeblich um die schließlich an Schumacher vergebene Stelle beworben, was die folgende Zusammenarbeit mit Sicherheit nicht erleich-

tert hat. Dennoch bleibt unübersehbar, dass kein anderer Bautyp eine deutlichere Fortsetzung in Schumachers Werk gefunden hat als die von Erbe entwickelten Hamburger Schulbauten aus dem ersten Jahrzehnts des 20. Jahrhunderts.
Dagegen verschweigt Schumacher nicht den Einfluss, den die – wie er sie nennt – jungen Hamburger Architekten aus dem Umfeld der Heimatschutzbewegung auf seine schnelle Hinwendung zum roten Backstein als stilbildendes Baumaterial hatten. Er beschreibt, wie die Rolle dieses Materials im Verlauf des

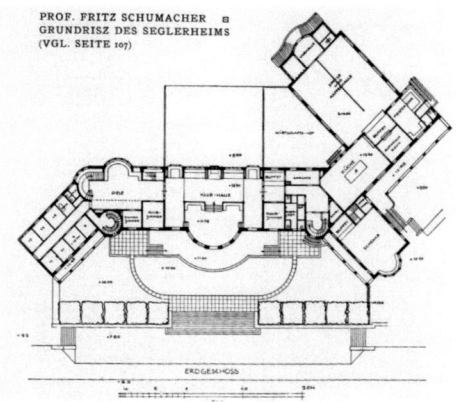

Fritz Schumacher, Seglerheim am Jachthafen mit Speiseanstalt für Hafenarbeiter, Hamburg-Waltershof, Grundriss, 1912

Baus der Mönckebergstraße immer mehr Anerkennung fand, wie es vom Rathausmarkt in Richtung Hauptbahnhof stets häufiger zum Einsatz kam und wie wichtig die Bauten von Fritz Höger für diesen Prozess und später für den Bau des neuen Citykerns um den Burchardplatz wurden. Schumachers Gegnerschaft zur von Conrad Wilhelm Hase begründeten Hannoverschen Schule tat das keinen Abbruch. Diese stigmatisierte er stereotyp als neogotisch und unkünstlerisch. Die neogotischen Tendenzen in der englischen Architektur der Arts-and-Crafts-Bewegung haben ihn im Gegensatz dazu nie in seiner Bewunderung behindert. Obwohl es bereits beim Wiederaufbau nach dem Großen Brand Bauten und Entwürfe Alexis de Chateauneufs und Theodor Bülaus in unverputztem Backsteinmauerwerk gegeben hatte, kann an der zentralen Bedeutung der Hannoverschen Schule für die Wiederbelebung der Backsteinarchitektur in Hamburg kein Zweifel bestehen.

In diesem Zusammenhang erstaunt aus heutiger Sicht insbesondere das Schweigen Schumachers zum stadtplanerischen Werk von Franz Andreas Meyer und das Fehlen von Verweisen auf die Hamburger Speicherstadt, deren gestalterische Einheit und bis heute anhaltende Ausstrahlung ganz wesentlich auf der von diesem vorgeschriebenen Verwendung des roten Backsteins beruhen. Meyers Koordination der Speicherbauten nach

Fritz Schumacher, Seglerheim am Jachthafen mit Speiseanstalt für Hafenarbeiter, Hamburg-Waltershof, Schaubild, 1912

einheitlichem Plan, für deren Ausführung dann jeweils einzelne Architekten verantwortlich waren, nahm bereits Schumachers Leitungskonzept bei den Siedlungsbauten der 1920er Jahre vorweg; nicht das kooperative modellmäßige Entwerfen, aber zweifellos die Vereinheitlichung der Gesamterscheinung durch strenge Vorgaben bezüglich Dimension, Konstruktion und Materialwahl. Das von dunkelgrünen Glasbändern gegliederte rote Backsteinmauerwerk, die grün oxidierten Kupferabdeckungen der Krane, Erker und Dächer schufen im Wechselspiel mit dem meist grauen Hamburger Himmel und dem dunklen Wasser der Fleete eine Anmutung, die das allein von der Hafenfunktion veranlasste, nicht repräsentativ gedachte Quartier des Freihafens bis heute zu einer der stärksten städtebaulichen Attraktionen Hamburgs macht. Es scheint undenkbar, dass die hinter der ästhetischen Erscheinung der Speicherstadt erkennbaren gestalterischen Mittel einem genau analysierenden Architekten wie Schumacher verborgen geblieben wären und keine Wirkung auf seine immer neuen Vorschläge für eine farbige Gestaltung der Architektur der Stadt und für die räumliche Vereinheitlichung der neuen Stadtquartiere ausgeübt hätten.

Die Serie der ersten großen öffentlichen Bauten für Hamburg, die Schumacher noch in Dresden und dann in Hamburg ent-

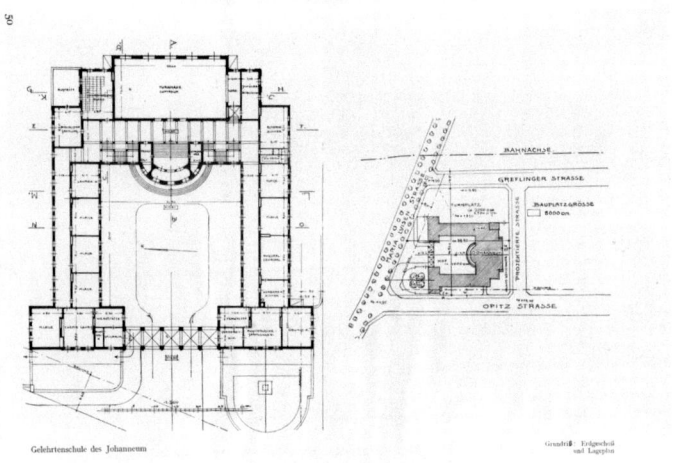

Fritz Schumacher, Gelehrtenschule des Johanneums,
Grundriss Erdgeschoss und Lageplan, Hamburg, 1912

worfen hatte, folgte trotz relativer stilistischer Ähnlichkeiten keinem einheitlichen Kompositionskonzept. Es wird noch mehrere Jahre Baupraxis brauchen, bis Schumacher ein solches präzis formulieren und auch in Schriftform fassen kann. Wie nur sehr wenige deutsche Architekten des 20. Jahrhunderts war er in der Lage, über Architektur und vor allem über die Entwurfsarbeit des Architekten zu schreiben. 1916 veröffentlichte er *Grundlagen der Baukunst* und schließlich 1926 im Handbuch der Architektur seine eigentliche Entwurfslehre *Das bauliche Gestalten*. Die dort geäußerten Gedanken greift er danach noch mehrfach auf, zuletzt 1938 in *Der Geist der Baukunst*. Aber er wird diese auf den Erkenntnissen der Wahrnehmungstheorie und den Theorien von Heinrich Wölfflin, August Schmarsow und Herman Sörgel basierenden Konzepte in seinem Werk nie wortgetreu anwenden, sondern mit der von ihm ebenfalls postulierten künstlerischen Freiheit in immer neuen Variationen pragmatisch den jeweiligen Aufgaben anpassen.

Schon in seiner Dresdner Antrittsvorlesung hatte er sich 1901 für stilistische Vielfalt ausgesprochen, für eine moderne Gestaltung neuer, vorbildloser Bauaufgaben und parallel dazu für eine

Fritz Schumacher, Gelehrtenschule des Johanneums, Ansicht von der Maria-Louisen-Straße, Hamburg, 1914

die Tradition aufgreifende und weiterentwickelnde bei solchen der staatlichen und kulturellen Repräsentation. Er hatte dies nicht nur auf die Verwendung tradierter Schmuck- und Gliederungselemente bezogen, sondern insbesondere auf die Materialwahl, auf die Verwendung von Stein und Holz sowie der neuen Materialien Stahl, Glas und Beton, wo dies durch die Aufgabe gerechtfertigt erschien. Er begann bei der Leipziger Handelshochschule, die er 1908 baute, im Eingangsbereich und im Treppenhaus erstmals mit Sichtbeton zu arbeiten, und griff dies in der Folge bei vielen Hamburger Bauten in verschiedenster Form wieder auf, bis er gegen Ende der 1920er Jahre Beton als

Tragstruktur auch in der Außengestaltung einiger Schulen sichtbar machte. Aber solche Anwendungen blieben die Ausnahme gegenüber dem Backstein, mit dem er selbst die in Stahlbeton errichteten Brücken über die Alster und die Alsterkanäle verkleidete. Sichtbare Stahlkonstruktionen erlaubte er sich nur in technischen Bauten wie den Flugzeughallen in Fuhlsbüttel und in Travemünde. Er verwendete Stahlkonstruktionen dagegen regelmäßig im Inneren der hohen, grau gedeckten Ziegeldächer, die in den Jahren bis zum Ende des Ersten Weltkriegs geradezu ein Markenzeichen seiner öffentlichen Bauten wurden.

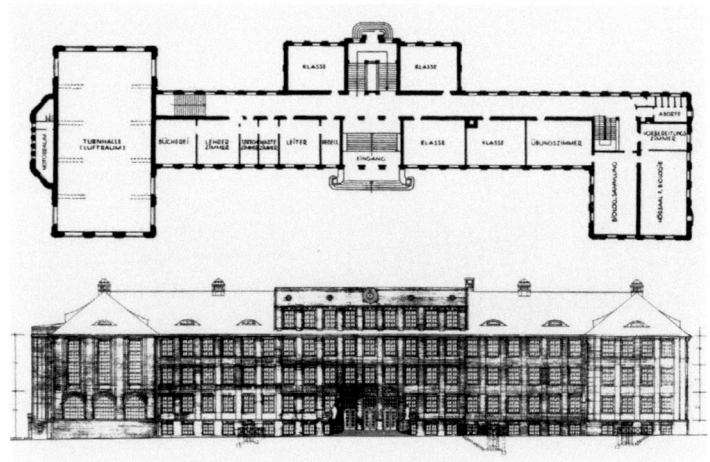

Fritz Schumacher, Lichtwarkschule, Grundriss Erdgeschoss und Ansicht, Hamburg, 1914

Wenn wir die Milchwirtschaft im Stadtpark außer Betracht lassen, die Schumacher nicht aus eigener Intention, sondern auf ausdrücklichen Wunsch des Direktors des Museums für Kunst und Gewerbe Justus Brinckmann in Anlehnung an Bauernhäuser der Vier- und Marschlande gestaltet hatte, bleiben drei Grundprinzipien für die Gestaltung der ersten Hamburger Bautenserie erkennbar. Am klarsten entsprechen die Anlagen der Stadthalle und des Stadtcafés am Stadtparksee Schumachers Vorstellung einer Architektur, deren innere und äußere Gestaltung in einem harmonischen Gleichgewicht erscheinen soll. Er wird später in seinen Veröffentlichungen mehrfach die Schemazeichnungen abbilden, mit denen Herman Sörgel die Wahrnehmungsprinzipien von Malerei, Plastik, einräumigen Bauten sowie komplexen Architekturen erläutert hat. Schon die Plastik, mit Ausnahme des Reliefs, ist nicht mehr von einem Punkt aus zu erfassen, sondern erfordert die Umrundung durch den Betrachter, ebenso das einräumige Gebäude, das aber zusätzlich einer Runde im Inneren bedarf. Das komplexe mehrräumige Gebäude lässt sich nur noch virtuell in seiner Gesamtheit erfahren, wozu der Betrachter eine Vielzahl einzelner Sichtfragmente in seinem Kopf zusammensetzen muss. Schumacher führt aus,

Fritz Schumacher, Lichtwarkschule, Perspektive, Hamburg, 1914

dass zu einer solchen kombinierten Wahrnehmung der konvexen und konkaven Elemente eines Bauwerks noch eine dritte Raumdimension hinzutritt, die sich aus seiner Stellung im Außenraum und zu seiner jeweiligen Nachbarschaft ergibt. Er fasst diese drei Raumeindrücke 1926 in dem etwas kryptischen Satz zusammen: „Architektur ist die Kunst doppelter Raumgestaltung durch Körpergestaltung." Bei einem architektonischen Kunstwerk müssen alle drei Gestaltungen in Einklang gebracht werden.
Die beiden genannten Gasthäuser im Stadtpark erscheinen im Plan fast wie eine direkte Anwendung des letzten der Sörgelschen Schemata. Auch im Schwesternhaus des Eppendorfer Krankenhauses ist eine vergleichbare Anordnung der Baukörper erkennbar, wogegen andere der früheren Hamburger Bauten Schumachers wegen ihrer komplexen Raumprogramme eine solche Interpretation nur mit großen Abstrichen erlauben.

Die weitaus größte Zahl der frühen Bauten wird einem solchen Gestaltungsanspruch nicht in vollem Umfange gerecht. Sie kommunizieren mit ihren ernsten, breit gelagerten Fassaden vor allem mit der städtebaulichen Nachbarschaft. Ihre innere Ausbildung hat nur in Ausnahmefällen, etwa bei der Hervorhebung der Turnhallen an den Schulen Teutonenweg und Rübenkamp, Einfluss auf die äußere Gesamterscheinung. In der Regel greifen sie die Überlegungen der Heimatschützer auf, der horizontalen Ausdehnung der modernen Kontor- und Verwaltungsbauten

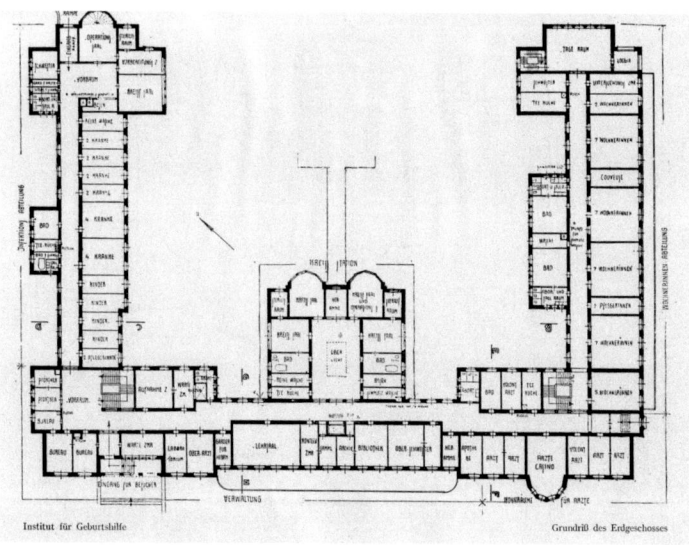

Fritz Schumacher, Institut für Geburtshilfe an der Finkenau, Hamburg, 1914

durch eine Giebelreihe anstelle der Traufkante eine vertikale Gliederung und die Anmutung einer überkommenen giebelständigen Häuserreihe zu verleihen, ähnlich wie es der historische Paradieshof von 1761 am Alten Steinweg (allerdings ein Wohnhaus mit Kleinwohnungen) auf dem Titel der zitierten Schrift *Über Hamburgs neue Architektur. Zeitgemäße Betrachtungen eines Laien* von Paul Bröcker von 1908 gezeigt hatte oder wie es bei einigen der neuen Geschäftshäuser von Höger und Bach an der Mönckebergstraße bereits erprobt worden war. Die Fassaden der innerstädtischen Verwaltungsbauten Schumachers repräsentieren und monumentalisieren in ihrer strengen Erhabenheit den Hamburger Staat und seine Aufgaben. Trotz ihrer Größe sind sie in das Stadtbild eingefügt und suchen es durch die Reihung ihrer Giebel und ihrer Bogenstellungen im Erdgeschoss zu rhythmisieren.

Als Hermann Muthesius 1919 in einem längeren Artikel in der *Dekorativen Kunst* die ersten zehn Jahre von Schumachers Hamburger Bautätigkeit zu würdigen sucht, dominieren in seinem Abbildungsteil solche monumentalen Verwaltungsbauten.

Fritz Schumacher, Institut für Geburtshilfe an der Finkenau, Operationssäle, Hamburg, 1914

Muthesius zeigt nur schwarz-weiße, von Schumacher gezeichnete Schaubilder, keine Pläne, geht also nicht auf Schumachers Intention ein, eine Architektur zu schaffen, die ihre unterschiedlichen inneren und äußeren Raumwirkungen miteinander in Einklang bringen will. Stattdessen betont er Schumachers Herkunft aus der, wie er es nennt, „großarchitektonischen Richtung" eines Rieth, Schmitz und Kreis. Diese habe Schumacher tendenziell überwunden und befinde sich jetzt auf dem Wege zu der von Nietzsche einmal geforderten „Einheit des künstlerischen Stiles in allen Lebensäußerungen". Angesichts seiner

Hamburger Arbeiten erkennt Muthesius in Schumacher einen „der ersten Führer der deutschen Baukunst" und zählt ihn „heute ... zu unseren Allerbesten". Muthesius war vorrangig an der Frage der Bautypologie interessiert und ging deshalb weder auf die Frage der Farbigkeit noch auf die des Materials ein, die für Schumacher in jenen Jahren so sehr an Gewicht gewonnen

Paul Bröcker/Fritz Höger, Idealentwurf eines traufständigen Geschäftshauses mit drei Zwerchgiebeln für Hamburg, 1910

hatten. Bezüglich solcher Fragen verweist Muthesius lediglich unkommentiert auf einen kurz zuvor erschienenen Artikel von Jacob Julius Scharvogel, ihrer beider Mitstreiter bei der Werkbundgründung und Keramikmeister in Darmstadt. In diesem Artikel hatte Scharvogel sich intensiv mit Schumachers neuartiger Verwendung von Backstein und Baukeramik auseinandergesetzt und dessen Rolle als Führer jener aktuellen Gestaltungstendenz definitiv festgeschrieben.

Zu Schumachers bedeutendsten architektonischen Leistungen der Hamburger Anfangsjahre zählen ohne jeden Zweifel die

Kunstgewerbeschule am Lerchenfeld und das Museum für Hamburgische Geschichte, welches allerdings erst nach dem Ersten Weltkrieg fertiggestellt werden konnte. Beide Bauten sind nicht allein wegen der komplexen Gliederung ihrer Baukörper und deren sorgfältig gestalteter und geschmückter Außenerscheinung bemerkenswert, sondern in besonderem

Fritz Schumacher, Verwaltungsgebäude am Dammtorwall, Hamburg, 1913–15

Maße wegen der Artikulation ihrer inneren Raumfolgen. Die Außengestalt der Volumina ist hier unverkennbar von den inneren Raumfolgen mitbestimmt, ganz anders als zum Beispiel beim Tropenkrankenhaus, beim Lotsenhöft im Hafen oder bei der zentralen Feuerwache am Berliner Tor. Für die beiden erstgenannten war wohl die jeweilige exponierte Lage, einmal auf der Geestkante über dem Hafen und zum anderen an der Mündung des Köhlbrands in die Elbe, hauptsächlich formbestimmend und Ursache für die Akzentuierung durch einen Turm. Bei der Feuerwache am Berliner Tor war es eher das unregelmäßige Grundstück und die noch ungestaltete Umgebung. Der Turm ergab sich dort aus der damaligen Praxis, die noch nicht aus Kunststoffgarnen gewebten Schläuche nach ihrer Benutzung zum Trocknen aufzuhängen. Schumacher hatte beabsichtigt, die Feuerwache mit den in der Nachbarschaft geplanten Schulen und weiteren Bauten zu einem Forum zusammenzufas-

Fritz Schumacher, Schnitt durch das Museum für Hamburgische Geschichte

sen. Es sollte die historische Vorstadt Sankt Georg mit den neu entstandenen Stadtteilen vor dem Lübecker und dem Berliner Tor durch einen großstädtischen sozialen Knotenpunkt verbinden und der Gegend einen monumentalen Bezugspunkt verleihen. Er konnte das Projekt jedoch nie in dieser umfassenden Form realisieren, und heute ist dieser Ort zu einem Wirrwarr sich kreuzender Hauptverkehrsstraßen verkommen.
Das Museum und die Kunstgewerbeschule erforderten die Erfüllung sehr differenzierter Raumprogramme und hatten

zugleich einen hohen, allgemein anerkannten symbolischen Wert für die Kultur der Stadt. Ihr Charakter als kulturelle Monumente war schon in der Aufgabe enthalten, und entsprechend war der dafür erforderliche höhere gestalterische Aufwand zu keinem Zeitpunkt in Frage gestellt. Die Planung des Museums wurde durch das gegebene, auf Themenräumen

basierende Konzept zusätzlich erschwert. Diese sollten möglichst individuell gestaltet sein und dem jeweiligen Zeitkolorit angepasst werden. Dazu kam Schumachers Absicht, die umfangreiche Sammlung von Bauteilen aus Bürgerhäusern, die meist für den Bau der Speicherstadt abgebrochen worden waren, in den Museumsbau zu integrieren. Stolz vermeldete er nach der Fertigstellung, dass ausschließlich aus Abbruchhäusern gerettete historische Türen eingebaut und zahlreiche historische Originalbauteile als Sopraporten und innerer und äußerer Bauschmuck verwendet worden seien. Die Schaubilder zu mehreren Varianten der Raumfolgen im Inneren des Museums illustrieren eindrücklich Schumachers tastende Herangehensweise an die komplexe Herausforderung. Er ging bei diesem Projekt weder von einem Funktionsplan, einem Grundriss, einer spezifischen Konstruktionsweise noch von einer Körperidee aus, sondern von einem Raumplan. Er testete die Abfolge von Räumen unterschiedlichster Dimension und Ausstattung, prüfte deren jeweilige Wirkung auf Volumen und Struktur des

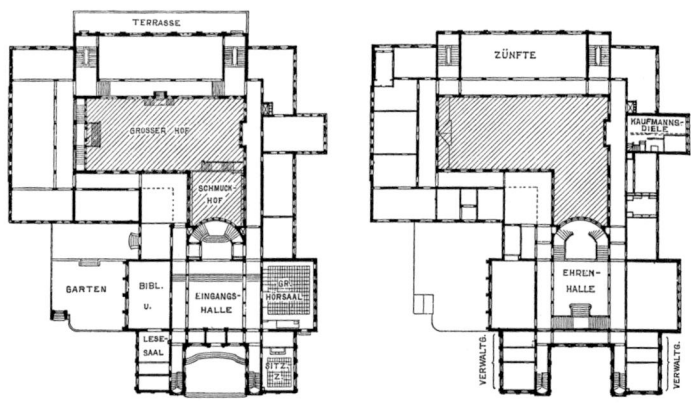

Fritz Schumacher, Museum für Hamburgische Geschichte,
Grundrisse der Eingangsebene und des Obergeschosses, 1910–22

Gebäudes, bevor er abschließend die innere Organisation und die äußere Erscheinung in Schnitten und Grundrissen festlegte. Das Museum sollte nicht als irgendein Gebäude der Stadt erscheinen, kein simples Behältnis für die physischen Relikte ihrer Vergangenheit werden, sondern selbst die Geschichte der Freien und Hansestadt auf symbolische Weise stolz und gesamthaft verkörpern.

Auf vergleichbare Weise ging Schumacher bei der Planung zum Neubau der Kunstgewerbeschule am Lerchenfeld vor, die zuletzt gemeinsam mit der Bauschule in einem Flügel des von Johann Christian Zimmermann beim Hauptbahnhof errichteten Museums für Kunst und Gewerbe untergebracht war. Das sehr anspruchsvolle Raumprogramm hatte der Direktor der Schule, Richard Meyer, festgelegt. Es umfasste Ateliers, Werkstätten, Hörsäle, Aula, Mensa, Bibliothek, Archiv, Ausstellungsraum, Direktorium, Verwaltung, Räume für moderne Haustechnik, Wohnungen für Hausmeister und Heizer, sogar Gewächshäuser und Tierkäfige für Naturstudien. Es war sogar ein Atelier mit Kuppel für das Erlernen von Techniken monu-

Fritz Schumacher, Museum für Hamburgische Geschichte, Haupteingang vom Holstenwall, 1922

mentaler Deckenmalerei gefordert. Die Ausstattung sollte dem letzten Stand der Diskussion um die Reform der Kunst- und Kunstgewerbeausbildung entsprechen, wie sie gleichzeitig auch andernorts, in Berlin, in Breslau, in Weimar und in Düsseldorf geführt wurde. Die Hamburger Kunstgewerbeschule sollte keine herkömmliche Kunstakademie und auch keine der üblichen Gewerbeschulen werden, sondern sie sollte eine die Kunstgattungen übergreifende Ausbildung ganz im Sinne der Reformbewegung und des Deutschen Werkbunds anbieten und dafür auf bestmögliche Weise ausgestattet werden. Ihrem hohen kulturellen und kulturreformerischen Anspruch gemäß sollte sie sich im Inneren wie im Äußeren von den übrigen Schulbauten der Stadt abheben und überregional Hamburgs Ruf bezüglich moderner Kunst und Kultur verbessern, um den es nicht zum Besten stand.

Im Gegensatz zu dem frei in den Wallanlagen stehenden Museum für Hamburgische Geschichte war für die Kunstgewerbeschule ein sehr begrenztes und unregelmäßig zugeschnittenes Gelände bei der Mundsburger Brücke an der Grenze von Barmbek und Eilbek vorgesehen. In der Nachbarschaft war

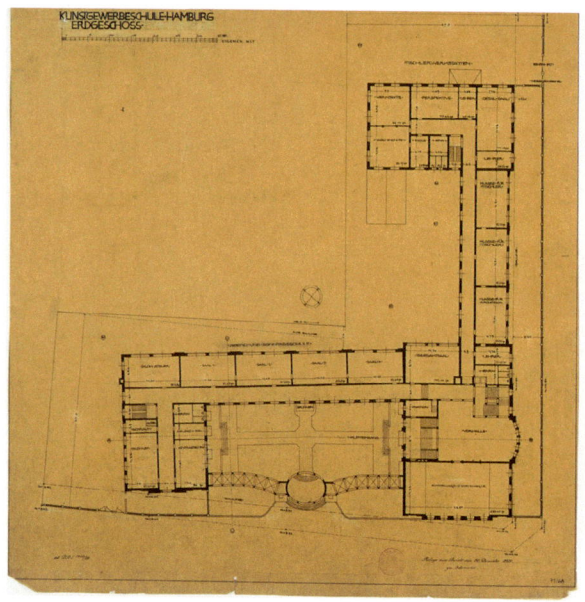

Fritz Schumacher, Kunstgewerbeschule, Grundriss, Hamburg, 1910

1908 am Lerchenfeld von Albert Erbe bereits die höhere Mädchenschule errichtet worden. An der Uferstraße schloss das Gelände an Grundstücke an, die für den Bau einer kleinen Schule für Behinderte und ein großes Institut für Geburtshilfe, die spätere Geburtsklinik Finkenau, vorgesehen waren, die beide ebenfalls von Schumacher geplant wurden.

Um das komplexe Bauprogramm auf dem ungünstigen Grundstück unterbringen zu können, entwarf Schumacher eine unsymmetrische Anlage aus drei aufragenden Baukörpern mit hohen Walmdächern und niedrigeren Verbindungsbauten. Die optische

Außenwirkung war von der Ecklage am Eilbekkanal und dem dort platzierten zentralen Gebäudeteil bestimmt. Die Apsis der Eingangshalle zeichnete sich hier in der Fassade zur Uferstraße hin konvex ab und verlieh ihr mit ihren hohen, über zwei Geschosse durchlaufenden Glasfenstern besonders bei nächtlicher Innenbeleuchtung einen markanten Akzent. Schumacher hat das gleiche Motiv, einen Zylinderabschnitt mit über mehrere Geschosse laufenden vertikalen Fenstern, in ähnlicher Form bei

Fritz Schumacher, Kunstgewerbeschule, Ansicht vom Eilbek-Kanal, Hamburg, 1910

so zahlreichen Bauten verwendet, dass man es durchaus als Markenzeichen seiner Projekte dieser Periode bezeichnen kann.
Am Lerchenfeld war der U-förmige Vorplatz zwischen den beiden dortigen Baukörpern durch eine Pergola mit einem ovalen Eingangspavillon vom Straßenraum abgetrennt, sodass er einen geschlossenen Gartenraum in der Art eines klösterlichen *hortus conclusus* bildete, durch den der Besucher auf das Betreten der höheren Sphären einer Kunstschule vorbereitet wurde. Obwohl der Pavillon die Mittelachse der asymmetrischen Gebäudegruppe betonte, führte er nicht direkt zum Haupteingang. Vom Eingangspavillon mit seiner schweren schmiedeeisernen Tür, die zwei Adam und Eva darstellende keramische Reliefs von

Richard Luksch flankierten, schritt der Besucher nicht wie erwartet auf ein Portal, sondern auf ein altarähnliches Monument an der sonst in den unteren Geschossen schmucklosen Wand des Ateliertrakts zu. Er musste sich dann nach rechts wenden, um über eine Freitreppe auf den erhöhen Vorplatz zum Portal des Haupteingangs zu gelangen, über dem sich wie die Kapitänskajüte einer Hansekogge das Erkerfenster des Direkto-

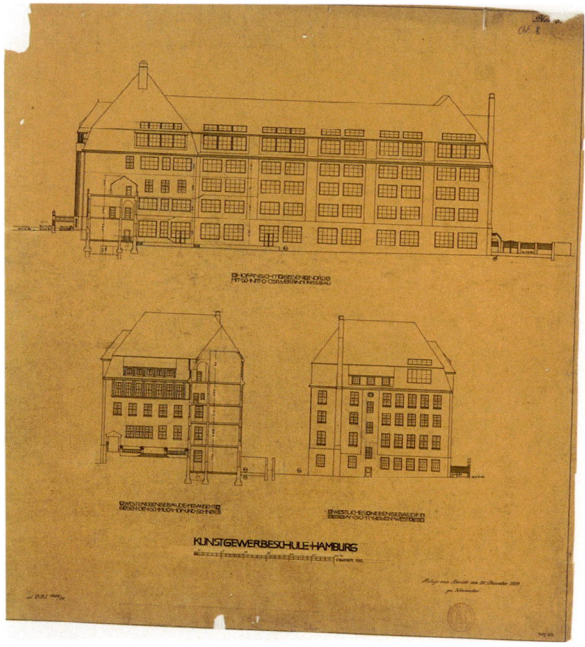

Fritz Schumacher, Kunstgewerbeschule, Rückfront, Hamburg, 1910

renzimmers wölbte. Nach dem Überschreiten einer steinernen Schwelle konnte er dann im Inneren den kleinen Vorraum mit der seitlich angebrachten Pförtnerloge betreten und entweder über zwei zu Garderobe und Mensa führende Treppenläufe hinabsteigen oder über die größere, dazwischen aufsteigende Treppe durch eine große zweiflügelige Tür die feierliche Eingangshalle und damit den Höhepunkt dieses Zugangsparcours erreichen.

Diese Inszenierung Schumachers brachte seine raumkünstlerischen Gestaltungsabsichten wirkungsvoll zum Ausdruck, aber sie verkörperte den pathetischen Geschmack der Zeit vor dem Ersten Weltkrieg so sehr, dass nach dem Zweiten Weltkrieg der mit dem Wiederaufbau der kriegszerstörten Teile des inzwischen Landeskunstschule genannten Gebäudes beauftragte Direktor Gustav Hassenpflug, ein Absolvent des Dessauer Bauhauses, dieses Vorspiel vor dem Betreten des Gebäudes so unerträglich und elitär fand, dass er die Pergola und den Torpavil-

Fritz Schumacher, Kunstgewerbeschule, Ansicht vom Lerchenfeld, Hamburg, 1910

lon, obwohl unzerstört, komplett entfernen und den Eingangsbereich seinem bewusst kargen Wiederaufbau anpassen ließ. Zudem ersetzte er die markanten Dachlandschaften und die mit Baukeramik verzierten Außenmauern des Werkstatt- und Atelierflügels durch Flachdächer und schmucklose glatte Wände, obwohl er dadurch ein volles Geschoss verlor, das die Schule dringend benötigte (Abb. S. 297).

Schumacher hatte den Bau ohne Zweifel elitär gemeint, aber wohl im künstlerischen und nicht im politischen Sinn, wie Hassenpflug es verstand. Zusätzlich zur räumlichen Inszenierung des Bauwerks belegte dies die innere und äußere Ausstattung mit einer großen Zahl von Kunstwerken. In den Korridoren und Treppenhäusern befanden sich Zierbrunnen und Nischen zur Aufstellung von Plastiken. Die zweigeschossige Halle war

Soziale Monumente 175

beherrscht von der eindrücklichen Plastizität des von rechts in den Raum vorspringenden Treppenturms. Er war Teil einer Struktur aus Sichtbeton, deren Pfeiler wie die den Raum überspannende Decke steinmetzmäßig bearbeitet und mit Kanneluren, Kassetten und wellenförmigen Vouten geschmückt waren. Die hohe Apsis füllte das von Carl Otto Czeschka entworfene fünfteilige Klarglasfenster mit Texten von Wilhelm Niemeyer, dessen Lichter und Lichtbrechungen den Mosaikfußboden der Halle zusätzlich belebten. Das erste Obergeschoss öffnete sich auf eine die linke Hälfte der Halle umlaufende Empore mit einer weißlackierten Balustrade, die zu den Räumen des Direktorats führte. Die ursprünglich vorgesehenen Wandgemälde in den dafür freigelassenen Feldern über den Eingangstüren zur Aula magna wurden nie angefertigt. Wandgemälde kamen dafür umso wirkungsvoller im Inneren der Aula zur Geltung, die von dem umlaufenden symbolistischen Zyklus *Die ewige Welle* von Willy von Beckerath beherrscht wurde. Während der Ära Hassenpflug allerdings blieb dieser wohl als peinlich empfundene Zyklus hinter einem hellgrauen Vorhang versteckt.

Die hohen feierlichen Fenster der Eingangshalle, die während des Zweiten Weltkriegs ausgelagert waren und 1970 wieder installiert werden konnten, hatten Hamburg 1914 auf der Kölner Werkbundausstellung im dortigen Hamburger Raum vertreten und gelten zu Recht als ein Hauptwerk Carl Otto Czeschkas und der Wiener Sezession, zu deren Mitbegründern Czeschka gehörte. Richard Meyer hatte mehrere Wiener Künstler nach Hamburg berufen lassen, um seiner Kunstgewerbeschule Anschluss an die jüngsten Kunstbestrebungen zu geben, und Schumacher hatte diese nach Möglichkeit an der Ausstattung des Neubaus beteiligt. Aber nicht nur in Czeschkas, auch in Schumachers Werk stellt diese Eingangshalle einen gestalterischen Höhepunkt dar. Wie bewusst sich Schumacher der inszenatorischen Wirkung des Raumes war, erhellt aus den sicherlich nicht zufälligen Analogien zu einem seiner Szenenbilder für die Dresdner *Hamlet*-Inszenierung, das kurz vor der Bearbeitung des Projekts für die Kunstgewerbeschule 1908 entstanden war. Im Prinzip nahm die Szenerie zum „Saal des Schauspiels" (Abb. S. 76), lediglich seitenverkehrt und um ein leicht erhöhtes Mittelpodest ergänzt, das Raumdispositiv der Hamburger Eingangshalle vorweg. Nur war es diesmal nicht die vom Zuschauerraum passiv erlebbare Raumillusion einer Bühne, sondern ein realer, vom Besucher betret- und erfahrbarer Raum. Schumacher selbst hat diesen Bühnenentwurf nebst dazugehörigem Grundriss in der bereits zitierten, unmittelbar nach seinem Tod erschienenen Schrift *Wandlungen im Bühnenbild* noch einmal abgebildet.

An der Uferstraße erhob sich als dritter Korpus das Werkstattgebäude, vom zentralen Hauptteil der Anlage etwas abgesetzt, aber mit ihm durch einen niedrigen Gebäudetrakt verbunden, auf dem sich die Gewächshäuser befanden und neben dem hofseitig die Käfige für zu Studienzwecken ausgeliehene Tiere angebracht waren. Hier wurden die lärmintensiveren Werkstätten für Druck, für Holz- und für Metallarbeiten eingerichtet; die leiseren für diverse Kunsthandwerke wie Weberei, Buchbinderei und Keramik waren in dem linken Bau am Lerchenfeld untergebracht, wo sich unter dem Dach auch das Atelier für monumentale Deckenmalerei befand. Die Werkstätten waren das Kennzeichen dieses neuen Typus von Kunsthochschule, an der bildende Künstler wie Kunstgewerbler gemeinsam fachübergreifend studieren konnten. Die Hamburger Kunstgewerbeschule war in diesem Sinne ein Bauhaus vor dem Bauhaus.

Für die architektonische Gesamtwirkung des Gebäudes sollte die gänzlich andere Anmutung der nach Norden ausgerichteten Rückfront des Ateliertrakts mit ihren großen einheitlichen Atelierfenstern nicht unerwähnt bleiben. Sie zeigt in ihrer kompromisslosen Härte die gestalterische Flexibilität Schumachers, der sich in seiner Architektur weder den symbolischen noch den funktionalen Anforderungen verschloss. Diese Fassade war nicht als Schauseite seines Bauwerks gedacht, aber sie zeigt bereits den Weg, den er mit seiner Architektur in den 1920er Jahren dann einschlug. Zugleich offenbart sie heutigen Augen Qualitäten, die belegen, dass der Paradigmenwechsel zwischen seiner und Hassenpflugs Architektur tatsächlich weniger radikal war, als jener angenommen hatte.

Unter den frühen Hamburger Arbeiten scheint das Hallenbad in Eppendorf Schumachers eigener Kompositionslehre besonders nahe zu kommen. Breit gelagert, unverhohlen monumental, rechts und links beherrscht von imposanten, vollver-

Fritz Schumacher, Schaubild des Holthusenbades in
Hamburg-Eppendorf, 1912

glasten Bogenhallen, begrüßt es die an der gegenüberliegenden
Hochbahnstation Kellinghusenstraße aussteigenden Besucher
Eppendorfs. Diese offiziell Holthusenbad, im Volksmund
jedoch Kellinghusenbad genannte Anlage hatte zwar in Hamburg und andernorts bereits eine Reihe von Vorgängerbauten,
sowohl Schwimmhallen als auch Wannenbäder. Aber Schumacher hatte dem bei seinem Kommen von der Stadtwasserkunst
bereits komplett ausgearbeiteten Funktions- und Nutzungskonzept der Anlage, die diese beiden Funktionen kombinieren sollte, eine eigenwillige kommunale Nutzung hinzugefügt, für die
es kein Vorbild gab. Er hatte dem Volksbad ein Standesamt mit

Heiratszimmer sowie Wohnungen für die Standesbeamten hinzugefügt. Dieses erklärt die Existenz von rätselhaften drei Eingangstüren, wo die Symmetrie eines Frauen- und eines Männerbades nur zwei erwarten ließ. Durch die mittlere erfolgte der getrennte direkte Zugang zu dem besonders gestalteten feierlichen Hochzeitsraum. Das Bad erhielt deshalb auch keine hohe repräsentative Empfangshalle, sondern hinter einem Windfang einen relativ niedrigen Kassenraum, von dem aus nach links und rechts der nach Geschlechtern getrennte Zugang zu den Bädern erfolgte.
Die eindrückliche Gestalt des Gebäudes verstärkte hier kein gläserner Zylinder mit dahinter liegender Eingangs- oder Treppenhalle, sondern sie beruht auf der Symmetrie der halbrunden Bögen über den flächig ausgebildeten Fensterfronten der beiden

Schwimmhallen und der Kolossalordnung des verbindenden Mitteltrakts mit einem die Mittelachse betonenden Dachreiter. Diese Ordnung wurde aus zehn drei Geschosse übergreifenden Mauervorlagen gebildet, deren Relief einen leichten Kontrast zur Flächigkeit der beiden Bäderfronten andeutet. Die Masse des voluminösen Baus ist nur minimal gegliedert und bezieht vor allem daraus ihre gesteigerte monumentale Wirkung. Gemildert wird diese Wucht lediglich durch die sorgfältige Behandlung der Flächen des einheitlichen Backsteinmauerwerks und der diskret angebrachten keramischen Reliefs in den Sopraporten der drei Türen des Eingangsbereichs.

Das Mauerwerk, das abwechselnd aus rotbraunen, hellen Handstrichziegeln und fast schwarz erscheinenden, dunklen Klinkerschichten gebildet wird, erstreckt sich ohne Unterbrechung durch die Mauervorlagen der Kolossalordnung über die gesamte Fassade und erzeugt mit seinen gleichförmigen horizontalen Linien einen eigentümlichen Kontrast zwischen Baustruktur und Materialität. Die ausschließlich mit dunklen Klinkern umrahmten Türen und Fenster sowie die Gesimse bilden die einzigen Unterbrechungen. Das Innere des Gebäudes war im Gegensatz dazu nicht mit Backsteinen, sondern mit farbiger Baukeramik gestaltet, gelb für das Bad der Männer und silbergrau für das der Frauen.

In Schumachers Werk ist das Holthusenbad der erste Monumentalbau, der nicht herkömmlichen Repräsentationszwecken diente. Es war kein Rathaus und kein Verwaltungsgebäude und entsprach auch nicht den Schulen und Krankenhäusern, die vor Schumacher manchmal ebenfalls als monumentale Bauaufgaben verstanden worden waren. Sein Holthusenbad war ein vorbildloses neuartiges Zentrum in einem Vorstadtquartier, das in kürzester Zeit von einem Dorf an der städtischen Peripherie zu einem dichtbevölkerten kleinbürgerlich-proletarischen Großstadtviertel herangewachsen war und dem es an Gemeinschaftseinrichtungen aller Art mangelte. Das neue Bad diente mit seinen Wannenbädern und medizinischen Anwendungen, den Schwimmhallen und dem Freibad unübersehbar der Volksgesundheit, ebenso wie der in unmittelbarer Nähe angelegte Kellinghusenpark, für den Schumacher durch einen neuen Bebauungsplan den großen Garten einer privaten Vorstadtvilla gerettet hatte, der bereits zur Anlage von engen Mietshäusern in der in Hamburg üblichen Schlitzbauweise parzelliert war. Das in das Bad integrierte Standesamt ersetzte zwar nicht das fehlende Rathaus des schnell wachsenden Viertels, aber es unterstrich den sozialen Charakter des Monumentalbaus, der fortan zu einer prägenden Landmarke Eppendorfs wurde. Das Bad war in diesem Sinne ein wichtiger Vorläufer der nach dem Krieg in den Neubauvierteln, meist in Form von Schulbauten, entstehenden sozialen Monumente, die für die Charakterisierung der Wohnsiedlungen und für die Erzeugung eines speziellen Genius Loci eine zentrale Rolle übernahmen.

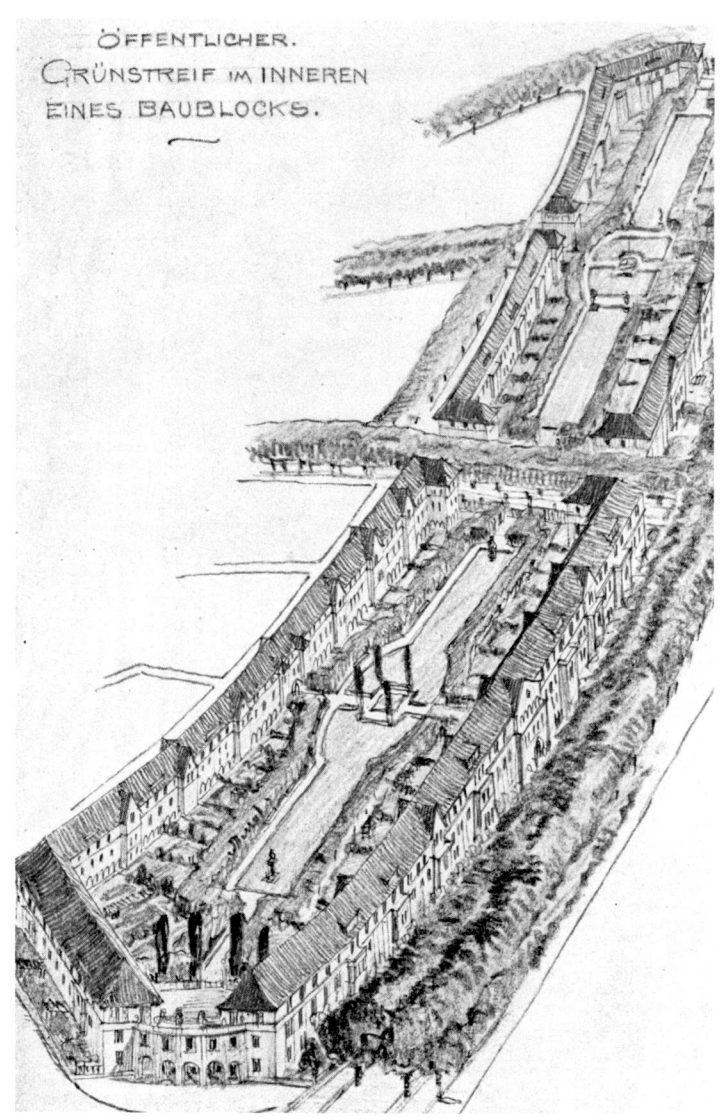

Fritz Schumacher, Öffentliche Grünanlage im Inneren eines Baublocks, Studie ohne Ortsangabe, 1913

Soziale Stadtbaukunst

Als Schumacher 1909 mit dem Ziel nach Hamburg kam, dort eine moderne Großstadt zu gestalten, hatte er dafür noch kein Konzept, sondern lediglich die erklärte Absicht, das Erscheinungsbild der Stadt raumkünstlerisch zu verbessern und aufzuwerten. Seine Vorstellungen waren sehr allgemeiner Natur und bezogen sich auf die zentrale Rolle der modernen Großstadt bei der Schaffung eines neuen Menschen und beim Kampf um eine künftige höhere Gesellschaftskultur. Kategorisch lehnte er die Ideen der Kulturpessimisten ab, die glaubten, in der Großstadt den Ursprung aller Übel entdeckt zu haben, von epidemischen Krankheiten über Sittenverfall und Kriminalität bis zu revolutionären Umtrieben verschiedenster Art. Er war der Ansicht, man solle im Gegenteil stolz sein auf die technischen und organisatorischen Kräfte, die sich in den Großstädten angesammelt hätten, und diese im Zusammenwirken mit fortschrittlichen gestaltenden Kräften gezielt für gesellschaftliche und kulturelle Verbesserungen nutzen.
Direkt nach seiner Berufung an die TH Dresden hatte Schumacher sich zusammen mit Cornelius Gurlitt an der Organisation und Gestaltung der dort stattfindenden Ersten Deutschen Städteausstellung beteiligen können. Diese sollte in einer Gesamtschau den Leistungsstand der Großstadtkommunen bei der Bewältigung ihrer Entwicklungsprobleme präsentieren. Ursprünglich war diese Ausstellung als ein Beitrag zur Pariser

Weltausstellung von 1900 geplant, konnte dann aber aus unterschiedlichen Gründen erst im Mai 1903 im Dresdner Ausstellungspalast stattfinden. Schumacher erhielt den Auftrag, den Eingangsbereich des Palasts für das Großereignis angemessen neu zu gestalten. Zudem war er für die erste Abteilung der Ausstellung mit dem Titel „Architektonische Aufgaben der Stadtverwaltungen und Fürsorge für die Kunst" verantwortlich,

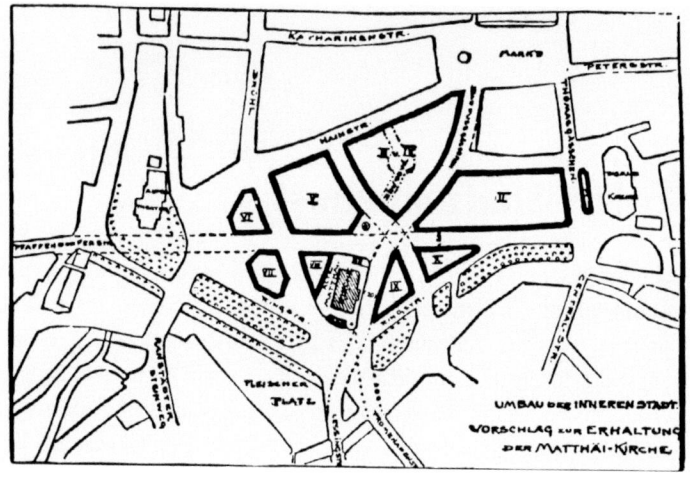

Fritz Schumacher, Vorschlag zu einer alternativen Straßenführung, um den Abbruch der Matthäikirche zu verhindern, Leipzig, 1897

Gurlitt vermutlich für die zweite: „Städtebau und Baupolizei". Schließen lässt sich das aus den Themen ihrer während der Ausstellung gehaltenen Referate und daraus, dass im Gegensatz zu allen übrigen Abteilungen nur in der ersten die Architekten als Verfasser der vorgestellten Bauten genannt wurden, womit ganz im Sinne Schumachers ihre Rolle als Gestaltungskünstler der Stadt betont wurde.

Zur Ausstellung erschien kein Katalog, sondern eine umfangreiche Veröffentlichung, bestehend aus einem Textband mit den Vortragstexten und einem großformatigen Abbildungsband. In letzterem findet sich neben vielen kleineren eine einzige doppelseitige Reproduktion. Sie zeigt eine raffinierte Schnittperspektive des Leipziger Neuen Rathauses von Hugo Licht mit dem überraschenden Zusatzhinweis in der Legende: *gez. Fritz Schumacher*.

Es handelte sich hierbei um eines jener Schaubilder, die bereits in der Pariser Weltausstellung mit einer Goldmedaille ausgezeichnet worden waren und die bei späteren Ausstellungen weitere Preise erringen konnten, was Schumacher mehrfach stolz erwähnte, obwohl nicht er, sondern Licht die besagte Goldmedaille erhalten hatte. Mit Sicherheit war er nicht unschuldig an dieser bevorzugten Veröffentlichung seiner Zeichnung. Den

Fritz Schumacher, Schaubild und Lageplan zu einer Villenbebauung an der Kronprinzenstraße, Bremen-Schwachhausen, 1907

weitaus größten Teil der Exponate der Ausstellung hatten im Gegensatz dazu nicht die Kuratoren, sondern die entsendenden Kommunen ausgewählt. Diese dokumentierten vorrangig den technischen und organisatorischen Entwicklungsstand der kommunalen Infrastrukturen und berücksichtigten nur in Ausnahmefällen bemerkenswerte architektonische Arbeiten. Die Aufgaben der Kuratoren hatten sich offensichtlich hauptsächlich auf die Hängung und Aufstellung der Exponate zu beschränken. Allerdings konnten Schumacher und Gurlitt diese privilegierte Gelegenheit nutzen, alle Exponate gründlich zu studieren, und sie gab ihnen eine Fülle von Material für ihre gerade beginnenden Städtebauseminare an der TH Dresden in die Hand, die abgesehen von den öffentlichen Vortragsreihen an der TH Charlottenburg die ersten ihrer Art in Deutschland waren.

Soziale Stadtbaukunst 185

In den Jahren zuvor war die Zahl deutscher Städte mit mehr als 100 000 Einwohnern auf über 50 angewachsen. Diese durften sich gemäß einer Definition der Internationalen Statistikkonferenz von 1887 offiziell als Großstädte bezeichnen und erhielten deshalb in Deutschland eine Reihe fiskalischer und kommunalpolitischer Sonderrechte. Das erklärt die sehr große Breitenwirkung der Ausstellung. Wenn man den Angaben der Veranstalter glauben darf, kamen über 400 000 Besucher. Während der Ausstellung wurde der später politisch einflussreiche Deutsche Städtetag gegründet und der Beschluss gefasst, sich im Folgejahr mit einem Teil der Exponate an der Weltausstellung in St. Louis zu beteiligen. Eine Reihe bedeutender Fachtagungen und Vortragsreihen begleiteten die eigentliche Ausstellung. In der abschließenden zweibändigen Veröffentlichung zur Ausstellung kamen nur zwei Architekten, Schumacher und Gurlitt, zu Wort und konnten sich für eine künstlerische Stadtplanung als notwendige Ergänzung der nicht zu bezweifelnden technischen und kommunalpolitischen Fortschritte der Städte aussprechen, womit sie implizit den von Ingenieuren dominierten Charakter der Gesamtschau relativierten. Schumacher erklärte, dass nicht die schiere Größe dieser Städte das Problem darstelle, sondern in erster Linie die Seelenlosigkeit ihrer Gesamtanlage und die Kulturlosigkeit ihrer konstituierenden Elemente. In den Jahrzehnten, die seit der Reichsgründung um 1871 vergangen waren, habe die gestalterische Entwicklung der Städte nicht Schritt gehalten mit dem Ausbau ihrer technischen und organisatorischen Infrastrukturen.

Die Dresdner Gehe-Stiftung hatte im Vorfeld der Ausstellung eine Vortragsreihe organisiert, die sich der Großstadtproblematik speziell unter dieser kulturellen Perspektive gewidmet und als Referenten namhafte Nationalökonomen, Geographen, Politiker und Historiker eingeladen hatte. Die größte Aufmerksamkeit fand der Berliner Philosoph Georg Simmel mit seiner später oft zitierten Rede über „Die Großstädte und das Geistesleben". Simmel hatte mit seinen Schriften, insbesondere seiner *Philosophie des Geldes*, bereits großen Einfluss auf die Entwicklung der modernen Sozialwissenschaften gehabt, erhielt aber aufgrund gegen ihn gerichteter antisemitischer Polemiken erst 1914 in Straßburg einen eigenen Lehrstuhl. In seiner Dresd-

Schnittperspektive von Fritz Schumacher zum Wettbewerbsentwurf von Hugo Licht für das Neue Rathaus in Leipzig, 1897 (abgebildet auf einer Doppelseite im Katalog zur Ersten Deutschen Städteausstellung, Dresden, 1903)

ner Rede hatte er abschließend gefordert, endlich anzuerkennen, dass das gesamte Land kulturell und geistig längst von den Großstädten beherrscht würde und dies irreversibel sei. „Das gesteigerte Nervenleben" der Großstädter sei eine Folge der Zusammenballung unterschiedlichster Aktivitäten und der modernen Geldwirtschaft, die gleichermaßen die Blasiertheit der modernen Großstädter wie ihre individuelle Unabhängig-

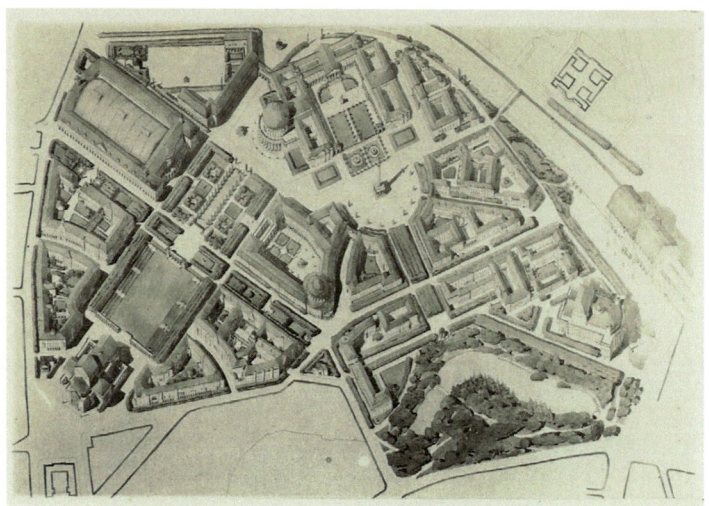

Fritz Schumacher, Vorschlag zur Bebauung des Geländes der alten Kirchhöfe beim Hamburger Dammtor, Gesamtplan, 1911

keit und Freiheit bewirkt hätten. Er sah einen dialektischen Bezug zwischen Nietzsches und Ruskins Hass auf Großstadt und Industrieproduktion und der gleichzeitigen leidenschaftlichen Bewunderung so vieler Großstädter für ihre Lehren – was sich nicht zuletzt auch von Fritz Schumacher sagen ließe.
Im Gegensatz zu Simmel wird Schumacher Nietzsches Großstadtfeindschaft nie erwähnen, sondern ihn im Gegenteil an verschiedenen Stellen seiner Schriften immer wieder als Kronzeugen für seine eigenen Bemühungen um eine Hebung der Großstadtkultur zitieren. Am eindrücklichsten vielleicht 1923, als er das Buch über seinen Generalplan für Köln, den er als eine beispielhafte Großstadtplanung verstand, mit einem langen Zitat aus Friedrich Nietzsches Schrift *Der Wanderer und sein Schat-*

ten einleitete: „Das was ihr als Übervölkerung der Erde in greisenhafter Kurzsichtigkeit fürchtet, gibt dem Hoffnungsvolleren eben die große Aufgabe in die Hand: Die Menschheit soll einmal ein Baum werden, der die ganze Erde überschattet, mit vielen Milliarden Blüten. Die Aufgabe ist unsäglich groß und kühn: wir alle wollen dazu tun, dass der Baum nicht vor der Zeit verfaule." Schumacher sah in der modernen Großstadt die-

Fritz Schumacher, Vorschlag der Bebauung des Geländes der alten Kirchhöfe beim Dammtor, Perspektive des zentralen Bereichs mit öffentlichen Bauten, möglicherweise für künftige Universitätsinstitute, Hamburg, 1911

sen blühenden Baum der künftigen Menschengeschlechter. Ihn galt es zum Ort einer künftigen höheren Kultur, zu einem organischen sozialen Gesamtkunstwerk umzugestalten, wodurch die von Nietzsche geschmähten „Asphaltseelen" zu neuen Menschen gewandelt und letztlich erlöst werden könnten. Durchaus im Sinne Nietzsches wurden die Architekten und Stadtplaner durch ihre Mitarbeit an der Gestaltung der modernen Großstadt zu Kulturarbeitern. Im „Kampfe um die Kunst" konnte ihre Disziplin ein Ziel finden, das den L'art-pour-l'art-Tendenzen der Jahrhundertwende grundsätzlich gefehlt hatte.
Der Künstlerarchitekt hatte nicht vorrangig technische Defizite der modernen Großstadt zu beheben, seine Arbeit betraf viel-

mehr deren kulturelle Identität, die als Hauptquelle der Lebensqualität zugleich immer auch eine soziale war. In seiner erst 1916 veröffentlichten Abschiedsvorlesung an der TH Dresden wird Schumacher betonen, wie sehr und auf welch andere Weise der moderne Architekt im Gegensatz zu dem der Vergangenheit durch die soziale Frage herausgefordert sei. Es gelte den Kunstbegriff des Architekten zu erweitern. Die Arbeit des

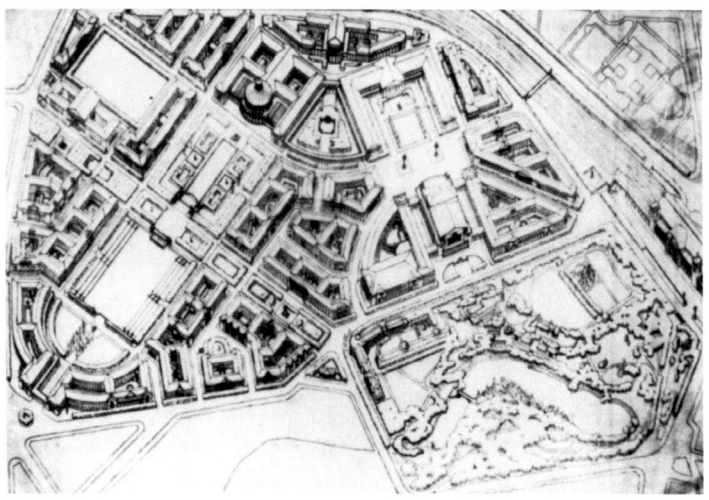

Fritz Schumacher, zweiter Vorschlag zur Bebauung des Gelände der alten Kirchhöfe beim Dammtor, Gesamtplan, Hamburg, ca. 1920

Architekten, die bisher nur künstlerisch gestaltend verstanden worden war, sei vor allem gegenüber der sozialen Frage wirkungslos geblieben. Um auch diese zu umfassen, müsse der Architekt sich künftig mit anderen Disziplinen zusammenschließen, denn „nicht der gestaltende Künstler allein und nicht der organisierende Sozialpolitiker allein können dem Problem Großstadt helfend näher kommen, sondern nur ihre Vereinigung".

Die ersten eigenen städtebaulichen Arbeiten Schumachers illustrieren diese Defizite. Die früheste bekannt gewordene betraf 1897 eine veränderte Straßenführung in der Leipziger Innenstadt, durch die er den Abbruch der Matthäikirche verhindern konnte, die nächste 1905 die Umgestaltung des Theaterplatzes in Dresden, eine dritte 1907 die Anlage der Kronprinzenstraße in Bremen, die er als einheitliche Gruppe von Vorstadtvillen mit Gärten und Nebengebäuden gestaltet hat. Keine davon verfolgte über die spezifische Teilaufgabe hinausreichende städtebauliche Ziele. Während der Lehrtätigkeit in Dresden war seine Beschäftigung mit Fragen des Städtebaus dagegen ausschließlich theoretischer Natur. Auch in Hamburg blieben seine Entfaltungsmöglichkeiten anfangs auf wenige Projekte beschränkt, die ihm als

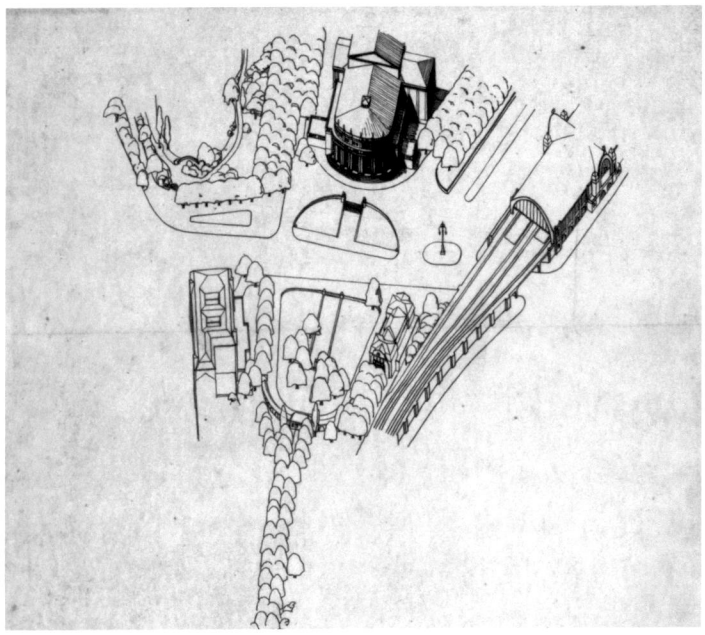

Fritz Schumacher, alternativer Standort für ein neues Opernhaus im Rahmen des zweiten Vorschlags zur Bebauung des Geländes der alten Kirchhöfe, Hamburg, ca. 1920

Leiter des Hochbauamts wegen erkennbarer gestalterischer Architekturaufgaben übertragen worden waren. Darunter ragen das bereits dargestellte Projekt des Straßendurchbruchs vom Rathausmarkt zum Hauptbahnhof hervor, die Planung des Umfelds der gerade nach ihrem Brand 1906 wiederaufgebauten Michaeliskirche (Abb. S. 136–138) und die Realisierung des Stadtparks. Die soziale Dimension der Stadtplanung stand hier noch nicht im Zentrum des Interesses. Sie wuchs im Verborgenen und gewann ihre künftige argumentative Rolle erst, als sich

Soziale Stadtbaukunst 191

die bereits dargestellte Bedeutungsverschiebung im Monumentalbau abzeichnete und die öffentliche Wohnungsfürsorge ins Zentrum der kommunalen Politik rückte.

1914 hatte Schumacher sich als Stadtplaner neben und gegen das Ingenieurwesen bereits so weit etabliert, dass ihm vom

Ferdinand Sperber, Bebauungsplan für das Dulsberg-Gelände mit gemischter Nutzung, jeweils zur Hälfte Gewerbe mit Güterbahn und Wohnen, Hamburg, ca. 1910

Senat in seinem Hochbauamt neben einer zentralen Entwurfsabteilung und zeitweilig fünf Büros für die Ausführung der Hochbauten ein weiteres für Stadtplanung zugestanden wurde. Bedenkt man die enorme Arbeitsbelastung durch die große Zahl öffentlicher Hochbauten, deren Gestaltung er trotz vieler kompetenter Mitarbeiter nicht aus seiner Kontrolle gab, mutet es fast vermessen an, dass er seine Tätigkeitsfelder unbedingt auch noch auf ein so vermintes Terrain wie den Städtebau ausdehnen wollte. Ein weiteres Zugeständnis an Schumacher, das zugleich den Einfluss Ferdinand Sperbers noch weiter ein-

Fritz Schumacher, Neuer Bebauungsplan für das Dulsberg-Gelände mit reiner Wohnbebauung und größeren Freiflächen, Hamburg, 1914

schränkte, stellte im gleichen Jahr die Berufung von Otto Linne zum Gartendirektor der Stadt dar. Dieser stimmte in Fragen der Grünraumplanung mit Schumacher weitgehend überein. Mit ihm konnte jener unbehelligt durch aufreibende planungsideologische Konflikte die Realisierung des Stadtparks in seinem

Sinne vorantreiben und die weiteren Freiräume der Stadt, Parks und Sportanlagen sowie insbesondere auch die Freiflächen in den neuen Wohnsiedlungsgebieten planen.

Bei seinen ersten städtebaulichen Projekten in Hamburg verstand Schumacher Baukunst noch weitgehend im Sinne von Camillo Sitte. Er suchte also den Stadtraum als Sequenzen optisch geschlossener Räume zu entwickeln und entsprechend

Fritz Schumacher, zentraler Grünzug für die Wohnbebauung am Dulsberg, Hamburg, 1918

Block- und Platzfronten als Einheiten aufzufassen. Aber er begann sehr bald Sittes überwiegend pittoresken Ansatz und die Suche nach eindrucksvollen Stadtbildern um ihrer selbst willen in Frage zu stellen. In gewissem Widerspruch zu seiner Theorie waren für Sittes eigene Planungen der Parzellenzuschnitt und die Anordnung der Fluchtlinien von zentraler Bedeutung. Die Ausgestaltung des Gebäudeinneren blieb den privaten Bauherren überlassen. Schumacher wollte auch darauf Einfluss nehmen, er zielte auf die innere und äußere Gestaltung der Blöcke. In ihnen sah er die Grundelemente der Stadtstruktur. Sie bildeten die weit überwiegende Masse des Gebauten einer Stadt. Ihnen waren im Stadtraum die Monumentalbauten zu ihrer symbolischen Aufladung hinzugesellt. Blöcke und Monumente leisteten den monumentalen Charakter der Stadt. Sie rhythmisierten ihren sozialen Raum und erlaubten den Bewohnern die Identifikation mit dem Ort.

Besonders deutlich wird dieser aus Blöcken und Monumentalbauten gebildete Raumcharakter bei Schumachers ab 1911 entstandenen Bebauungsvorschlägen für das Gelände der alten Friedhöfe, das heutige Messegelände, sowie des Botanischen

Fritz Schumacher, Wohnhof im ersten Bauabschnitt der Siedlung am Dulsberg als Prototyp für den geplanten Kleinwohnungsbau, Hamburg, 1918

und des Zoologischen Gartens am Dammtor. Die Stadt hatte den durch seinen ersten Direktor Alfred Brehm überregional bekannt gewordenen städtischen Zoologischen Garten zugunsten des neuen privaten Tierparks, den Carl Hagenbeck 1907 in Stellingen eingerichtet hatte, aufgegeben und das gesamte Gelände zwischen den Wallanlagen und der Verbindungsbahn beim Dammtorbahnhof für eine Erweiterung der Innenstadt freigegeben. Schumacher hatte Bedenken gegen das Projekt, weil es die innere Stadt einer ihrer wenigen Grünflächen beraubt hätte. Statt einer Erweiterung der Geschäftsstadt an dieser Stelle bevorzugte er deren Ausdehnung in Anbindung an die Mönckebergstraße auf dem Gelände des dringlich abzubrechenden Gängeviertels. Den Absichten bezüglich der alten

Kirchhöfe widersetzte er sich aber nicht direkt, sondern forderte, um sie „verantwortbar" zu machen, erst einmal ein „einheitliches großes Programm" anstelle des offenbar angedachten, für die Stadtkasse vermutlich lukrativen sofortigen Verkaufs der städtischen Grundstücke an private Investoren.
Er fertigte noch 1911 einen großstädtischen Vorschlag in diesem Sinne an (Abb. S. 188), eine entfernt an Paris erinnernde

Fritz Schumacher, Einfamilienreihenhäuser der staatlichen Kleinhaussiedlung Langenhorn, Perspektive, Hamburg, 1919

Stadtvision mit repräsentativen Achsen und Plätzen und mit zahlreichen öffentlichen Bauten für Theater, Ausstellungen und höhere Bildungseinrichtungen. Für Wohn- und Geschäftshäuser reservierte er in den Randbereichen eine Reihe von Blöcken mit offenen Innenhöfen. Inwiefern auch die Erfordernisse des modernen Großstadtverkehrs berücksichtigt waren, ist aus dem Plan nicht ersichtlich, denn weiterhin durchschnitten nur die Jungiusstraße und die Straße Bei den Kirchhöfen das Quartier, und die Tiergartenstraße begrenzte es zur Verbindungsbahn hin. Zwei spitzwinklig zueinander angeordnete Achsensysteme zeichnen die Grundfigur der Anlage, das eine mit den weiten Freiflächen eines architektonischen Parks, das andere beherrscht von einem tiefen U-förmigen Gebäudekomplex, dessen zentrale Tempelfront mit einer Art Siegessäule am südlichen Ende des so gebildeten Forums korrespondierte. Aus dem Halbrund dieses Forums führte eine Allee zur Spitze der ehemaligen Bastion Rudolphus in den Wallanlagen weiter. Am westlichen Rand des Geländes ist als wichtiges Gebäude der bestehenden Bebauung die 1883 errichtete, ursprünglich zum Zoo gehören-

de Ernst-Merck-Halle zu erkennen, die 1943 dem Bombenkrieg zum Opfer fiel.
Schumachers Vorschlag war sehr aufwendig und repräsentativ, vielleicht hatte er das mit dem „einheitlichen großen Programm" gemeint, durch das hier eine Bebauung erst „verantwortbar" würde. Wegen der zu erwartenden Baukosten war eine solche Planung bestens dazu geeignet, den Gedanken einer Bebauung dieses Geländes wieder fallen zu lassen, zumindest notierte er selbst das später so zu einem der Pläne. Sein Vorschlag war dennoch weder phantastisch noch unrealistisch, vor allem widersprach er auch keinesfalls seiner Idee von Städtebau als Raumkunst. Wäre der Plan wider Erwarten zur Ausführung gekommen, hätte er mit Sicherheit keine Sekunde gezögert, sich in die Ausführungsplanung zu stürzen. Als in den 1920er Jahren der Standort für ein neues Opernhaus gesucht wurde, lebte die Dis-

kussion um das Gelände wieder auf. Schumacher erarbeitete einen zweiten Vorschlag (Abb. S. 190), der von dem ersten in einigen wesentlichen Punkten abwich, nicht aber im Aufwand. An der Stelle, wo beim ersten eine baumbestandene Allee zum Wallringpark geführt hatte, schlug er jetzt das gewünschte Opernhaus vor. Ein Abbruch der Ernst-Merck-Halle hätte dieses Mal die Schaffung einer großen Freifläche erlaubt, möglicher-

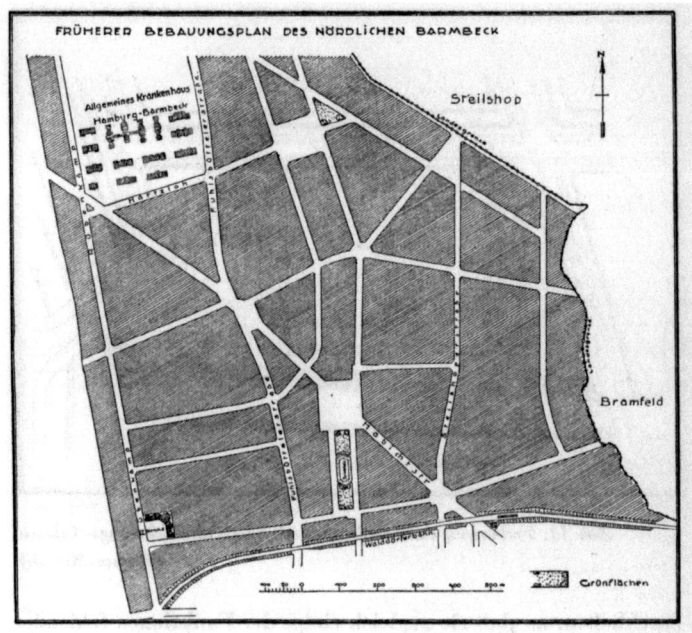

Gegenüberstellung des gültigen Bebauungsplans für Barmbek-Nord (links) mit dem von Fritz Schumacher modifizierten und realisierten Plan von 1918 (rechts)

weise für eine Sportanlage oder ein Freibad, und der Teil der Jungiusstraße, der heute St. Petersburger Straße heißt, wäre zu einer breiten, mit üppigen Grünanlagen gegliederten Allee mutiert. Wir haben keine genaue Datierung für diesen Plan, aber Schumacher erwähnt 1921 in seiner kleinen Broschüre *Zukunftsphantasien über alte Hamburger Plätze*, dass sein Vorschlag für die Platzgestaltung beim Dammtor durch den Bau eines direkt gegenüberliegenden Opernhauses, sollte er denn realisiert werden, stark aufgewertet werden würde. Doch auch dieser Vorschlag für das Gelände wurde wie der erste zu den Akten gelegt. Was Schumacher nicht hinderte, die Ablehnung seines Vorschlags letztlich positiv zu werten, weil sie erlaubt habe, das Gelände von Bebauung frei zu lassen, bis dort in den 1930er Jahren der Park Planten un Blomen und jenseits der Jungiusstraße die Hamburger Messe eingerichtet werden konnte.

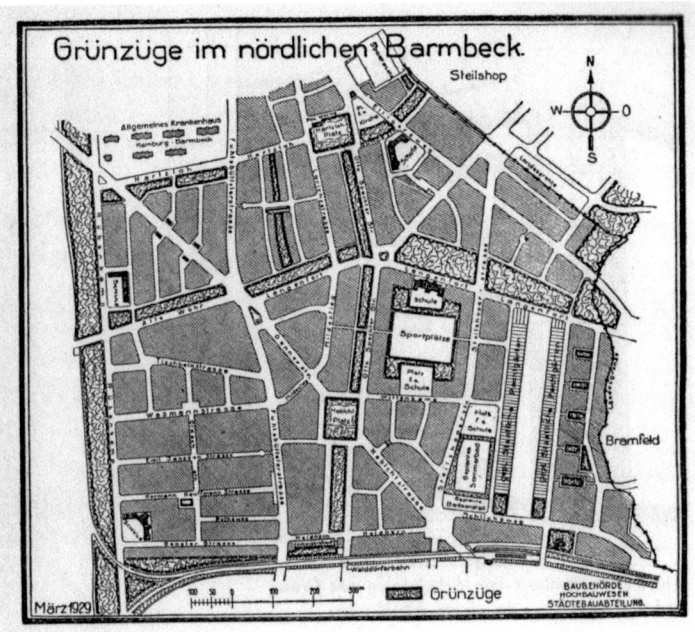

Besonders der Vorschlag, den Verlust der Grünanlagen des Zoologischen und des Botanischen Gartens durch mehrere weite Forumsanlagen zu ersetzen, hilft die Ernsthaftigkeit des Entwurfs zu belegen. Schumacher schätzte die Idee von Foren als Zentren bürgerlichen Lebens und als Lebensmittelpunkte von Bürgerstädten. Sie gründet in seiner klassischen Bildung und passt in sein Verständnis vom bürgerlichen Gemeinschaftsleben einer Stadtrepublik. Er liebte das Zentrum mit Dom und Rathaus um den Roland mitten in seiner Vaterstadt Bremen und er bewunderte das Ensemble von Börse, Rathaus, Rathausmarkt und Kleiner Alster in der Freien und Hansestadt Hamburg. In diesem hakenförmigen Raumverbund aus weitem Platz und integrierter Wasserfläche, gerahmt von der Rathausfront, den Alsterarkaden und einer geschlossenen Reihe von Kontorhäusern, sah er eine würdige Forumsanlage und vermisste weder Tempel noch Kirchen. Er war nicht der Erste, den dieses Raumdispositiv an den Markusplatz in Venedig mit seiner anschließenden Piazzetta erinnerte. Ihn erinnerte es vor allem an Gottfried Semper, in dem er den befruchtenden Geist

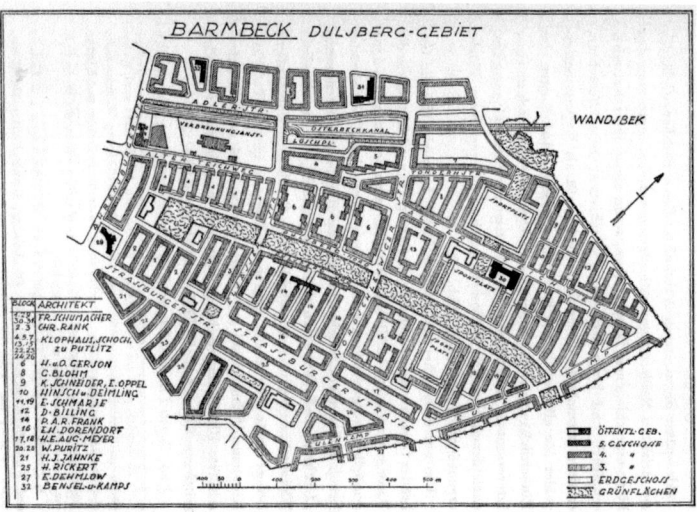

Fritz Schumacher, Bebauungsplan des Dulsberg-Geländes, Hamburg-Barmbek, ca. 1930

hinter dieser bewunderten städtebaulichen Idee zu erkennen glaubte.
1920 veröffentlichte Schumacher sein Buch *Wie das Kunstwerk Hamburg nach dem großen Brande entstand,* eine Eloge auf den Genius von Gottfried Semper und seine Rolle bei der Erfindung dieses Herzstücks von Hamburg als moderner Großstadt. Um von Anfang an klarzumachen, dass es sich bei dem kleinen Bändchen um mehr als eine architekturhistorische Fingerübung handelte, gab Schumacher der Studie den Untertitel *Ein Beitrag zur Geschichte des Städtebaus.* Die kleine, auf Dokumente und Quellen gestützte bauhistorische Untersuchung entstand während der letzten Kriegsjahre mit ihrer stark eingeschränkten Bautätigkeit.

Sie beruhte auf sorgfältiger Archivarbeit und hat als solche sicher auch vor den kritischen Historikeraugen seines Kollegen Cornelius Gurlitt Bestand gehabt. Sie war weder Selbstzweck, noch war sie allgemeiner Liebe zur Geschichte geschuldet, sondern sie sollte von vornherein als Argumentationshilfe für Schumachers eigene stadtplanerische Arbeit dienen, sollte seine eigenen Intentionen adeln. Daran ließ er im Subtext keinen Zweifel.

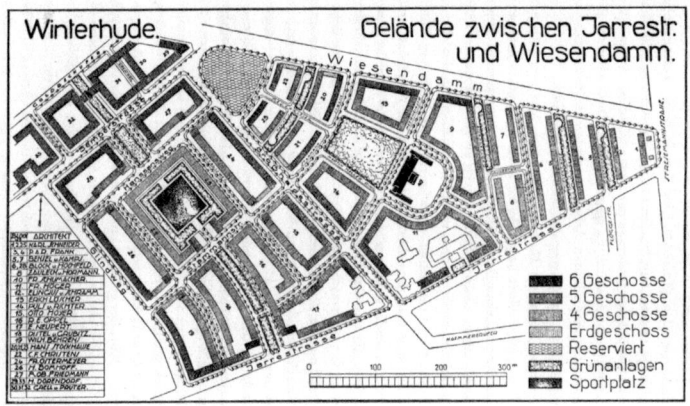

Fritz Schumacher, Bebauungsplan der Jarrestadt, Hamburg-Winterhude, ca. 1930

Er erzählte den Hamburgern eine Episode aus der Hamburger Planungsgeschichte vom Sommer 1842 und schuf sich damit zugleich eine Genealogie für seine baukünstlerischen Intentionen. Er setzte sein eigenes Werk implizit in die geistige Nachfolge von Gottfried Semper und Alexis de Chateauneuf, zwei der großen aus Hamburg stammenden Baukünstler des 19. Jahrhunderts in Deutschland und Europa, von denen er den einen als Ideengeber und den anderen als Realisator des großen Raumgedankens herausstellte, der hinter dem neugeschaffenen Hamburger Stadtzentrum stand. Spätestens seit 1892 Julius Faulwasser sein Buch *Der Große Brand und der Wiederaufbau von Hamburg* vorgelegt hatte, waren die meisten Fakten, die Schumacher hier Plan für Plan bis zur Verabschiedung des endgültigen Wiederaufbauplans am 1. September 1842 analysierte, im Großen bereits aufgearbeitet. Neu war, dass er diese Fakten nicht einfach in ihrer Chronologie als historische und technische Phänomene präsentierte, sondern im Interesse eines aktuellen, raumkünstlerisch verstandenen Städtebaus interpretierte. Er schrieb keine Geschichte des Brandes, sondern eine Ideengeschichte des Zentrums von Hamburg, in der er keinen Wiederaufbau einer abgebrannten Stadt, sondern eine von der Vergangenheit abgelöste Neuschöpfung sah. Er suchte den künstleri-

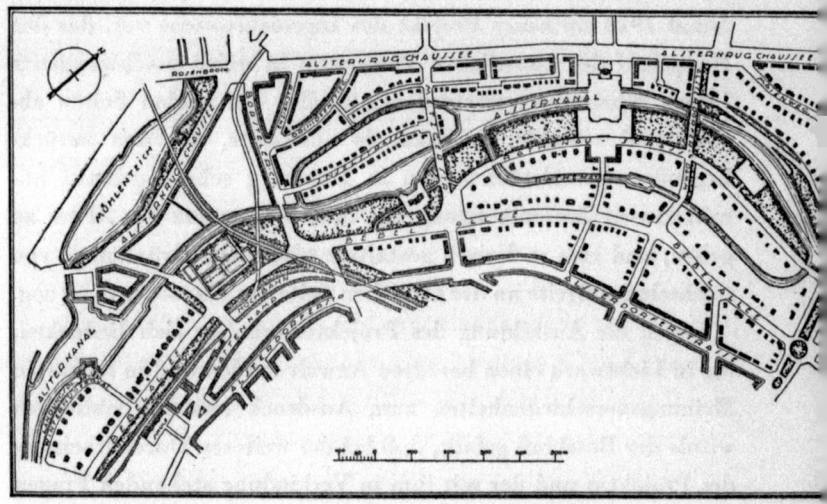

Fritz Schumacher, Einzelhausquartiere entlang des Alsterkanals, Hamburg, ca. 1930

schen Genius hinter der Erfindung und sinngebenden Gestaltung der neuen Forumsanlage im Herzen der Stadt. An ihn wollte er mit seinen Neuschöpfungen anknüpfen.
Im Vorwort findet sich der Hinweis, dass er bei seinen Archivarbeiten auf Spuren von Forschungen Alfred Lichtwarks zum gleichen Thema gestoßen sei. Lichtwark habe aber aufgrund seiner Krankheit und seines Todes im Jahr 1914 hierzu nichts mehr ausarbeiten können. Vermutlich war das nicht die einzige Anregung zu seiner Studie, die er durch Lichtwark erhalten hatte. Mit ihm stand Schumacher bereits lange vor seinem Kommen nach Hamburg in engem Kontakt und regem Gedankenaustausch, spätestens seit der Dresdner Kunstgewerbeausstellung und der Gründung des Deutschen Werkbunds. Ihr Ein-

verständnis in Fragen der Architektur und des Städtebaus ist unübersehbar, obwohl ihre Freundschaft in den letzten Lebensjahren Lichtwarks eine Eintrübung erfahren hatte. Hierbei mögen die Meinungsverschiedenheiten um das Bismarck-Denkmal bei Bingerbrück, in dessen Jury sie gegeneinander agiert hatten, um den Erweiterungsbau der Hamburger Kunsthalle, wo Schumacher den von Lichtwark und Erbe erarbeiteten Ent-

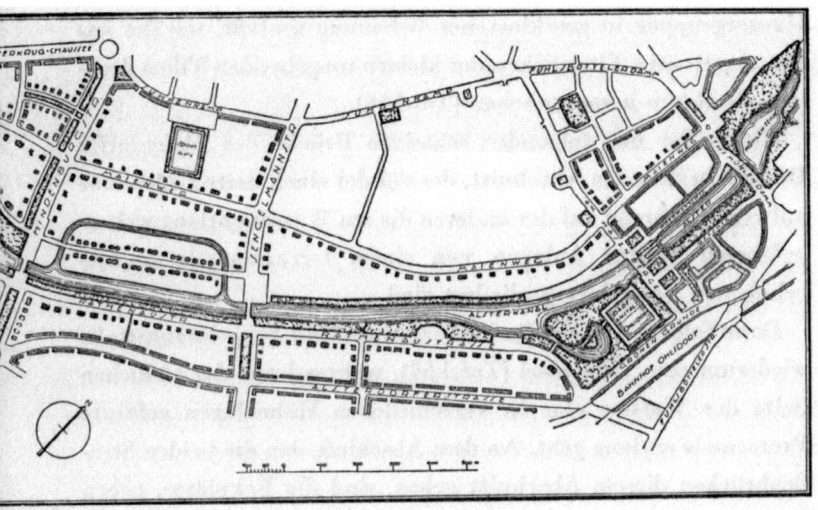

wurf vor der Fertigstellung erheblich umgeändert hatte, und um den Stadtpark sowie die von Lichtwark mit eigenen Vorstellungen geforderte „Alsterstadt" eine Rolle gespielt haben.
Lichtwark hatte 1910 in seinen Reisebriefen an die Hamburger Kunsthalle euphorisch über seine mehrfachen Besuche in der Internationalen Berliner Städtebauausstellung berichtet, die Werner Hegemann im Anschluss an den Groß-Berlin-Wettbewerb mit hohem Aufwand und größtem Publikumserfolg eingerichtet hatte. Die Ausstellung zählte in Berlin circa 100 000 Besucher, bevor sie noch ein zweites Mal in veränderter Zusammenstellung in Düsseldorf gezeigt wurde. Sie begründete endgültig eine neue positive Sicht auf die moderne Großstadt des 20. Jahrhunderts. Von den internationalen Beiträgen hatten Lichtwark die breit vorgestellten amerikanischen Gartenplanungen und Burnhams und Bennets Plan für Chicago nach-

haltig beeindruckt, und er empfahl sie zur Nachahmung. Er schrieb: „Es ist wundervoll, dass so viele Hamburger die Ausstellung studiert haben. Wir werden jetzt in der Lage sein, ganz neue Anforderungen an unseren Bebauungsplan zu stellen. … Das Schlimmste dürfte nun in Hamburg nicht mehr möglich sein. Die Ausstellung kommt gerade noch zur rechten Zeit." Er erwähnt nicht die Schautafeln zu Schumachers Stadtparkprojekt, die in der Ausstellung prominent zu sehen waren und im Katalog sogar mit Farbreproduktionen gewürdigt wurden, aber er verweist zur Unterstützung von Schumachers Hamburger Bestrebungen hoffnungsvoll darauf, dass in Berlin jüngst der Städtebau dem Amt für Ingenieurwesen entzogen worden sei.

Lichtwark hatte seit einem Jahrzehnt mit seinen Aufsätzen immer wieder in die Hamburger Städtebaudiskussion eingegriffen, und er fand, wie schon erwähnt, den Vorschlag Schumachers für den Stadtpark zu kompromisslerisch, weil er das Ziel, einen architektonischen Park zu bauen, nicht deutlicher herausstellte und zu seiner Realisierung auf Zeit spielte. Er hätte Schumacher lieber in einer offenen Feldschlacht mit Sperber gesehen. Deshalb drängte er sehr darauf, die bereits begonnene Alsterkanalisierung für die Anlage einer neuartigen grünen „Alsterstadt" zu nutzen und sie im Zusammenspiel mit dem direkt benachbarten Stadtpark zum ersten Teilstück eines Parksystems nach amerikanischem Vorbild werden zu lassen, zu einer bewohnten Landschaft, in der sich Park- und Wohnfunktionen mischen.

Sperber war 1910 mit der Planung für die Kanalisierung der Alster beauftragt worden und hatte mit der Planung des Projekts begonnen, das eine Begradigung des kleinen Flusses, seine Schiffbarmachung, eine Tieferlegung um 1,6 Meter auf das Niveau des Alsterbeckens und eine Regulierung der Durchflussmengen durch eine Schleuse in Ohlsdorf umfasste. Das infolge dieser Maßnahmen überschwemmungsfrei werdende Gelände auf beiden Seiten hätte er gern in eine naturähnliche Parklandschaft verwandelt. Dagegen stellte sich Schumacher, der aber lediglich mit den erforderlichen hochbaulichen Maßnahmen dieses Projekts beauftragt worden war. Schumacher arbeitete jedoch bereits seit 1911 ebenfalls intensiv an Vorplanungen zur Erschließung des Alstertals zu Wohnsiedlungszwecken, insbesondere in großen Teilen der Hamburger Geestlande beiderseits des Alsterlaufs. Zu dieser Planung gehörten Entwürfe für neue Ortszentren sowie ein- und mehrgeschossige Wohnsiedlungen in Groß Borstel, Alsterdorf, Ohlsdorf und Fuhlsbüttel. Sie blieben allesamt auf dem Papier. Weder Sperbers Park noch Lichtwarks oder Schumachers „Alsterstadt" wurden in den jeweils angedachten Formen verwirklicht.

Die „Alsterstadt" schrumpfte letztlich auf die schmalen Streifen zu beiden Seiten des neuen Alsterlaufs und auf die beiden darin neu entstandenen Inseln, die als Villengrundstücke ausgelegt wurden. Das Regulierungsprojekt der Alster selbst blieb fest in der Hand Sperbers, und Schumacher durfte lediglich die Uferbefestigungen, Anlegestellen und Zugangstreppen gestalten. Aber selbst mit dieser nachträglichen Dekoration eines ohne jede Kooperation entstandenen Wasserbauwerks schaffte er es, eine eindrückliche Landmarke in diesem Teil der Stadt zu hinterlassen. Er kleidete die hohen Uferwände mit Bruchsteinmauerwerk aus, gestaltete die Brücken und schuf mit den Spazierwegen auf beiden Seiten des künstlichen Wasserlaufs einen stimmungsvollen Freiraum im Inneren des neuen Siedlungsbands. Wie schon die Bauten des Stadtparks an amerikanische Vorbilder aus der City-Beautiful-Bewegung erinnerten, muteten die Uferwege ein wenig wie die Promenaden längs des Charles River in Boston an. 1926 wird Schumacher noch einmal an diese Arbeit anknüpfen, wenn er den Hauptzugang zu dem vorgeschlagenen neuen Universitätscampus beim Eppendorfer Moor am Wendebecken im Mittellauf des Kanals beginnen lässt.

Der Umfang der stadtplanerischen Arbeiten Schumachers vor der Einrichtung seiner eigenen Stadtplanungsabteilung im Jahr 1914 unterstreicht den Nachdruck, mit dem er auf das ihm wohl ursprünglich zugesagte, aber dann durch das Ingenieurwesen blockierte Gebiet drängte. Ihm war klar, dass seine Vorstellung einer gesamthaften Neugestaltung der Stadt Stückwerk bleiben musste, solange sein Interventionsfeld auf öffentliche Großbauten beschränkt war. Auch wenn er in diesen die sozialen Monumente sah, die dem Stadtraum Inhalt und Charakter geben sollten, konnten sie doch nie mehr als einzelne Fixpunkte im Meer der belanglosen und heterogenen Alltagsarchitekturen

des Wohnens darstellen, die mindestens 90 Prozent der gebauten Umwelt ausmachten. Es galt also von Anfang an, Strategien zur Vereinheitlichung der unterschiedlichen Erscheinungsformen städtischen Wohnens zu entwickeln, wenn die Wirkung der Monumentalarchitekturen nicht verpuffen sollte.
Sogleich nach seinem Amtsantritt in Hamburg begann Schumacher deshalb zusätzlich zum Entwurf zahlreicher öffentlicher

Fritz Schumacher, Ufergestaltung beim Wendebecken und Schiffsanleger am Alsterkanal, Vogelschau, 1914

Bauten mit der Entwicklung geeigneter Wohnungsbautypologien für unterschiedliche städtische Situationen, in bestehenden Quartieren mit fünfgeschossigen Mietskasernen, mit zwei- und dreigeschossigen Reihenhäusern in Mischbebauungen am Stadtrand und in ehemaligen Dorfkernen sowie mit eingeschossigen Einzel- und Reihenhäusern an der Peripherie. Er hatte nicht die Absicht, sie alle selbst zu bauen, aber er sah solche typologischen Untersuchungen für unerlässlich an, um bestehende Bebauungspläne zeitgemäß reformieren zu können. Wie viele seiner Kollegen an anderen Orten suchte auch er nach neuen, gesünderen und anspruchsvolleren Bauformen als Mietskasernen in engen Schlitzbauten. Er wollte dem Wohnungsbau langfristig eine stadträumliche Entwicklungsrichtung geben und bisher wenig oder nicht genutzte Stadtbereiche, etwa Finkenwerder, die Geestlande und die Walddörfer, zur Stadterweiterung erschließen.

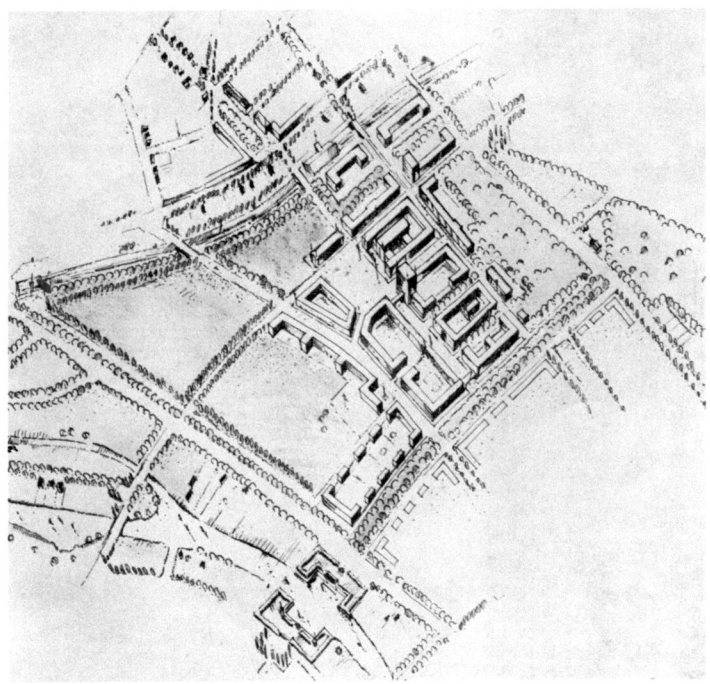

Fritz Schumacher, Standortvorschlag für einen neuen Campus der Hamburgischen Universität beim Eppendorfer Moor zwischen Alsterkanal und Wäldchen beim Borsteler Jäger, 1928

Einen Teil der Ergebnisse dieser Untersuchungen zu Typologie und Bebauungsplanung nutzte Schumacher zur Illustration seiner zum Jahreswechsel 1916/17 vorgelegten und in Fachkreisen stark beachteten Veröffentlichung *Die Kleinwohnung. Studien zur Wohnungsfrage*. Mit diesem Büchlein griff er in die virulente Debatte um eine neue, stärker sozial ausgerichtete Wohnungsgesetzgebung ein, zu der in der zweiten Hälfte des Krieges eine Flut neuer sozialwissenschaftlicher, politökonomischer und auch architektonischer Schriften erschienen war. Es erschien als Band 145 in hoher Auflage in der populärwissenschaftlichen Reihe „Wissenschaft und Bildung", die der Leipziger Verlag Quelle & Meyer verlegte. In seiner Einführung betont Schumacher die durch den Kriegsverlauf noch dringlicher gewordene Wohnungsfrage, die sich in den Städten vor allem als Mangel an Kleinwohnungen für Arbeiterfamilien und Kriegsheimkehrer bemerkbar mache. Es seien in erster Linie soziale Fragen, die hier zum Ausdruck kämen, aber diese seien politisch und baulich lösbar, wenn sie von den berufenen Sozialwissenschaftlern gemeinsam mit Architekten und Städtebauern angegangen würden. Er fordert neue Ansätze für die baulichen Lösungen, die über die bisherige Differenzierung nach der Kaufkraft der Nutzer, das heißt letztlich nach ihrer Klassenlage, hinausgingen und zusätzlich nicht nur den Wohnungszuschnitt, die Ausstattung, sondern auch die Art des Gebäudes und des Quartiers stärker berücksichtigten. Es brauche nicht nur neue Typologien des Wohnhauses und der Wohnung, sondern auch neuartige Bebauungspläne und Bauordnungen, um sicherzustellen, dass diese Kleinwohnungen in der nötigen Zahl tatsächlich gebaut würden und zudem noch neue und bessere stadträumliche Qualitäten erhielten.

Schumacher verweist auf die bereits seit Jahren andauernde Diskussion zu Ursachen und Bekämpfung der Wohnungsnot. Die diesbezügliche Literatur ist ihm seit langem vertraut. Er zitiert neben anderen ausdrücklich die große Zusammenfassung dieser Debatten um Wohnungsspekulation, Wohnungsgesetzgebung, bauliche Lösungen und stadtplanerische Vorkehrungen, die der Ökonom Rudolph Eberstadt 1909 in einem *Handbuch der Wohnungsfrage* zusammengetragen hatte. Eberstadt hatte im gleichen Jahr gemeinsam mit Bruno Möhring und Richard Petersen einen der beiden ersten Preise im Groß-Berlin-Wettbewerb gewonnen. Zuvor war er seit der Jahrhundertwende einer der Protagonisten dieser Debatten zur Wohnungsfrage im einflussreichen Verein für Socialpolitik. Diesem Verein, deren Mitglieder von ihren Gegnern gern als „Kathedersozialisten" geschmäht wurden, gehörte neben nahezu allen heute noch bekannten Wirtschaftswissenschaftlern dieser Zeit auch Schumachers älterer Bruder Hermann in einer führenden Position an. Er war inzwischen Professor der Nationalökonomie in Bonn geworden und lehrte nach dem Krieg in Berlin. Dass Fritz Schumacher 1908 von Werner Sombart, einem weiteren Protagonisten dieses Umfelds, den Auftrag erhielt, ihm eine Villa in Oberschreiberhau in Schlesien zu bauen, war vermutlich nicht unbeeinflusst von diesen Kontakten.

Trotz ihres Spitznamens waren die Kathedersozialisten alles andere als Sozialisten. Sie standen politisch dem sozial ausgerichteten Liberalismus Friedrich Naumanns nahe. Hermann Schumacher gilt als einer der Vorväter des Ordoliberalismus, der durch seinen Schüler und Assistenten Walter Eucken großen Einfluss auf die Wirtschaftspolitik der Adenauerära haben sollte. Fritz Schumacher hatte ebenfalls schon während seiner Studienzeit erste Kontakte zum Umfeld von Friedrich Naumann und sympathisierte mit dessen linksliberalen sozialen Bestrebungen. 1907 lernte er ihn im Kreis der Gründungsmitglieder des Deutschen Werkbunds, zu dem sie beide gehörten, näher kennen. Nach dem Ersten Weltkrieg wurde er wie viele andere Werkbundangehörige und nicht zuletzt auch Hamburgs Erster Bürgermeister Carl Wilhelm Petersen Mitglied der aus Naumanns Fortschrittlicher Volkspartei hervorgegangenen Deutschen Demokratischen Partei. In seinen 1935 erschienenen Erinnerungen blieb dieser Aspekt seines bürgerlichen Lebens wohlweislich unerwähnt. Für den hier dargestellten Zusammenhang ist vor allem von Belang, dass für Schumacher die häufige Verwendung des Adjektivs „sozial" in seinen Texten und Reden nicht die Färbung von „sozialistisch" hatte und dass es auch keinesfalls erst durch die revolutionären Ereignisse nach dem Ersten Weltkrieg Platz in seinem Vokabular erhielt. Sein Kampf für den sozialen Wohnungsbau, den er noch den Kleinwohnungsbau genannt hatte, begann nicht erst in der Weimarer Republik, sondern hatte seine Wurzeln in den Jahren der Dresdner Ausstellungen, der Zeit der Werkbundgründung und seiner Beiratstätigkeit für den Bau der ersten offiziellen deutschen Gartenstadt in Hellerau.

Schumachers eigene und anderer Arbeiten zum Kleinwohnungsbau sowie andernorts bereits erarbeitete gesetzliche und verwaltungstechnische Regelungen, die er in seinem Anfang

1917 erschienenen Bändchen zusammengestellt hatte, gingen direkt ein in das Hamburger „Gesetz vom 20. Dezember 1918 betreffend die Förderung des Baus kleiner Wohnungen". Danach konnten die bereits mit der Gründung eines eigenen

Fritz Schumacher, undatierte Studie zu einem Bebauungsschema für Hamburg-Horn, ca. 1919

Stadtplanungsbüros im Hochbauamt begonnenen Revisionsarbeiten an bestehenden Bebauungsplänen intensiviert und in schneller Folge erste Ergebnisse hervorgebracht werden. Die revidierten Bebauungspläne für Barmbek-Nord und für den Dulsberg repräsentierten eine neue Planungskultur. Es waren keine starren, sondern flexible Bebauungspläne, die mehr als eine Bautypologie zuließen. Im Fall von Barmbek-Nord, dessen Bebauung schon relativ fortgeschritten war, mussten die Veränderungen sich auf Modifikationen des Straßennetzes und die Einfügung von Grünstreifen, Schulstandorten und Sportplätzen beschränken. Dagegen war der Bebauungsplan des Dulsbergs eine radikale Negation des vorhergehenden, vom Amt für Ingenieurwesen aufgestellten Planes, eines einfallslosen Flucht-

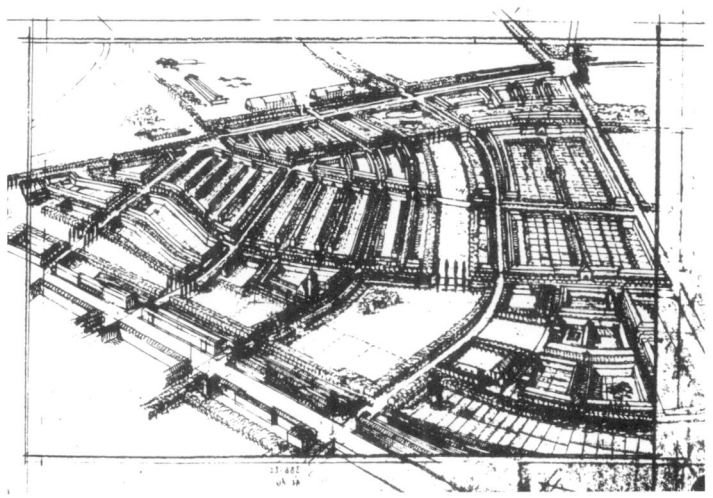

Fritz Schumacher, undatierte Vorstudie zu einem Bebauungsplan für Hamburg-Horn, ca. 1924

linienplans der Gründerzeit mit einheitlichen Straßenprofilen, einheitlichen Traufhöhen, wenig Freiflächen und vielen spitzwinkligen Straßenecken, der das Quartier zu einer weiteren Ansammlung von Schlitzbauten verdammt hätte. Von Schumacher wurde hier das im Stadtpark erprobte Raumdispositiv wieder eingesetzt, um den Freiräumen im Inneren des geplanten Wohnquartiers Gestalt zu geben. Die Grünplanung, für die Otto Linne verantwortlich war, hatte eine neue Rolle erhalten. Sie war nicht länger Ornament von Spazierwegen und Zierplätzen, sondern übernahm zentrale raumkünstlerische Aufgaben. Sie lieferte das Grundgerüst der Siedlung, das die Höfe und Blöcke mit den sozialen Monumenten zu einer Einheit zusammenfügte. Die künstlerische Intervention betraf nicht länger nur die individuellen Fassaden der Gebäude, sondern den gesamten

Albert Renger-Patzsch, Luftfoto der Jarrestadt, Hamburg ca. 1930

städtischen Raum. Die Freiräume zwischen den Bauten sollten Teil des Gemeinschaftslebens der Bewohner und zur wichtigen Ergänzung ihrer nach wie vor engen Kleinwohnungen werden. Die im Rahmen der neuen Bebauungspläne entstandenen Quartiere waren weniger opulent als die monumentale Stadtlandschaft, die Schumacher vor dem Krieg für die Bebauung des Geländes der alten Kirchhöfe am Dammtor vorgeschlagen hatte. 1932 stellte er stolz in einer *Das Werden einer Wohnstadt* betitelten Veröffentlichung alle seine bis dahin realisierten Siedlungsplanungen als konstituierendes Element einer modernen sozial geprägten Großstadt vor. Die formalen Charakteristika waren kaum zu vergleichen, aber entstammten dem gleichen künstlerischen Gestaltungsanspruch. Die neue Wohnstadt folgte keinen neuen Prinzipien, sie war kein quasi automatisches Ergebnis funktionaler und ökonomischer Bedingungen, sondern ebenso Ausdruck raumkünstlerischer Gestaltungsintentionen, die hier nur mit anderen Elementen inszeniert werden mussten als dort. Die Monumente sind jetzt nicht mehr an den Kuppeln und hohen Dachlandschaften der öffentlichen Kultur- und Staatsbauten erkennbar, sondern sind bescheidener geworden. Es sind jetzt Schulen und andere Gemeinschaftsbauten mit flachen Dächern an markanten Punkten der Siedlung, hervorgehoben durch ihren Standort, in Blickachsen der Freiflächen und betont von rahmender Vegetation. Die Grünanlagen zeigen ein aus wirtschaftlichen Gründen reduziertes Spektrum von Gestaltungselementen, keine aufwendigen Brunnenanlagen, keine versenkten Rosengärten mit Treppenanlagen und Pergolen, sondern eher Spielwiesen, Sportanlagen, Planschbecken, Sandkisten und Sitzgruppen. An die Stelle einheitlich breiter Straßen mit fünfgeschossiger Randbebauung ist ein System von breiteren tangentialen Durchgangsstraßen, mittelgroßen Erschließungsstraßen, minimal dimensionierten Wohnstraßen und Fußwegen durch die Freiflächen und Höfe getreten. Die langgestreckten Wohnblöcke umschließen große Höfe mit halböffentlichen Grünanlagen und Fußgängerwegen.
In der Anfangsphase dieser mit starker Unterstützung durch die städtischen Bauämter und die staatliche Beleihungskasse, zum Teil aus Mitteln der Hauszinssteuer finanzierten und in der Regel von gemeinnützigen Bauträgern realisierten Bauprogram-

me organisierte die Stadt zwei Pilotprojekte, die Schumacher übertragen wurden. Alle übrigen Kleinwohnungsbauprojekte wurden von Privatarchitekten nach einer intensiven kollektiven Entwurfsphase unter Anleitung Schumachers, der seit seiner Rückkehr aus Köln im August 1923 Oberbaudirektor war, erbaut. Er selbst hatte schon 1918 am Dulsberg versuchsweise eine Reihe schmaler Blöcke mit dreigeschossigen Wohnbauten errichtet, die jeweils zu einem Innenhof mit einer Erschließungsstraße orientiert und auf der Rückseite mit schmalen Gartengängen voneinander getrennt waren. Diese Typologie blieb jedoch Ausnahme und wurde nicht fortgeführt. Die übrigen Wohnblöcke am Dulsberg erhielten durchweg erheblich weitere Innenhöfe und eine höhere Geschosszahl.

Das zweite von Schumacher selbst ausgeführte städtische Projekt war die Gartenstadt Langenhorn, die zum Teil unter besonders prekären wirtschaftlichen Konditionen entstand. Sie bestand grundsätzlich aus ein- und zweigeschossigen Reihenhäusern mit ausgebauten Walmdächern, die jeweils in Gruppen zu vier Wohnungen zusammengefasst und so orientiert waren, dass die Häuserzeilen beidseitig je zwei schmale Gartenparzellen erhalten konnten. Die langgestreckte Anlage ist in mehrere Segmente aufgeteilt, denen jeweils ein zentraler Platz mit kommunalen Einrichtungen zugeordnet ist, von denen allerdings nur die örtliche Schule die Rolle eines sozialen Monuments für sich in Anspruch nehmen kann. Andere bereits geplante öffentliche Anlagen konnten nicht realisiert werden. Zum Stadtrand hin plante Schumacher noch weitere Siedlungen mit Einfamilienreihenhäusern, zum Beispiel in Farmsen, in Berne und in Finkenwerder. Aber keine davon hat er selbst gebaut.

Schumachers Wohnstadt Hamburg steht in einem erkennbaren gestalterischen Gegensatz etwa zum sozialen Wohnungsbau in Frankfurt am Main oder in Berlin. Bei ihm gab es die von den Funktionalisten so vehement geforderten freistehenden Zeilenbauten nur im Ausnahmefall. Er bemühte sich, grundsätzlich geschlossene Räume zu schaffen, sei es durch weite, im Inneren begrünte Baublöcke, sei es durch die Anordnung der Gebäude zueinander um Freiflächen herum und mit Blickachsen möglichst auf öffentliche Bauten. Durch diese räumlichen Gestaltungsprinzipien und strenge Vorgaben für Baumaterial und Far-

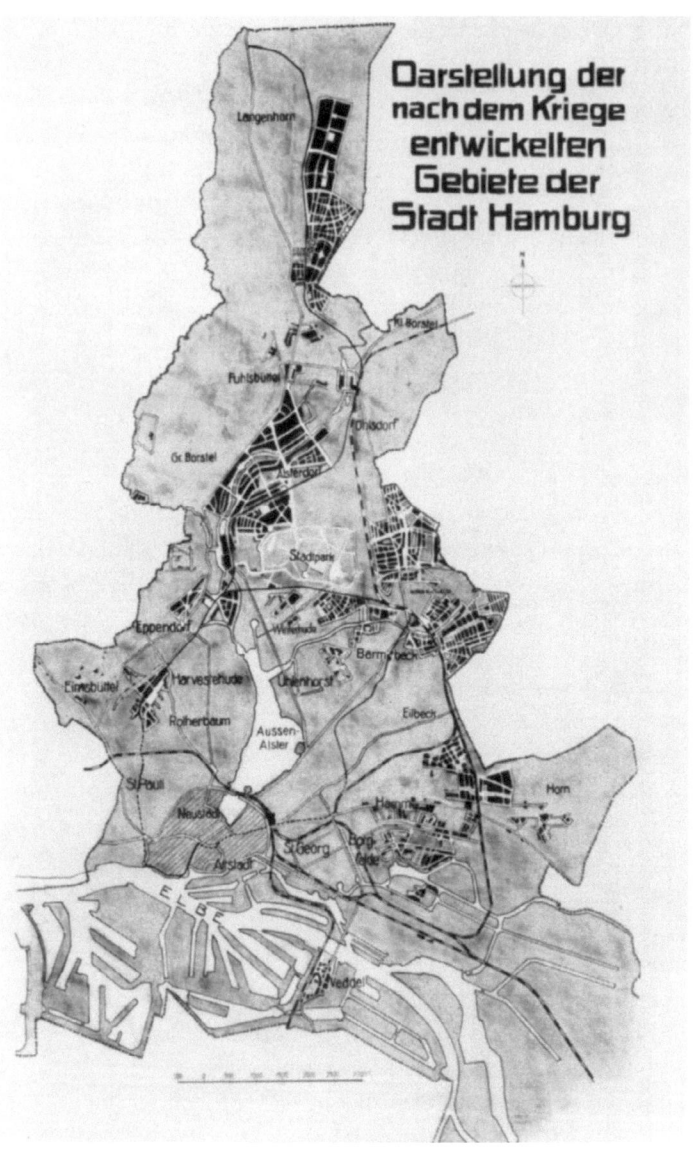

Fritz Schumacher, Lageplan der zwischen 1919 und 1931 entwickelten Hamburger Stadtgebiete

bigkeit sowie das Zusammenspiel von flexibler Bebauungsplanung und der iterativen Entwurfsmethode des modellmäßigen Bauens gelang es ihm, den Ensembles seiner Wohnstadt Hamburg trotz der Vielzahl der beteiligten, durchaus eigenwilligen und hoch qualifizierten Privatarchitekten, zum Beispiel am Dulsberg, in der Jarrestadt, am Habichtsplatz oder in Horn, ein bis heute nachwirkendes einheitliches Erscheinungsbild zu geben. Der Genius Loci dieser Wohnquartiere hat sogar in den meisten Fällen die Feuerstürme des Zweiten Weltkriegs überstanden und kann noch heute als Charakteristikum der roten Backsteinstadt präsentiert werden.

Fritz Schumacher, Teilaufnahmen des Gesamtmodells zum Bebauungsplan für den inneren Rayon in Köln, 1923

„Entwicklungsfragen einer Großstadt"

Schumacher hatte während der Jahre des Ersten Weltkriegs in Hamburg, wenngleich verlangsamt, weiter arbeiten können, zum Teil durch Reise- und Unterrichtstätigkeit im Auftrag des Militärs, aber auch durch Krankheit unterbrochen. Einige seiner großen öffentlichen Bauten konnten anfänglich trotz des generellen Baustopps noch fertiggestellt werden, andere wie das Museum für Hamburgische Geschichte, die Finanzdeputation am Gänsemarkt und vor allem der Hamburger Stadtpark wurden stillgelegt und erst in der Nachkriegszeit nach Überwindung der größten wirtschaftlichen Schwierigkeiten in der Mitte der 1920er Jahre fertiggestellt. Seit 1914 hatte Schumacher im Hochbauamt seine eigene Stadtplanungsabteilung, und dort konnte er weiter an der Revision bestehender und der Aufstellung neuer Bebauungspläne arbeiten, solange noch nicht alle Mitarbeiter zum Kriegsdienst eingezogen waren. Er selbst knüpfte an seine intensive frühere Beschäftigung mit der Begräbniskultur an und entwarf Soldatengräber und Monumente, denen er eigene Veröffentlichungen widmete und die er auf den vom Werkbund organisierten Wanderausstellungen zusammen mit Arbeiten vieler anderer namhafter Kollegen vorstellte. Ähnlich wie Theodor Fischer an der Westfront spezielle Fortbildungskurse für im Militärdienst stehende Architekten und Architekturstudenten organisiert hatte, war auch Schumacher, in seinem Fall auf dem Balkan, zu einem solchen Einsatz verpflichtet worden. Diese Arbeit ermöglichte ihm Reisen nach Rumänien und gab ihm zugleich die Möglichkeit, für Vorträge und Vorlesungen Fragen aufzuarbeiten, die er in der Flut der konkreten Bauprojekte in den fünf Jahren zwischen seinem Arbeitsbeginn in Hamburg und dem Ausbruch des Krieges nicht mehr hatte weiterverfolgen können. Die Beschäftigung mit der Wohnungsfrage und den besonderen planerischen Problemen, die durch die soziale Dimension des Kleinwohnungsbaus neu in sein Gesichtsfeld gedrungen waren, bestimmte sein Werk ohne Unterbrechung von den Kriegsjahren bis zum Ende seiner Amtstätigkeit 1933 und ließ die allgemeineren Fragen der Kulturreform und der Ausbildung von Architekten etwas in den Hintergrund treten.

Völlig unerwartet ergab sich kurz nach Kriegsende mit einem dreijährigen Zwischenspiel in Köln eine völlig neue Perspektive für sein fachliches Selbstverständnis. Das neue Tätigkeitsfeld hatte zur Folge, dass sein Verständnis dessen, was Gestaltung, Architektur und Städtebau für ihn bedeuteten, sich radikal ausweitete, gewissermaßen einen Quantensprung vollzog. Die im Kern ästhetischen Fragen von Monumentalität und Raumkunst waren in den zurückliegenden Jahren zunehmend von der sozialen Dimension insbesondere der Wohnungsfrage modifiziert worden. Sie wurden jetzt mit den viel allgemeineren Fragen der Großstadt und des Stadtwachstums in ihrer ganzen Komplexität konfrontiert. Das hieß für Schumacher jedoch nicht, dass aufgrund der Maßstabssprünge von der Gestaltung von Gerät und Möbeln bis zu der des Innenraums, des Gebäudes, des Außenraums, von dort zu Platzgestaltung und Freiraumplanung, schließlich über den Städtebau zur Regionalplanung stufenweise sein künstlerischer Gestaltungswille an Gewicht verloren hätte. Im Gegenteil, mit der wachsenden gesellschaftlichen Verantwortung und der größeren Dimension wuchsen die Anforderungen an seine Kreativität und Gestaltungskraft als Architekt und Stadtplaner.

Inmitten der turbulenten und politisch unsicheren Nachkriegsmonate erreichte ihn aus Köln die Bitte Konrad Adenauers um ein städtebauliches Gutachten zu einer drängenden Planungsfrage. Der damals sehr junge und dynamische Politiker der Zentrumspartei war noch kurz vor Kriegsende Oberbürgermeister von Köln geworden und wollte die unsichere politische Gesamtsituation seiner nach dem verlorenen Krieg von britischen Truppen besetzten und dadurch von Berlin und Preußen relativ unabhängigen Stadt zu einer gründlichen Revision ihrer Entwicklungsplanung nutzen. Er sah in Köln die künftige Handelsmetropole Westdeutschlands, wenn nicht gar die Hauptstadt eines separaten Rheinstaats. Die künftige Millionenstadt würde von der neuen europäischen Verkehrsordnung mit einer internatio-

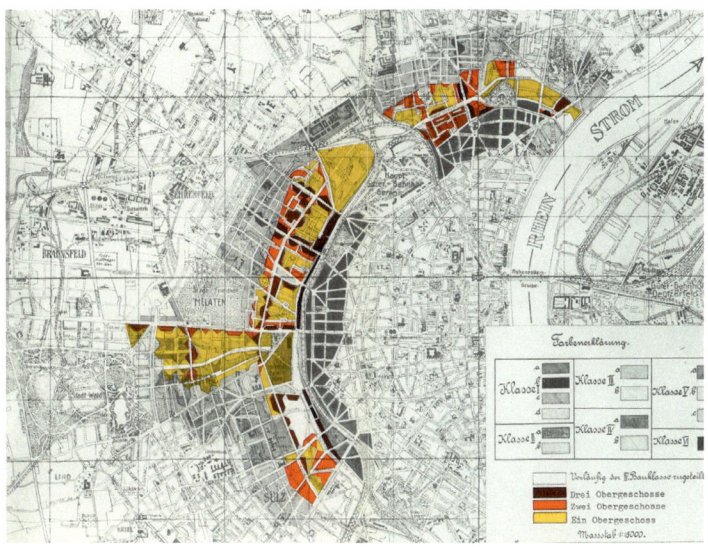

Carl Rehorst, Bauklassenplan für die Bebauung des inneren Rayons in Köln, 1914

nalisierten Rheinschifffahrt, wie sie die Siegermächte des Weltkriegs durchgesetzt hatten, und einer damit notwendigerweise einhergehenden stärkeren Ausrichtung der westdeutschen Industriegebiete auf die Häfen Rotterdam und Antwerpen erheblich profitieren. Sein neues Köln sollte, wie man in zwei Artikeln der *Deutschen Bauzeitung* von 1920 nachlesen konnte, eine Musterstadt werden, eine im Sinne der katholischen Soziallehre reformierte Großstadt, die den Vergleich mit den meist von sozialdemokratisch-liberalen Koalitionen geführten anderen Großstädten Deutschlands nicht zu scheuen brauchte.
Anfang 1919 bat Adenauer deshalb Fritz Schumacher in Konkurrenz zu dem Berliner Hermann Jansen und dem Kölner

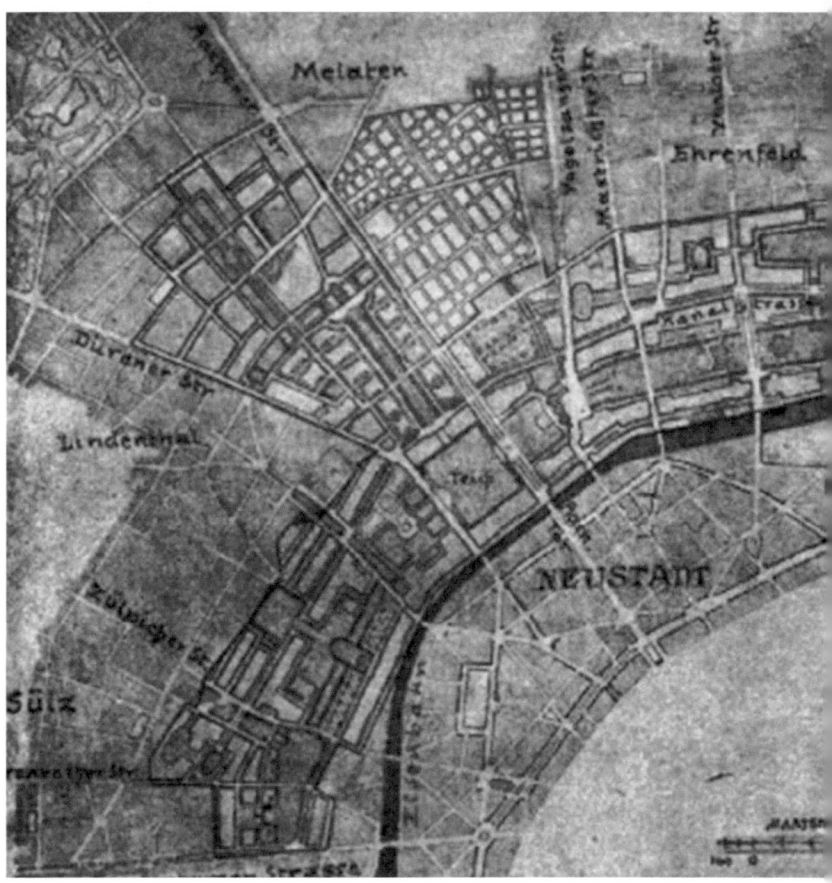

Fritz Schumacher, städtebaulicher Gesamtplan für den inneren Rayon in Köln, Wettbewerbsentwurf, 1919

Alfred Stooß um einen Bebauungsvorschlag für das Gebiet des sogenannten inneren Rayons der ehemaligen Befestigungswerke Kölns. Die drei Wettbewerbsteilnehmer traten mit durchaus verwandten Planungskonzepten, aber mit unterschiedlichen Voraussetzungen an. Alfred Stooß war Stadtbauinspektor in Köln und hatte bereits vor dem Krieg an den Planungen des Kölner Stadtbaumeisters Carl Rehorst für dieses Gebiet mitgearbeitet. Nach dessen überraschendem Tod im Januar 1919 hatte er als stellvertretender Amtsleiter das von Adenauer in Auftrag gegebene neue Planungsgutachten gewissermaßen von

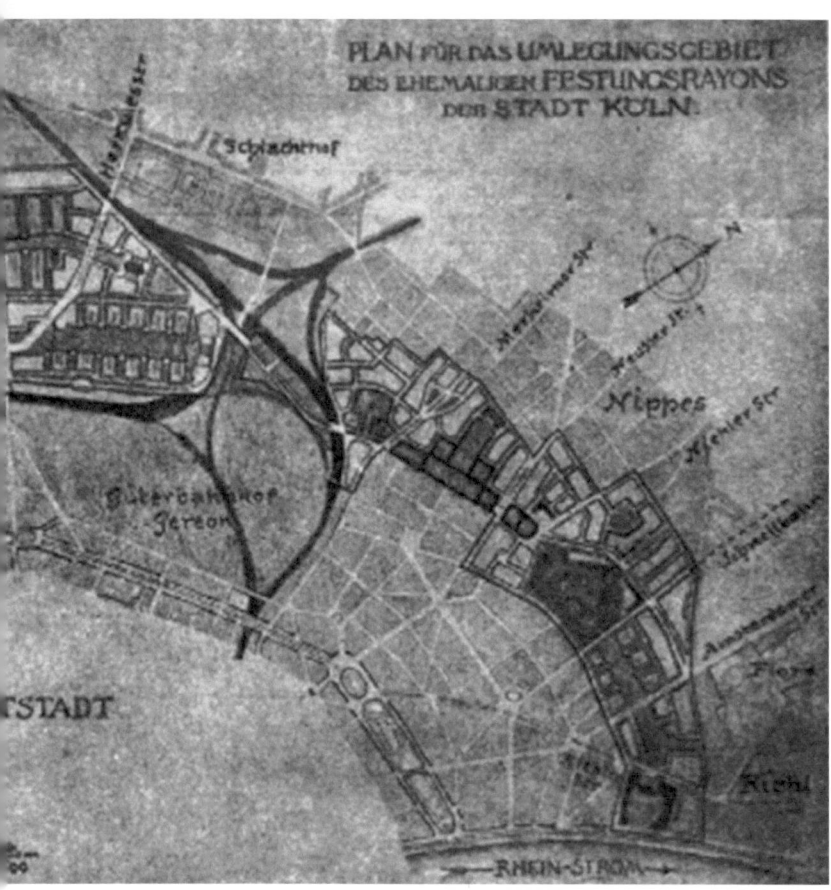

Amts wegen übernommen. Ihn unterstützte der Kölner Gartenbaudirektor Fritz Encke, einer der führenden modernen Gartenbaukünstler Deutschlands. Hermann Jansen hatte ebenfalls gründliche Kölner Erfahrungen. Er hatte 1911 zusammen mit Josef Stübben, Rudolph Eberstadt und anderen zu den Gutachtern gehört, die Rehorsts Bebauungsplan für den inneren Rayon befürwortet hatten. Er zählte zu diesem Zeitpunkt unbestritten zu den führenden deutschen Stadtplanern der mittleren Generation. Er war einer der ersten frei praktizierenden Stadtplaner Deutschlands überhaupt und hatte für zahlreiche Städte und Gemeinden, die über keine eigenen Stadtplanungsämter verfügten, Bebauungspläne im Sinne der Reformbewegung aufgestellt. Neben seiner beachtlichen planerischen Praxis war

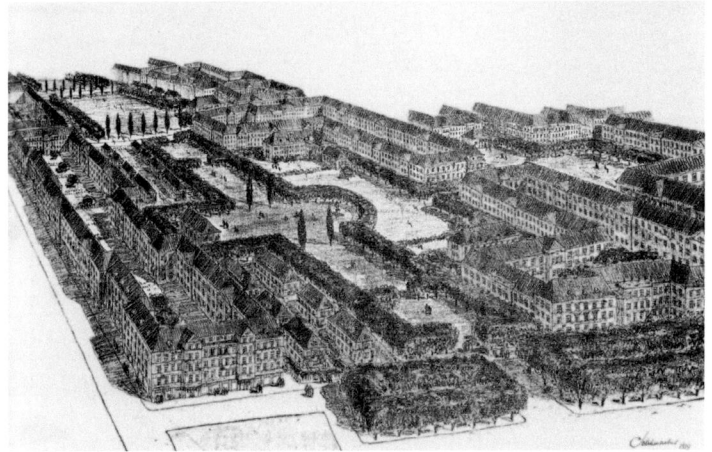

Fritz Schumacher, zwei Vogelschauperspektiven zu Teilbereichen des Wettbewerbsentwurfs für den inneren Rayon in Köln, 1919

er Mitherausgeber der seit 1902 in München erscheinenden Zeitschrift *Der Baumeister*. Spätestens seit er 1909 einen der ersten Preise im Wettbewerb für Groß-Berlin errungen hatte, war er auch über Deutschland hinaus bekannt geworden. Seit 1918 war er Mitglied der Preußischen Akademie der Künste in Berlin, und die Stuttgarter Technische Hochschule hatte ihn 1919 als „Begründer und Führer der modernen Städtebaukunst" zum Ehrendoktor ernannt. 1920, kurz nach dem Kölner Gutachten verpflichtete ihn die Technische Hochschule zu

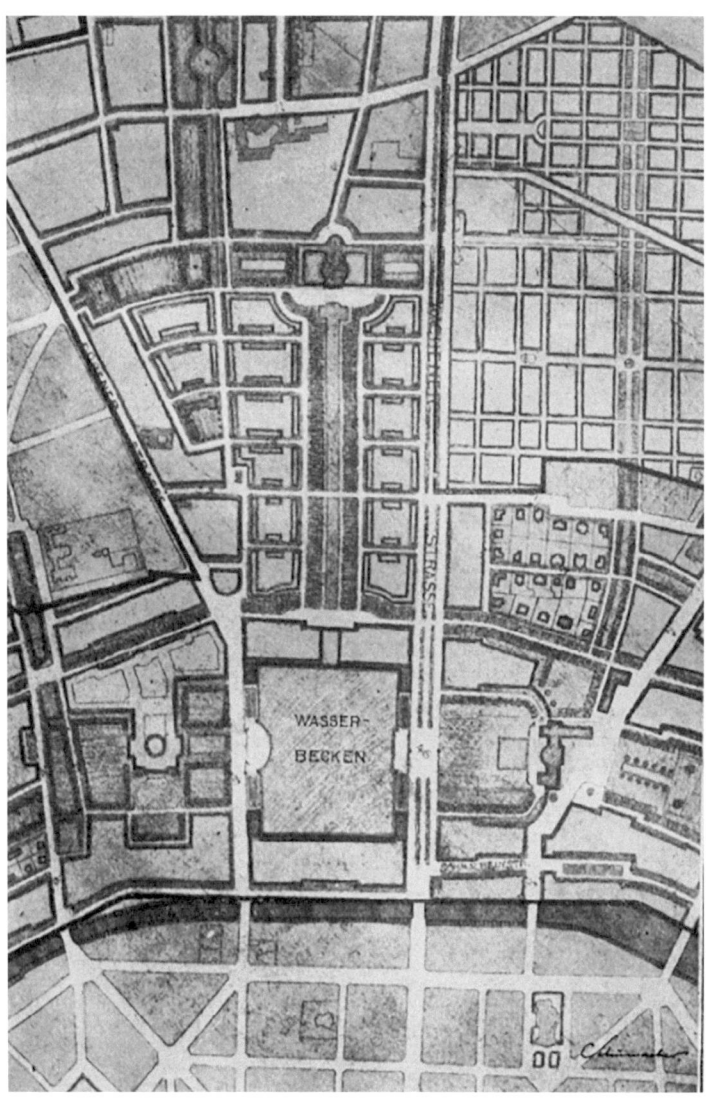

Fritz Schumacher, Wettbewerbsentwurf für den inneren Rayon in Köln, Bebauungsvorschlag für den Bereich nördlich des Aachener Weihers, 1919

Berlin (ehemals TH Charlottenburg) als Leiter ihres Städtebauseminars.

Dass Schumacher zu dieser Planung eingeladen wurde, ist weit weniger selbstverständlich. Er hatte sich bis dahin mit praktischen stadtplanerischen Arbeiten noch keinen vergleichbaren Namen machen können. Zwar hatte er wichtige theoretische Beiträge zur Reformdiskussion geleistet und bedeutende Ausstellungen organisiert, aber gearbeitet hatte er weit mehr als Architekt denn als Stadtplaner. Seine stadtplanerischen Arbeiten waren, mit Ausnahme des Hamburger Stadtparks, bislang kaum über Hamburg hinaus wahrgenommen worden. Mit Köln verbanden ihn weder seine Konfession noch irgendwelche Stadtplanungs- oder

Hermann Jansen, Plan für das Umlegungsgebiet des inneren Rayons von Köln, Wettbewerbsentwurf, 1919

Hochbauprojekte. Er hatte dort lediglich 1910 zusammen mit zwei Dresdner Künstlern, dem Bildhauer Georg Wrba und dem Maler Otto Gussmann, ein aufwendiges Innenraumprojekt für den Industriellen und Kunstmäzen Max Meirowsky realisiert. Es handelte sich um mehrere repräsentative Räume im Obergeschoss von dessen neuem Haus in Köln-Lindenthal. Parallel zu Schumacher hatte sein Altersgenosse Peter Behrens die Gestal-

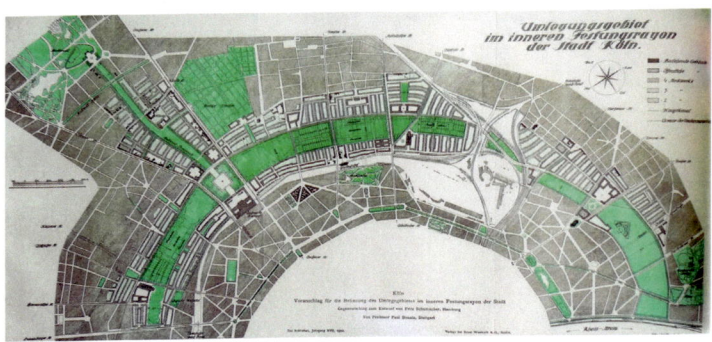

Paul Bonatz, Nutzungsvorschlag für den inneren Rayon in Köln, außer Konkurrenz als Kritik an Schumachers Entwurf veröffentlicht, 1920

tung der Eingangshalle zu diesem als Gesamtkunstwerk verstandenen Haus übertragen bekommen und in Kooperation mit dem Maler Fritz Erler aus München ausgeführt. 1935 schrieb Schumacher, er habe, als er 1919 nach Köln kam, bei einem früheren Kölner Bauherrn in der Fürst-Pückler-Straße gewohnt. Es kann sich dabei nur um den bekannten jüdischen Kunstmäzen Meirowsky gehandelt haben, dessen Namen er zu diesem Zeitpunkt wohl vorsichtshalber nicht mehr erwähnen wollte. Ob sich die enge Beziehung Schumachers zu seinem Bruder Hermann, der in Köln die Handelshochschule geleitet hatte, bevor er von 1904 bis 1907 Professor für Nationalökonomie im nahegelegenen Bonn wurde, positiv auf die Beauftragung durch Adenauer ausgewirkt hat, ist unbekannt, aber nicht völlig auszuschließen.
Das 320 Hektar große Planungsgebiet erstreckte sich zwischen der vom damaligen Kölner Stadtbaurat Josef Stübben 1881 geplanten Stadterweiterung auf dem Ring der ehemaligen Befestigungen und einem wild wuchernden Gürtel von Vorstädten. Dieser sogenannte innere Rayon war nach Kriegsende immer

noch weitgehend unbebaut, obwohl die Festungsanlagen, deren freies Schussfeld er ursprünglich garantieren sollte, bereits vor Stübbens Stadterweiterung in einen weiter vor der Stadt gelegenen neuen Festungsring mit einem neuen, äußeren Rayon, das heißt einem nicht bebaubaren freien Schussfeld, verlegt worden waren. Seitdem war über eine ringförmige Erweiterung der Innenstadt im Bereich des inneren Rayons nachgedacht wor-

Fritz Encke, Grünanlagen des ehemaligen inneren Festungsgürtels, Köln, ca. 1924

den. Als Haupterschließung dieses Ringes war dort noch zu Stübbens Amtszeit für den Bau eines Hauptsammlers die deshalb so genannte Kanalstraße geplant worden. Stübbens Nachfolger, der in der Wohnungsreformbewegung, beim Deutschen Bund Heimatschutz und beim Deutschen Werkbund aktive Carl Rehorst, hatte unter Berücksichtigung dieses Vorlaufs einen Bebauungsplan aufgestellt, der seit 1911 gültiges Gesetz war. Er sah ganz im Sinne der in den Jahren nach der Jahrhundertwende herrschenden Kritik an der gründerzeitlichen Mietskasernenstadt eine Wohnbebauung mit maximal drei Geschossen in großzügig bemessenen und im Inneren durchgrünten Blöcken sowie in villenartiger Einzelhausbebauung vor. Der größte Teil des Planungsgebiets war trotz der Nähe zum Stadtzentrum in der Art einer Gartenstadt für eine offene niedrige Bebauung ausgewiesen. Dementsprechend hatte die geringe Bau- und Bevölkerungsdichte nur ein Minimum an gemeinschaftlich genutzten Grünflächen und öffentlichen Einrichtungen erforderlich gemacht.

Fritz Schumacher, Plan für das Umlegungsgebiet des ehemaligen
Festungsrayons der Stadt Köln, 1923

Die geringe Dichte war wegen der zentralen Lage der Grundstücke von einigen Grundeigentümern als partielle Enteignung kritisiert worden. Zugleich war nach dem Krieg die Nachfrage nach Villengrundstücken drastisch gesunken und angesichts der allgemeinen Wohnungsnot ein weniger aufwendiger Typ von Wohnungsbauten auch politisch erwünscht. Adenauer hatte deshalb kurz nach seinem Amtsantritt den bestehenden Bebauungsplan aufheben lassen und für das Gebiet in Anlehnung an die berühmte Frankfurter „Lex Adickes" ein Umlegungsgesetz initiiert, das

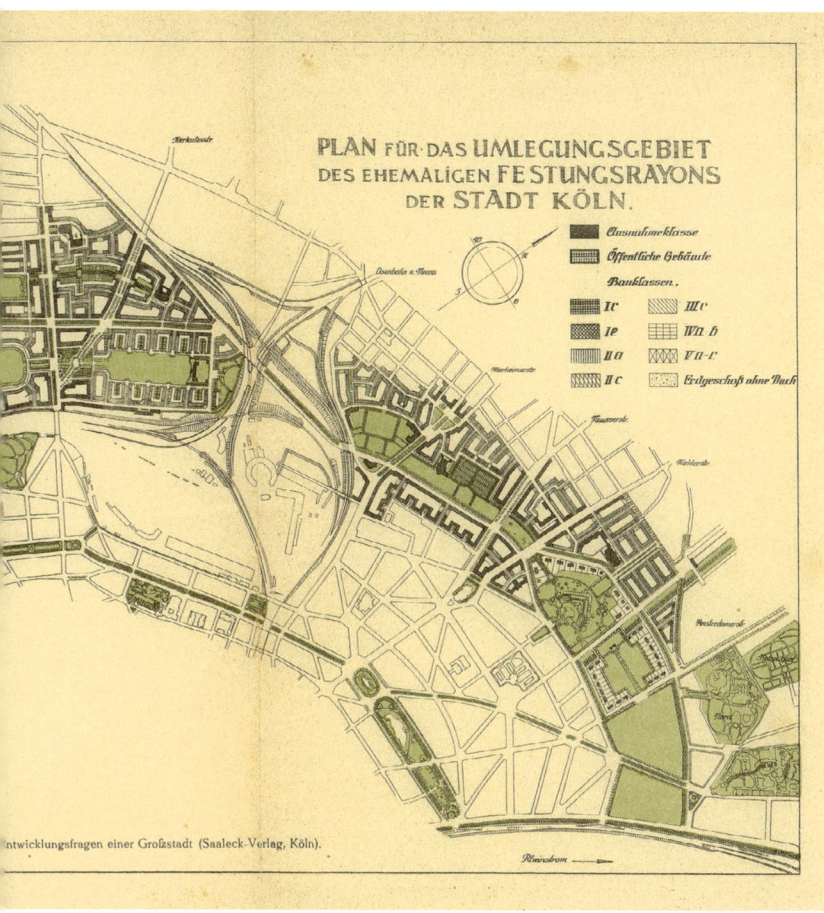

im März 1919 verabschiedet wurde. Es sah eine Neuverteilung der Grundstücke derart vor, dass nicht nur wie in Frankfurt 35 Prozent der Gesamtfläche zugunsten öffentlicher Freiflächen und Straßen enteignet werden konnten, sondern sogar 50 Prozent, allerdings bei vollem Ausgleich der Wertverluste für die betroffenen Grundbesitzer. Das Gesetz konnte nur dann gleichzeitig die Erwartungen der Grundeigentümer auf eine höhere Ausnutzung und die der Stadt auf mehr öffentliche Nutzflächen erfüllen, wenn der neue Plan auf den verringerten Bauflächen eine höhere Ausnutzung als die bisher zulässige erlaubte.

Für die befragten drei Stadtplaner kamen zu diesen schwer erfüllbaren Vorbedingungen noch ihre eigenen Skrupel als

Reformarchitekten, die es ihnen nicht leicht machten, hier statt über eine Verringerung der städtischen Bebauungsdichte über deren Erhöhung nachzudenken. Alle drei mussten damit einen zentralen Wunsch der Reformbewegung aufgeben und die gestellte Aufgabe mit einer mehrgeschossigen Wohnbebauung statt der von den Reformern allgemein idealisierten Cottages oder Einfamilienreihenhäuser zu lösen suchen. Die mit immer

Fritz Schumacher, Vorschlag zur Neugestaltung des Umfeldes von St. Pantaleon, Köln, 1921

gleichen Hygieneargumenten kritisierten Nachteile des mehrgeschossigen Wohnungsbaus konnten sie nur mit einer großzügigen Freiflächenplanung kompensieren, die möglichst auch helfen sollte, die beklagenswerten hygienischen Verhältnisse der benachbarten dichtbevölkerten Wohnquartiere der inneren und der äußeren Stadt zu mildern.

Es gelang Schumacher, sich gegenüber seinen Konkurrenten mit einem Vorschlag durchzusetzen, der nicht nur auf eine Wohnstadt mit gesunden Kleinwohnungen abzielte, sondern zugleich mit einer Serie zentral platzierter Bauten für öffentliche Aufgaben, ganz im Sinne seiner sozialen Monumente, der Vision einer neuen westdeutschen Metropole Gestalt gab. Dabei scheint es ihm am besten gelungen zu sein, die äußerst eng gesetzten wirtschaftlichen Auflagen des Umlegungsgesetzes zu erfüllen und die vorhandenen technischen Infrastrukturen am schonendsten zu berücksichtigen. Sein Vorschlag füllte den Ring des inneren Rayons und den nach außen in Richtung Stadtwald weisenden Geländearm bei der Aachener Straße mit einer Folge optisch geschlossener Räume, deren Kernzone eine Kette stets architektonisch aufgefasster und mit beschnit-

Fritz Schumacher, Vorschlag zur Neugestaltung von St. Pantaleon, Köln, 1921

tenen Baumreihen gerahmter Gartenanlagen bildete. Unterbrochen von freistehenden öffentlichen Bauten für die Verwaltung, von Schulen, Volkshäusern und Kirchen, waren diese Anlagen leicht variiert aneinandergereiht. Den Angelpunkt zwischen Ring und Außenarm zum Stadtwald bildete ein künstlicher See, der ein wenig an die Binnenalster erinnernde Aachener Weiher, an dessen Ufer sich als städtebauliche Dominante palastartige Bauten für die Universität und andere öffentliche Nutzungen erheben sollten. In Richtung Stadtwald führte hier ein Kanal mit einer Kirche als Blickpunkt und auf beiden Seiten Wohnblöcken mit weiten Innenhöfen. Auch der Grünzug auf dem Ring des inneren Rayons wurde von unterschiedlich ausgebildeten, sich quer oder parallel gruppierenden langgestreckten drei- und viergeschossigen Wohnblöcken begleitet, ähnlich der gerade von Schumacher entworfenen Musterbebauung für das Hamburger Dulsberg-Gelände. Auf den Außenseiten dieser Blöcke mit ihren halböffentlichen

Innenhöfen fanden sich dann erst die Erschließungsstraßen. Das Raumdispositiv war im repräsentativen Teil nicht grundsätzlich unterschieden von Schumachers Hamburger Projekt für das Gelände der alten Kirchhöfe und im Wohnungsbaubereich nicht von dem für den Dulsberg. Es waren stets Abfolgen weiter und engerer Freiräume, die in der dritten Dimension durch gebändigte Vegetation, Wohnblöcke und freistehende Monumentalbauten strukturiert waren. Am 12. Dezember 1919 wurde Schumachers Projekt von der Köl-

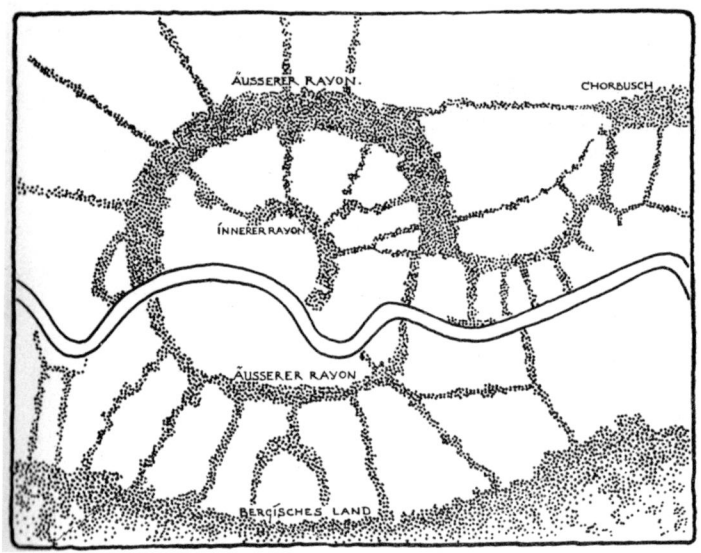

Fritz Schumacher, Schema des Systems der Grünanlagen
im Großraum Köln, 1922

ner Stadtverordnetenversammlung einstimmig angenommen und als Grundlage der weiteren Ausführungsplanung bestimmt.

Hermann Jansen hatte im Gegensatz zu Schumacher eine reine Wohnstadt auf der Höhe der deutschen Wohnungsreformdiskussion vorgeschlagen. Ihren Kernbereich bildete eine großzügige offene Freifläche mit Sportplätzen, Parks und Gärten, die den Bogen des inneren Rayons in voller Länge durchzog. An diese schlossen zu beiden Seiten Wohnbauten an: in einigen Randbereichen niedrige Reihen- und Doppelhäuser, als Regelbebauung aber vier- bis fünfgeschossige Wohnbauten in langgestreckten, geschlossenen Blocks mit großen Innenhöfen, die mit ihren Schmalseiten zur Grünanlage beziehungsweise zur Straße hin orientiert waren. Um diesem Grünzug eine größtmögliche Geschlossenheit zu geben, schlug Jansen vor, die bereits erwähnte Kanalstraße fast in ihrer vollen Länge aufzuheben und die Zahl querender Radialstraßen auf ein äußerstes Minimum zu reduzieren. Schumacher dagegen hatte wie zuvor schon Rehorst diese Straße beibehalten, allerdings nur als Straße zweiter Ordnung mit untergeordneter Bedeutung für den Stadtverkehr. Unter Hinweis auf die Notlage der Nachkriegszeit hatte Jansen nur wenige Flächen für den Allgemeinbedarf ausgewiesen und lediglich im Bereich zwischen Aachener und Venloer Straße mit öffentlichen Bauten einige vorsichtige architektonische Akzente gesetzt. Sonst vermied er jedwede Anmutung von repräsentativer innerstädtischer Raumkunst.

Auch wenn Jansens Vorschlag den Rehorstschen Plan in stadthygienischer und in sozialpolitischer Hinsicht verbesserte, erfüllte er nicht die über den Wohnungsbau hinausreichenden Forderungen der Aufgabe und fand entsprechend geringen Zuspruch bei den Kölner Politikern. Der Nestor der deutschen Stadtplaner, Josef Stübben, verdammte in einer kritischen Besprechung im *Zentralblatt der Bauverwaltung* diesen Vorschlag als bedauerlich kurzsichtig und als Ausdruck eines unerwünschten Wechsels der städtebaulichen Grundanschauungen, allerdings ohne Jansen beim Namen zu nennen oder sein Projekt einer Abbildung für würdig zu erachten. Dafür pries er Schumachers Projekt auf das Äußerste und bezeichnete es als ein künstlerisch hochstehendes Werk mit ausgezeichneter, klarer Raumbildung, axialen architektonischen Ordnungen und prächtigen Stadtbildern.

Adenauer versuchte, Schumacher zum Wechsel nach Köln zu überreden. Er bot ihm für zehn Jahre das Baudezernat an, das heißt die ganze Machtfülle eines Baubürgermeisters, dem sämtliche Bau- und Planungsinstitutionen der Stadt unterstellt sind, um ihm sein weit über das Projekt des inneren Rayons hinausgreifendes Projekt eines Ausbaus von Köln zur Metropole des Rheinlandes übertragen zu können. Er hatte keine Zeit zu ver-

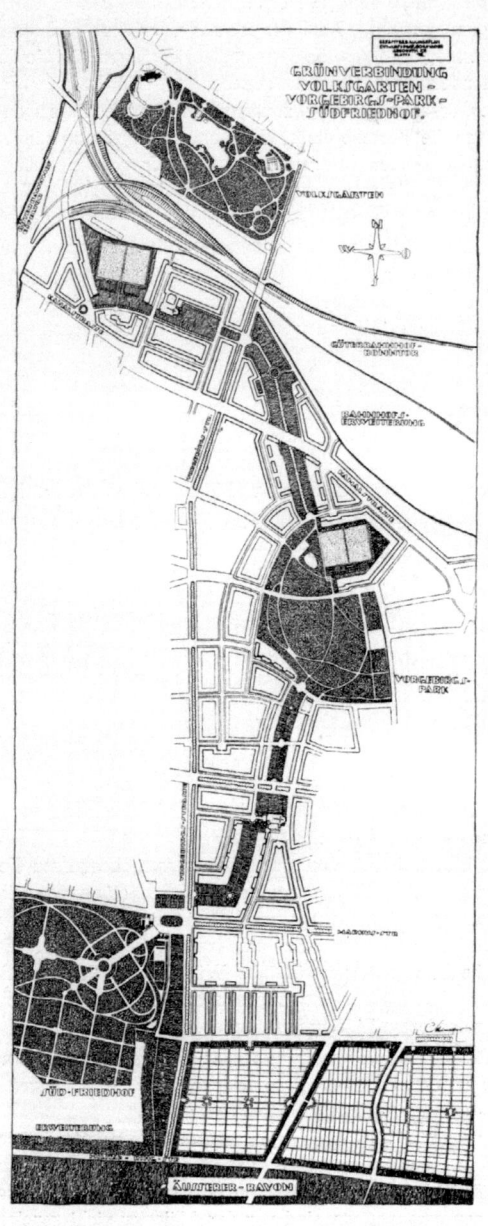

Fritz Schumacher, Radialer Grünzug vom Volksgarten zum äußeren Rayon, Köln, 1921

lieren, wollte er die durch die Besetzung des Rheinlandes bewirkte Ferne seiner Stadt von der Berliner Dominanz nutzen. Nur fühlte sich Schumacher Hamburg sehr verpflichtet und brauchte Zeit, um von dort schließlich eine dreijährige Beurlaubung zu erhalten, allerdings mit der Verpflichtung, danach nach Hamburg zurückzukehren. Adenauer hatte darüber begonnen, an Schumachers Bereitschaft zum Wechsel zu zweifeln, und in

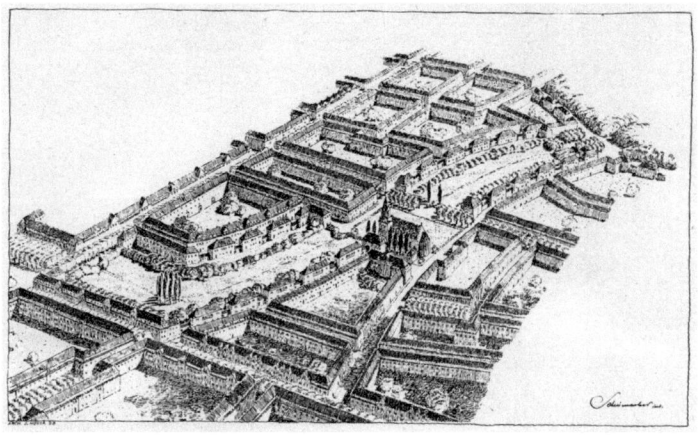

Fritz Schumacher, Teilstück des Grünzugs zwischen Volksgarten und äußerem Rayon, Köln, 1921

der Zwischenzeit mit Paul Bonatz Kontakt aufgenommen, um diesen, der lange Zeit in Köln als Privatarchitekt gearbeitet hatte, ersatzweise als Generalplaner zu gewinnen. Verärgert darüber, dass er den Ruf dann letztlich doch nicht erhielt, erarbeitete Bonatz mit seinen Studenten an der Technischen Hochschule in Stuttgart außerhalb des Gutachterverfahrens unaufgefordert einen Gegenvorschlag zu Schumacher und veröffentlichte ihn prominent in der Zeitschrift *Der Städtebau*, womit er in der Fachwelt eine Grundsatzdebatte über die Pläne für die Kölner Stadterweiterung auslöste, die zu heftigen Polemiken führte. Bonatz verspottete Schumachers Folgen geschlossener Räume, architektonischer Gärten und axialer Bezüge auf öffentliche Bauten als „fürstlichen Städtebau des 18. Jahrhunderts" und forderte stattdessen, den inneren Rayon völlig unbebaut als reine Grünfläche zu erhalten. Man dürfe an die Ausfallstraßen keine symmetrischen „Kommoden" stellen, sondern man müsse

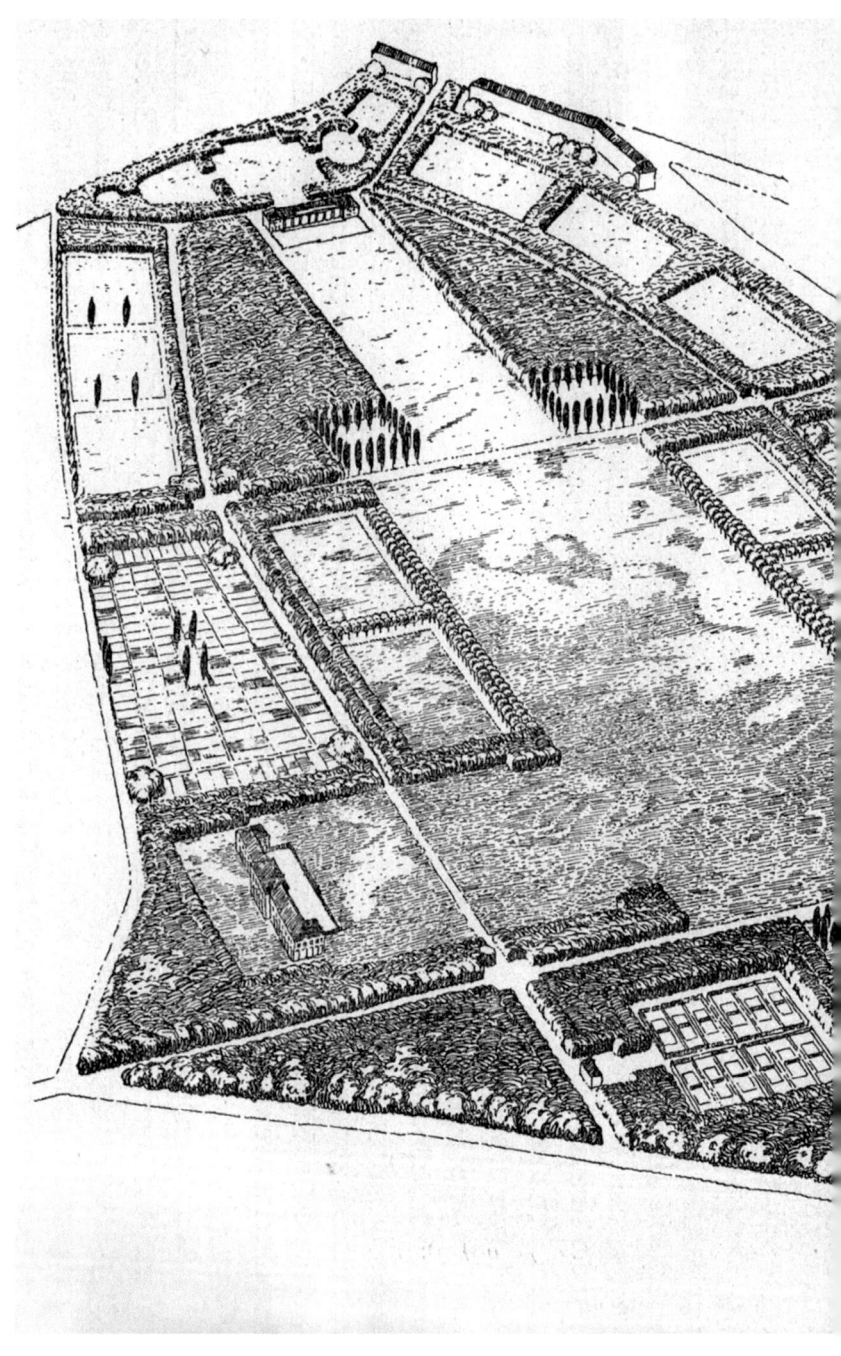

Fritz Schumacher, Vorschlag eines Volksparks auf dem Gelände des ehemaligen Exerzierplatzes Merheimer Heide im äußeren Rayon von Köln, 1921

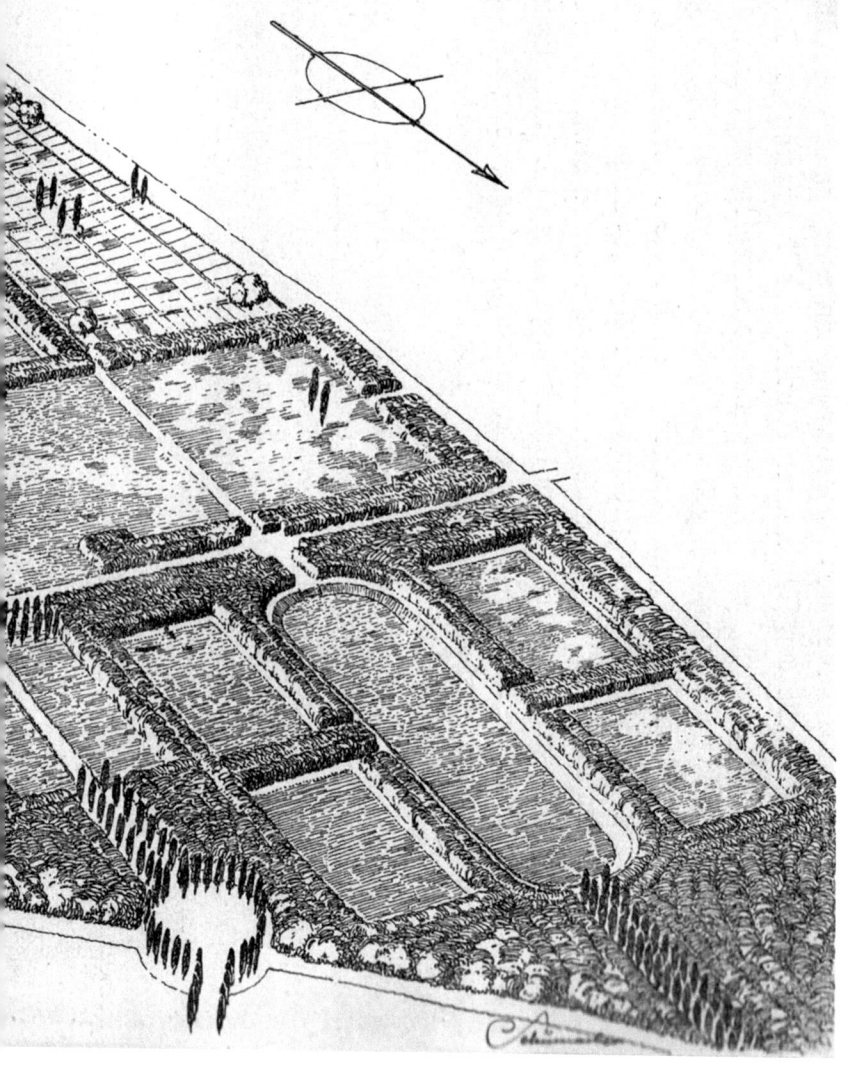

alle Neubauten dem Innenrand und Außenrand anschmiegen und das ganze Grünland als fortlaufende Freifläche für Sport, Spiel, Reiten, Promenaden, Ausstellungen frei lassen. Doch abgesehen davon, dass Bonatz' Freiflächen-Purismus bei den Kölnern, insbesondere bei den Grundeigentümern, gegen Schumachers mit rhetorischem Geschick und realistischer Darstellungsweise erfochtene öffentliche Unterstützung keine Chance

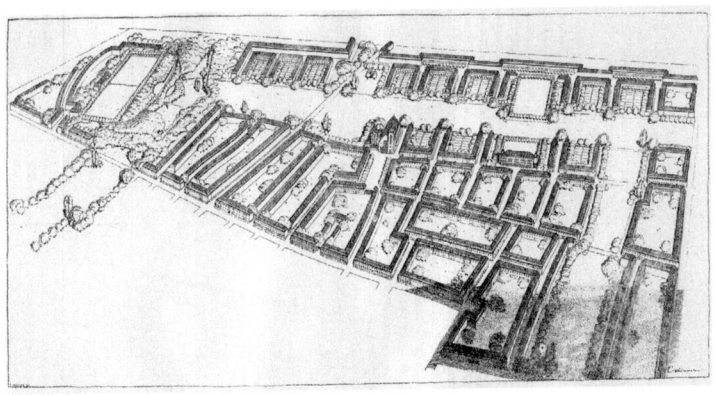

Fritz Schumacher, Verbindung von Wohnen, Grünanlagen und Sportplätzen im äußeren Rayon von Köln, 1921

hatte, war sein Gegenprojekt bezüglich der Dichtevorstellungen und der Bedeutung der Grünplanung durchaus den drei anderen Projekten verwandt, obwohl Stooß im Wesentlichen das Rehorstsche Projekt, an dem er vor dem Krieg selbst mitgearbeitet hatte, weiterentwickelt, aber dabei erkennbar verdichtet hatte. Der Hauptunterschied lag in Bonatz' Konzept der Gesamtstadt, denn er trennte städtische Funktionen wie Verkehr, Arbeit, Wohnen, Erholung strenger voneinander, vor allem verband er sie nicht wie Schumacher durch eine vereinheitlichende monumentale Gestaltung zu einem neuen Raumkunstwerk

Folgt man Heinrich de Fries, dem Herausgeber der Zeitschrift *Der Städtebau*, so war allein der Entwurf Jansens mit seiner Betonung des Wohnens und der weitgehenden Öffnung der Blöcke richtungweisend modern, wogegen die Vorschläge Schumachers und Bonatz' noch nicht die Bahnen traditioneller Stadtbaukunst verlassen hätten. Den Vorschlag Stooß' bezieht er in seine Kritik nicht mit ein. De Fries kritisierte bei den Genannten vor allem das Konzept einer Raumbildung durch Grünplanung und Blockgestaltung und forderte stattdessen, die Blöcke in Zeilen aufzulösen und das „Streifengrün" in ein „Raumgrün" umzuwandeln, in das die „Zellen" der Volkswohnungen „einfach und kühn" hineingesetzt werden sollten. De Fries' Vorwurf, Schumacher vernachlässige den Wohnungsbau, ist ange-

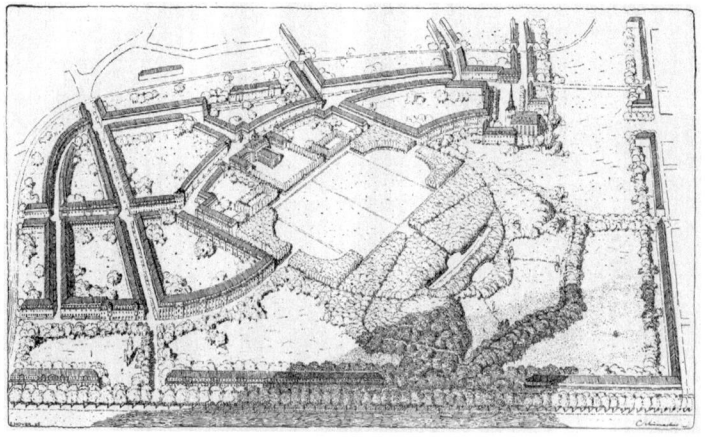

Fritz Schumacher, Umwandlung eines Forts des äußeren Rayons in eine Grün- und Sportanlage mit anschließender Einfamilienreihenhaus-Bebauung, Köln, 1921

sichts des Kölner Projekts nur schwer und angesichts seiner theoretischen Äußerungen zur Wohnungsfrage überhaupt nicht verständlich. Schumacher bekannte sich engagiert zur Großstadt, und der Volkswohnungsbau war zweifellos ein Generalthema seiner Arbeit. Aber für de Fries scheint sich jeder Nachweis seines Verdikts zu erübrigen. Das Unzeitgemäße, ja Rückschrittliche von Schumachers Vorschlägen entlarvte sich für ihn und nachfolgende Kritiker nicht im Konzeptionellen, sondern im Formalen, in der als konventionell klassifizierten „Stilarchitektur" und in den nach künstlerischen, also „unsachlichen" Gesichtspunkten gestalteten Stadträumen. Da Schumacher und andere „Stadtbaukünstler" eine moderne Großstadt vorschlugen, in der die Ästhetik der alten Stadt mit der einer neuen versöhnt, in der Stadträume gestaltet und nicht aufgelöst werden

„Entwicklungsfragen einer Großstadt" 241

sollten, bedurfte dessen Kölner Plan nach der Ansicht eines entschiedenen Vorkämpfers des fließenden Raumes und des radikalen Zeilenbaus wie de Fries keines weiteren Kommentars.

Das Auseinanderklaffen der Ansichten des alten Stübben und des jungen de Fries kennzeichnete mehr als einen Generationskonflikt. Jenseits aller Übereinstimmungen über den sozialen Gehalt der modernen Stadtplanung zeichnete sich hier der Beginn jener erbitterten, die folgenden Jahrzehnte beherrschenden Kontroverse quer durch die ganze Disziplin ab, nicht über den Inhalt, sondern über die Form der Neuen Stadt, über den Stil der Moderne und über ihr Verhältnis zur Bautradition. Für Schumacher kam die Debatte über seinen Entwurf zu früh, denn sein Wettbewerbsentwurf für den inneren Rayon war tatsächlich nur ein Vorspiel zu seinem in der Folge entwickelten Generalplan für Köln. Er enthielt zwar im Ansatz schon wesentliche Elemente seines Konzepts der Großstadt als Gesamtkunstwerk, aber er behandelte doch nur erst ein begrenztes Planungsgebiet und war räumlich auf einen sehr speziellen Stadtraum beschränkt. Erst der erweiterte Planungsauftrag zu einem Generalplan für das gesamte Kölner Stadtgebiet, den Schumacher im Anschluss an den Wettbewerb erhielt, erschloss ihm die Möglichkeit, sein Konzept detailliert und in voller Breite auszuarbeiten.

Schumacher übernahm den Auftrag, wurde Beigeordneter und siedelte 1920 mit seinem gesamten Hausstand inklusive seiner beiden Schwestern nach Köln in ein von der Stadt extra hierfür angekauftes Gebäude um, in dem auch sein Planungsbüro untergebracht wurde. Mit Friedrich Schumann und Wilhelm Arntz konnte er sich zwei vertraute Mitarbeiter zugesellen und im Übrigen nach Bedarf alle städtischen Bau- und Planungsämter in sein Projekt eines Generalentwicklungsplans für die Stadt und ihr Umland einbeziehen. Dieser schließlich 1923 vorgelegte Generalplan umfasste ein Gebiet von 25 346 Hektar und war in seiner Komplexität vorbildlos Er hätte die Fachdebatte weit mehr verdient als der Wettbewerb, der naturgemäß noch nicht mehr als eine Konzeptskizze liefern konnte. Da diese Debatte aber schon stattgefunden hatte, erhielt Schumachers Leistung, in Deutschland den qualitativen Sprung vom künstlerischen Städtebau zur geplanten Stadtlandschaft

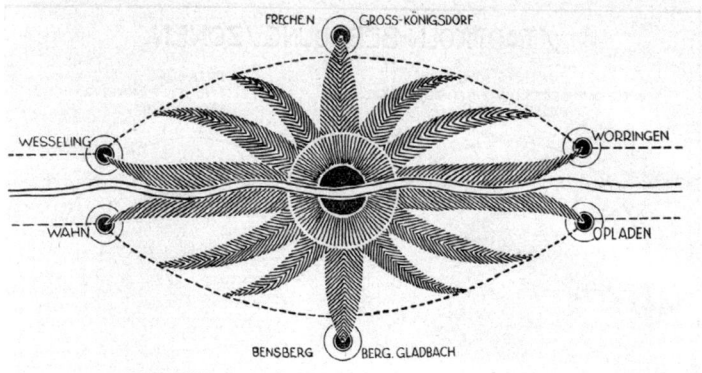

152. Verbildlichung der Strukturentwickelung des Siedlungskörpers. I.

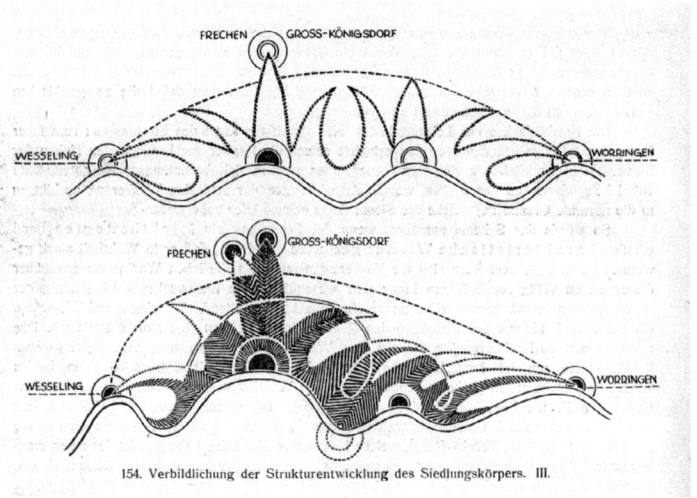

154. Verbildlichung der Strukturentwicklung des Siedlungskörpers. III.

Fritz Schumacher, Strukturentwicklung des Kölner Siedlungskörpers
oben: Idealentwicklung
unten: Reale Entwicklungstendenzen auf der linken Rheinseite, 1922

vollzogen zu haben, 1923 nicht mehr die ihrer Bedeutung gemäße Würdigung. Nicht nur der Planungsauftrag, auch das Planungsgebiet, für das konkrete Vorschläge zu erarbeiten waren, hatte sich durch die völlige Aufhebung des Kölner Festungsstatuts und durch die Forderungen der Alliierten nach einer gründlichen Schleifung aller militärischen Anlagen im äußeren Rayon sowie schließlich durch die Eingemeindung der nördlich der Stadt gelegenen Gemeinde Worringen gewaltig vergrößert. Schumacher hatte so unterschiedliche Bereiche wie Verkehrsplanung, Standortplanung insbesondere für Arbeiten und Wohnen, die Erneuerung der Altstadt und die Freiraumplanung zu berücksichtigen und die sich oft widersprechenden Teilplanungen in Einklang zu bringen. Dies machte eine gleichzeitige Arbeit auf unterschiedlichen Maßstabsebenen ebenso erforderlich wie die permanente Konsultation von Spezialisten verschiedenster Disziplinen. Schumacher gehörte zwar der Stadtregierung an, war aber ein von außen kommender Unparteiischer, der sich den örtlichen Konflikten gegenüber neutral verhalten konnte, was im Zusammenspiel mit Adenauers Eingemeindungspolitik und der Übernahme der gewaltigen Landreserven des geschleiften Befestigungsrings vom Militärfiskus in den Grundbesitz der Stadt nahezu ideale Voraussetzungen für weitreichende Planungsvorschläge schuf.

Der Generalplan sollte keinen Endzustand beschreiben, sondern ein flexibles Steuerinstrument werden für das Wachstum des gesamten Siedlungsraums über einen Zeitraum von etwa 50 Jahren bis zu einer Einwohnerzahl von circa 2 Millionen. Dazu brauchte es sorgfältige Abschätzungen zur Standortentwicklung, zum Ausbau des Hafens, zur Verlagerung der Industrie aus der Westwindzone in die neugewonnenen Stadtgebiete im Norden, zur Neuordnung des Straßen- und Schienennetzes, zu Entwicklungsmöglichkeiten für die wachsenden Cityfunktionen und Schutzprogramme für die historischen Monumente des zweitausendjährigen „heiligen Köln".

Die Aufhebung des Festungsstatuts, das jahrhundertelang die Entwicklung der Stadt behindert hatte, bewirkte eine komplette Perspektivänderung und ein neues Selbstverständnis. Die Stadt konnte sich zum ersten Mal im Verlauf ihrer langen Geschichte

bewusst dem Umland zuwenden und an ein Entwicklungskonzept für die gesamte Kölner Tieflandsbucht beiderseits des Rheines denken. Die Planung betraf nicht mehr nur die Baugebiete der Stadt, sondern auch die Natur- und Landwirtschaftszonen ihrer Umgebung. Entsprechend brachte die von Schumacher gemeinsam mit Fritz Encke entwickelte Freiraumplanung die vielleicht überraschendsten Neuerungen in den Generalplan. Die beiden Planer konnten für ihr neues Freiflächensystem von dem 40 Kilometer langen und 1 Kilometer breiten Festungsring des äußeren Rayons mit 12 nach dem Krieg zerstörten Forts, 23 Zwischenwerken und 146 Stützpunkten ausgehen und aus dieser Landschaft des Militärs Stätten der Erholung machen: Volkswiesen, Sportplätze, Waldschulen, Licht- und Luftbäder und dergleichen, Grünanlagen für das soziale Bedürfnis, wie Schumacher das nannte. Diesen weiten Kranz zusammenhängender Freizeitanlagen und Grünflächen verband ein Strukturplan sowohl nach außen mit den entfernteren Erholungsgebieten des Umlandes als auch über radiale Grünzüge mit den Freiflächen der inneren Stadt, insbesondere auch denen des inneren Rayons. Das Freiflächensystem wurde zum wichtigsten Strukturelement des neuen Großstadtraums, der neuen Stadtlandschaft, wie sie ganz ähnlich bei den amerikanischen Parksystemen beispielsweise von Boston oder Chicago und auch in einigen Vorschlägen für den Groß-Berlin-Wettbewerb angedacht worden waren. Hier in Köln konnte dieses Konzept mit Hilfe umfangreicher Arbeitsbeschaffungsmaßnahmen unverzüglich in Angriff genommen werden. Die Forderungen der Alliierten trafen sich ausnahmsweise mit den Interessen der Sozialpolitik, und die Stadt erhielt auf diese Weise einen großartigen Ring von Freizeitanlagen, der nicht nur die erheblichen Defizite der planlos gewachsenen Vorstädte ausgleichen konnte, sondern der auch eine Grenze der Stadt gegenüber dem Umland definieren und eine Barriere gegen die Zersiedelung schaffen sollte.
Die Bebauung des inneren Rayons war nicht mit gleicher Geschwindigkeit durchzusetzen. Obwohl die Grundstruktur gemäß dem Wettbewerbsentwurf beschlossen war, erforderte die Neuparzellierung extrem langwierige Entschädigungsverhandlungen mit den betroffenen Eigentümern. Hierfür musste das gesamte Gebiet bis ins Detail durchgeplant werden, ohne

dass diese Entwürfe zugleich schon eine Realisierungsplanung sein durften. Diese blieb den jeweils beauftragten Privatarchitekten überlassen. Schumacher hätte sich damit begnügen können, Massenmodelle zur Erläuterung seiner Planungsvorstellung anzufertigen. Er entschied sich aber, einen Schritt weiterzugehen und für den ganzen inneren Rayon, den er für den Wettbewerb ja bereits mit realistisch anmutenden Vogelschau-

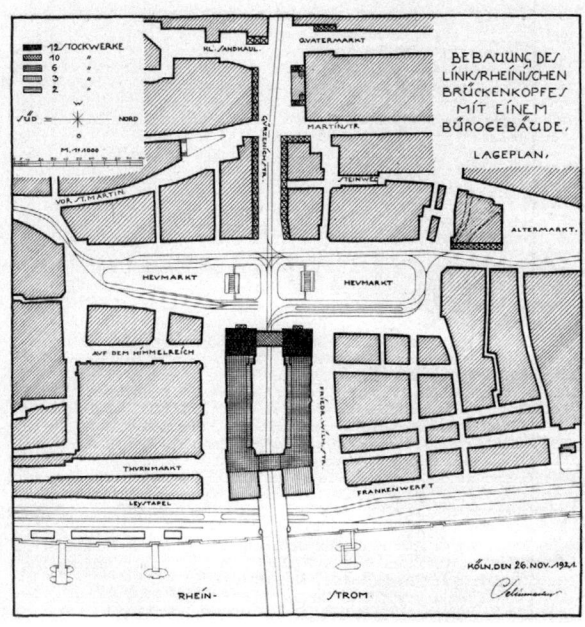

Fritz Schumacher, Gestaltung des linksrheinischen Brückenkopfs am Heumarkt, Köln, 1921

perspektiven dargestellt hatte, ein detailliertes Gesamtmodell anfertigen zu lassen. Dieses 9 Meter lange und 4 Meter breite Modell, von dem sich eine beeindruckende Serie von Fotografien erhalten hat, füllte einen ganzen Saal in seinem Büro und beeindruckte mit einer realistischen Darstellung der gesamten Bausubstanz. Das hatte Vor- und Nachteile. Einerseits erleichterte es den Politikern und Grundeigentümern, sich die mögliche Bebauung konkret vorzustellen, andererseits versetzte es aber die privaten Fachkollegen in helle Aufruhr, weil sie nicht glauben mochten, dass Schumacher diese Entwurfsarbeit nur als Fiktion verstanden hatte und damit nicht den Anspruch verband, die gesamte Stadterweiterung selbst auch als Architekt gestalten zu wollen.

Schumacher blieb nicht lange genug in Köln, als dass man dort mit seinen flexiblen Planungsinstrumenten hätte Erfahrungen sammeln können. Er hat diese Methoden in Hamburg nach seiner Rückkehr noch erheblich perfektioniert und hätte beweisen

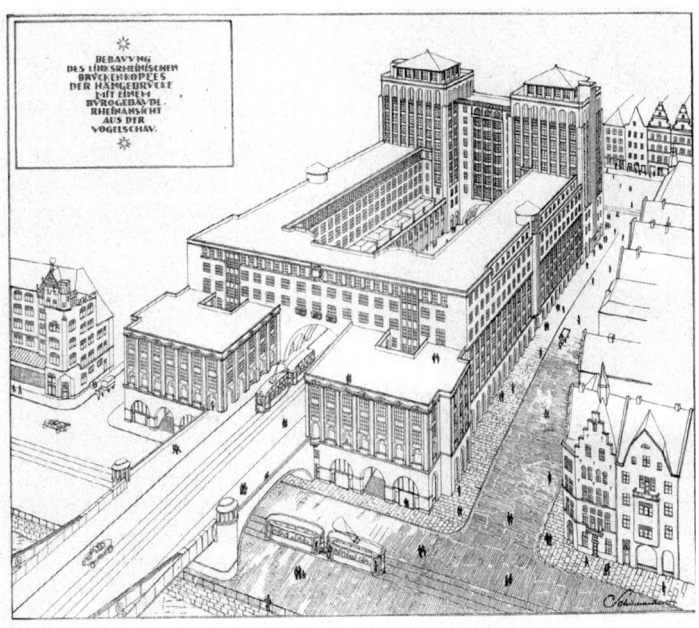

Fritz Schumacher, Vogelschau des linksrheinischen Brückenkopfs zwischen Heumarkt und Hängebrücke, Köln, 1921

können, wie er unter völligem Verzicht auf eigene Entwürfe von Hochbauten die Realisierung seiner städtebaulichen Planungen gestalterisch unter Kontrolle behalten konnte. Diese erarbeitete er nicht abstrakt als System von Fluchtlinien und Kennziffern, sondern er verstand seine Konzepte, auch wenn sie in Form von realistischen Perspektiven oder von Modellen vorgestellt wurden, immer als flexible Instrumente, an Hand derer eine endgültige Realisierungsplanung, sei es von ihm und seinen Mitarbeitern oder von den mit dem Hochbau beauftragten Architekten und Bauträgern, in einem Dialogverfahren erarbeitet werden

„Entwicklungsfragen einer Großstadt" 247

Fritz Schumacher, Linksrheinischer Brückenkopf, Köln, 1921
oben: Ansicht vom Heumarkt
unten: Innenhof mit Blick zur Brücke

sollte. In Köln kam es nie zur Entwicklung solcher Verfahren des „modellmäßigen Entwerfens", und Schumachers von Stübben gelobten prächtigen Stadtbilder konnten nie Realität werden.
Der Generalplan für Köln behandelt das Stadtgebiet insgesamt zwar als Einheit, unterzieht die einzelnen Bereiche: die Altstadt, den inneren Rayon, den Vorstadtring, den äußeren Rayon und den frisch eingemeindeten Norden um Worringen, durchaus

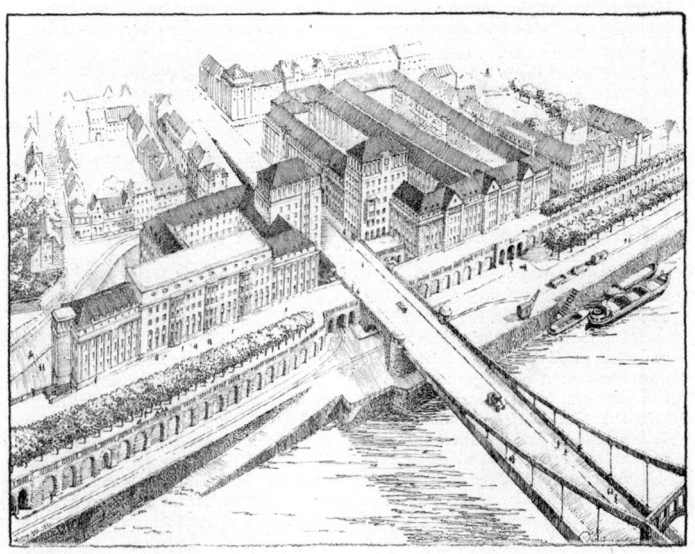

Fritz Schumacher, Rechtsrheinischer Brückenkopf mit Ufergestaltung, Köln, 1921

unterschiedlicher Behandlung. Die einzelnen Quartiere der Stadt werden weder strukturell noch formal gleichbehandelt oder gar vereinheitlicht. Sie bleiben heterogen. Die Einheit der Gesamtstadt wird einerseits durch die technische Infrastruktur garantiert, zum anderen durch übergreifende Frei- und Grünflächenplanung erzeugt. Mit größter Sorgfalt werden die Bebauungspläne für die Wohnquartiere vorbereitet, um ihnen eine möglichst hohe Wohnqualität und geschlossene Erscheinungsform zu geben. Hierfür unterscheidet Schumacher grundsätzlich zwischen den vier- und im Ausnahmefall fünfgeschossigen Wohnblöcken im Bereich des inneren Rayons, im Bereich des ehemaligen Vorstadtkranzes einer dreigeschossigen, von ihm

„mittelstädtisch" genannten Regelbebauung, ebenfalls in Blöcken vergleichbar seiner Modellplanung für den Hamburger Dulsberg und – angrenzend an den Ring der Parks, Freizeit- und Sportanlagen – im Bereich des ehemaligen äußeren Rayons eine Bebauung mit ein- bis zweigeschossigen Einzelhäusern und Reihenhäusern. Diese Grundtypologien wurden dann noch weiter nach der wirtschaftlichen und sozialen Lage sowie der Familiengröße ihrer Bewohner und Wohnungsgrößen differenziert, sodass für die einzelnen Wohnviertel der Stadt auch eine differenzierte Quartierstypologie vorgeschlagen werden konnte. Für diese Wohnungstypologien wurden nicht nur die Hamburger Vorarbeiten Schumachers aufgegriffen, sondern sehr sorgfältig auch entsprechende Arbeiten wichtiger Zeitgenossen, so von Adolf Rading, Peter Behrens, Heinrich de Fries und anderen, konsultiert und verglichen.

Die geringsten Interventionen werden für das Gebiet der historischen Altstadt vorgeschlagen. Sie betreffen lediglich einige historische Ensembles, so den Dombereich, die nähere Umgebung von St. Pantaleon und Groß St. Martin, die Rathausumgebung, den Gürzenichplatz und den Heumarkt. Die Gestaltung des Heumarkts und der Brückenköpfe der Deutzer Brücke stellt in diesem Zusammenhang einen Sonderfall dar, weil es hier nicht um eine behutsame Erneuerung eines historischen Ambientes ging, sondern um die Bewältigung einer aktuellen Verkehrsproblematik und einen Vorschlag für ein veritables Hochhaus von zwölf Geschossen, das sich in die historische Stadtsilhouette einfügen sollte. Alle anderen modernen Cityfunktionen sollten von der Altstadt ferngehalten und in den neuen zentralen Bereich beim Aachener Weiher verlagert werden, allenfalls noch an die Querungen der großen Radialstraßen durch den Ring des inneren Rayons. Dort nördlich des Aachener Weihers sollte an der Aachener Straße zudem ein neuer Bahnhof zur Entlastung des Hauptbahnhofs entstehen. In den späteren Varianten des Planes sind dort nicht mehr palastartige Volkshäuser und Universitätsbauten dominant, sondern hohe Geschäftshäuser ganz ähnlicher Gestalt wie die Brückenköpfe an der Deutzer Brücke, mit einem als Stadttor ausgebildeten Bürohochhaus auf der Kölner und zwei flankierenden auf der Deutzer Seite.

Für Schumacher hatte diese Brückenkopfplanung ein unerfreuliches Nachspiel. Hier ließ er sich von Adenauer dazu überreden, selbst als Architekt aktiv zu werden. Schon nach Hamburg zurückgekehrt, fertigte er für einen privaten Investor zu dem Brückenkopf einen zweiten Entwurf an. Dieser war erforderlich geworden, weil die Brücke inzwischen erheblich verbreitert worden war und die in der ersten Fassung vorgeschlagene Durchfahrtbreite nicht mehr ausreichte. Das Projekt konnte ebenfalls nicht verwirklicht werden, weil der Investor erneut wechselte und die Stadt danach einen offenen Wettbewerb ausschrieb, an dem Schumacher sich nicht mehr beteiligen mochte und dessen Ergebnisse er als einen „Hexensabbat" beschimpfte. Zum größten Bedauern Adenauers ließ sich Schumacher nicht in Köln halten, sondern ging 1923 wie vereinbart zurück nach Hamburg. In Köln erreichte er, dass sein Mitarbeiter Wilhelm Arntz und der Gartenbaudirektor Fritz Encke mit der weiteren Ausarbeitung der Generalplanung beauftragt wurden. Diese Planung war nicht abgeschlossen, lag aber als Zwischenergebnis bereits in einem so hohen Detaillierungsgrad vor, dass Schumacher sie noch 1923 unter Mitwirkung von Wilhelm Arntz in Buchform veröffentlichen konnte. Sie erhielt den Titel *Köln. Entwicklungsfragen einer Großstadt* und ist dem Kölner Oberbürgermeister Konrad Adenauer gewidmet, mit dem Schumacher zeitlebens in freundschaftlichem Kontakt bleiben sollte. Es war keine der üblichen kommunalen Planveröffentlichungen, sondern ein Grundsatzwerk zur modernen Großstadtplanung am Beispiel des Kölner Generalplans.

Man sollte das Buch nicht nur als ein Dokument dieser höchst komplexen und sehr ins Detail gehenden Planung lesen, sondern zugleich auch als eine Zusammenfassung und Anwendung der Ergebnisse der deutschen Städtebaudiskussion seit der Jahrhundertwende. Schumacher präsentiert die Kölner Generalplanung als eine exemplarische Entwicklungsplanung für eine moderne Großstadt, die sowohl vom konzeptionellen wie vom planungsmethodischen und vom gestalterischen Standpunkt größtes Interesse verdient hat. Es gibt in der Stadtplanungsliteratur keine vergleichbare Untersuchung zur Großstadtplanung. Die Resonanz der Veröffentlichung in der deutschen Fachwelt lässt dennoch zu wünschen. Sie ist nicht vergleichbar mit den

Debatten um die Ergebnisse des Wettbewerbs von 1919. Ganz anders in den benachbarten Niederlanden, wohin Schumacher zu einer Reihe von Vorträgen eingeladen wird und wo in Den Haag vom „Haagse Kunstkring" für ihn eine Ausstellung seines Werkes mit dem Schwerpunkt auf der Kölner Planung organisiert wird. Diese Ausstellung wird zu seinen Lebzeiten die einzige bleiben, die ausschließlich ihm und seinem architektonischen und planerischen Werk gewidmet ist. Weitere Ausstellungen wird es erst 1969 und 1994 in Hamburg anlässlich seines 100. und seines 125. Geburtstags geben.

Schumachers Werk fand bereits in den Jahren nach dem Ersten Weltkrieg und der gescheiterten Revolution nicht mehr die gleiche Anerkennung wie vor 1914. Eine Reihe seiner Mitstreiter in der Reformbewegung und im Deutschen Werkbund schickte sich an, der Nachkriegsgesellschaft eine vom Ballast der Tradition gereinigte „Neue Stadt" in neuartiger Architektur vorzuschlagen. Ihnen schien es höchste Zeit, den Künstlerarchitekten durch den Ingenieurarchitekten zu ersetzen. Hinter diesem Dissens steckte weniger eine tatsächlich veränderte Rolle des Architekten als vielmehr der alte Streit um Form und Inhalt, der sich diesmal an der Frage nach dem utopischen oder realistischen Gehalt einer Planung und nach dem Grad von Abstraktion oder Realismus in der Gestaltung entzündete. Dieser Dissens erhielt große Publizität und überlagerte bald den sicherlich ebenso wichtigen Konsens, der sich in Deutschland in den ersten beiden Jahrzehnten des 20. Jahrhunderts über die Frage der modernen Großstadt und über die Ziele der Stadtplanung herausgebildet hatte. Denn über alle stilistischen Differenzen hinweg waren sich die deutschen Architekten und Stadtplaner weitgehend darüber einig, dass die Stadt der Zukunft das soziale, hygienische und organische Gegenbild der überkommenen real existierenden Stadt werden müsse. Die große Gärungszeit des deutschen Städtebaus gehörte in den Jahren nach dem Ersten Weltkrieg bereits der Vergangenheit an. Eine fünfzigjährige Debatte hatte eine neue Disziplin neben der Architektur entstehen lassen, nahe verwandt, aber durchaus mit eigenen Konzepten, Dogmen, Orthodoxien und Häresien.

Der Konsens über die „Neue Stadt" war breiter als der über das „Neue Bauen". Der 1927 anlässlich des gewaltigen propagandistischen Erfolgs der Stuttgarter Werkbundausstellung am Weißenhof von maßgeblichen Kritikern verkündete „Sieg des Neuen Bauens" ist kaum zugleich als Sieg eines neuen Städtebaukonzepts zu sehen. Zwar gab es auch heftig diskutierte Vorschläge für einen nur funktionalen und nicht mehr künstlerisch verstandenen Städtebau, aber diese Konzepte blieben theoretische Erörterungen, denen sich keine Praxis eröffnete. Selbst die rigidesten Vorschläge für Wohnsiedlungen mit einheitlich in Nord-Süd-Richtung aufgereihten Zeilenbauten stellten das nach der Jahrhundertwende aufgestellte Konzept der aufgelockerten, nach Bauzonen gegliederten und durchgrünten Großstadt nicht in Frage, sondern ordneten sich ihm reibungslos ein. Mit diesem künftig „Stadtlandschaft" genannten Konzept erschließt sich der Stadtplanung eine neue territoriale Dimension. Der Gestaltungsanspruch des Stadtbaukünstlers, der in der Sitte-Nachfolge noch auf den Platz und den Straßenraum beschränkt geblieben war und sich dann mit dem Konzept des sozialen Gesamtkunstwerks den gesamten städtischen Raum erobert hatte, dehnt sich jetzt auf die Region aus.

Der Regionalplaner konnte allerdings immer weniger Raumkünstler sein, weil seine Arbeit sich mehr und mehr von der Einflussnahme auf das tatsächliche Baugeschehen entfernte. Der Generalplan für Köln musste so trotz seiner realistischen Prämissen notwendig zur Utopie werden, zur Idealvorstellung eines harmonisch und einheitlich gestalteten Stadtkörpers, die zwar nicht realisiert wurde, aber als Leitidee für Teilkonzepte und für das städtebauliche Denken der folgenden Jahrzehnte wirksam blieb. Schumachers Köln wurde nicht wortwörtlich, sondern nur in Teilbereichen wie im äußeren Parkring gebaut. Aber es wirkte als Konzept und Ideenreservoir bis in die Wiederaufbauplanung der Nachkriegszeit.

Für Hamburg wird es eine vergleichbare Generalplanung nie geben. Schumacher kehrt 1923 dorthin zurück und erhält endlich den Titel und die Machtfülle eines Oberbaudirektors, dem tatsächlich außer dem Amt für Strom- und Hafenbau alle Hamburger Bauämter unterstellt sind, ganz wie er es sich von Anfang an gewünscht hat. Doch in der Stadtplanung kann er weiterhin nur Fragmente realisieren – das Kontorhausviertel

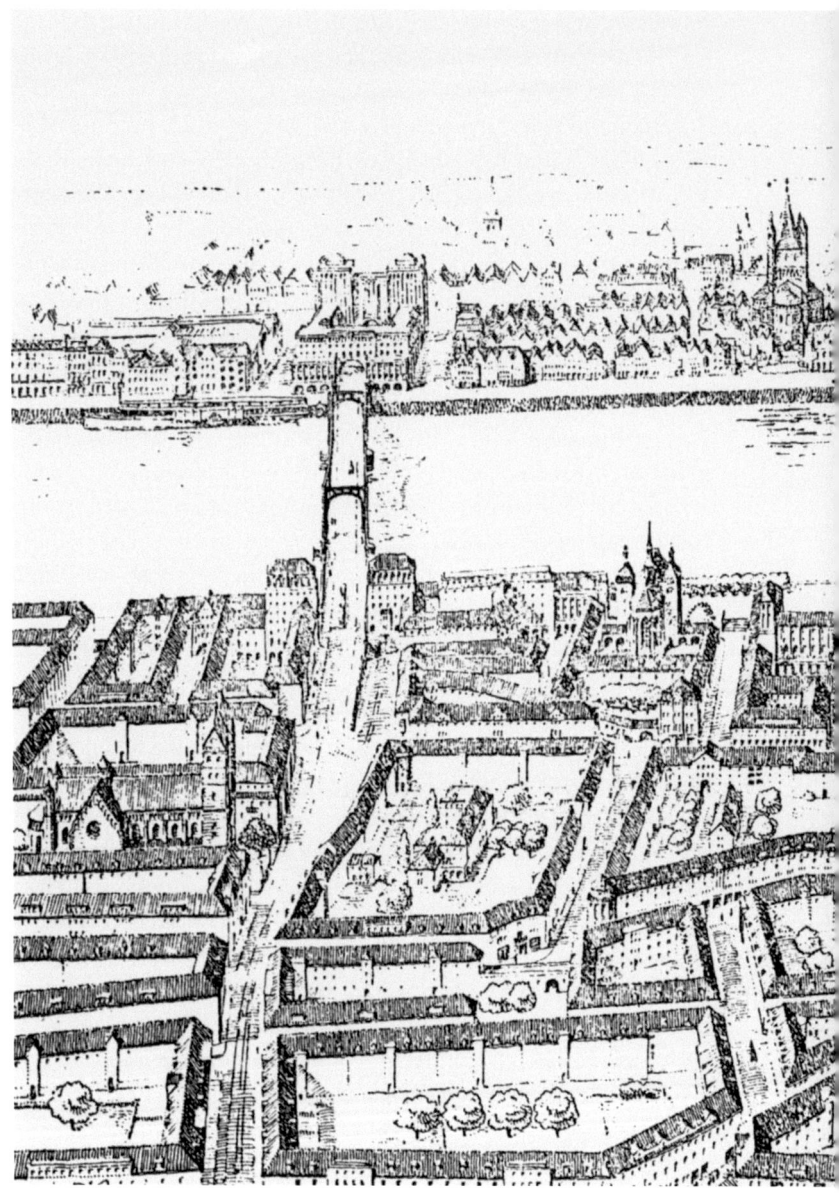

Fritz Schumacher, Gestaltung des rechtsrheinischen Gebiets und Blick auf die Rheinbrücken und die Silhouette der Altstadt, Köln, 1922

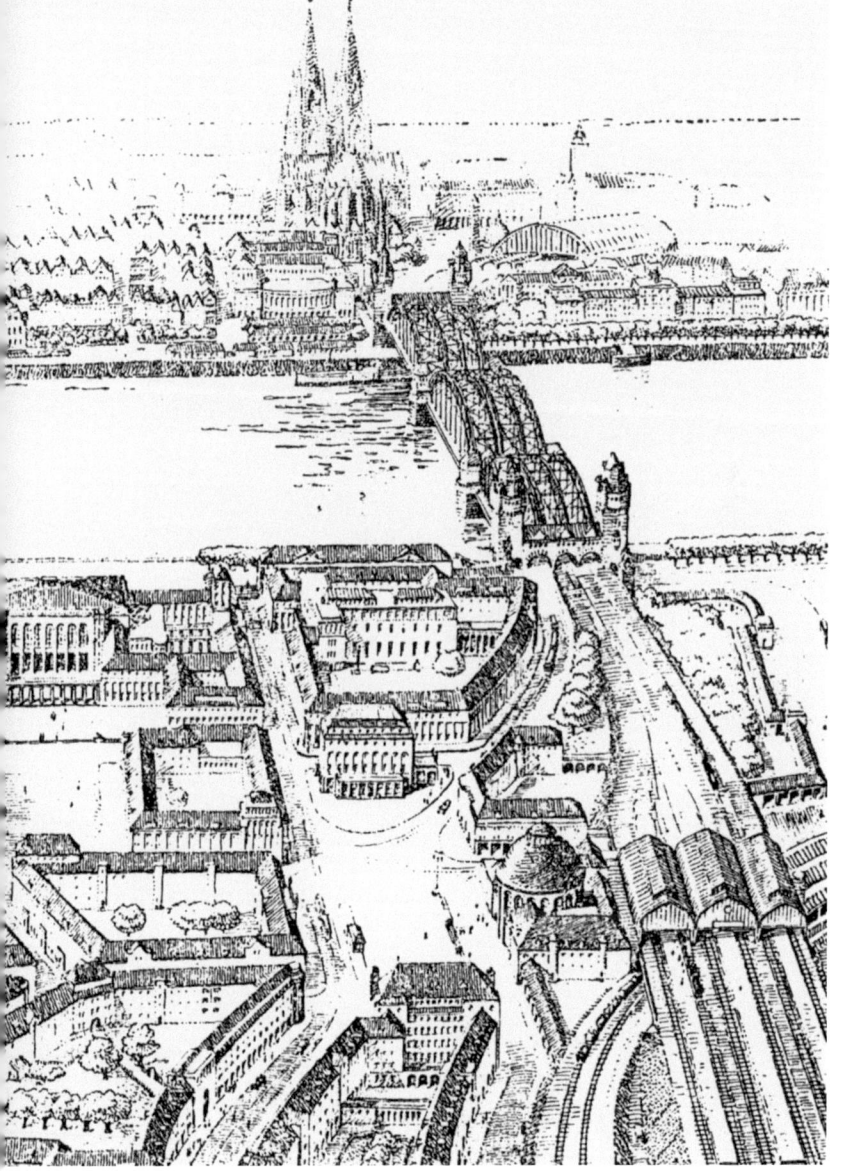

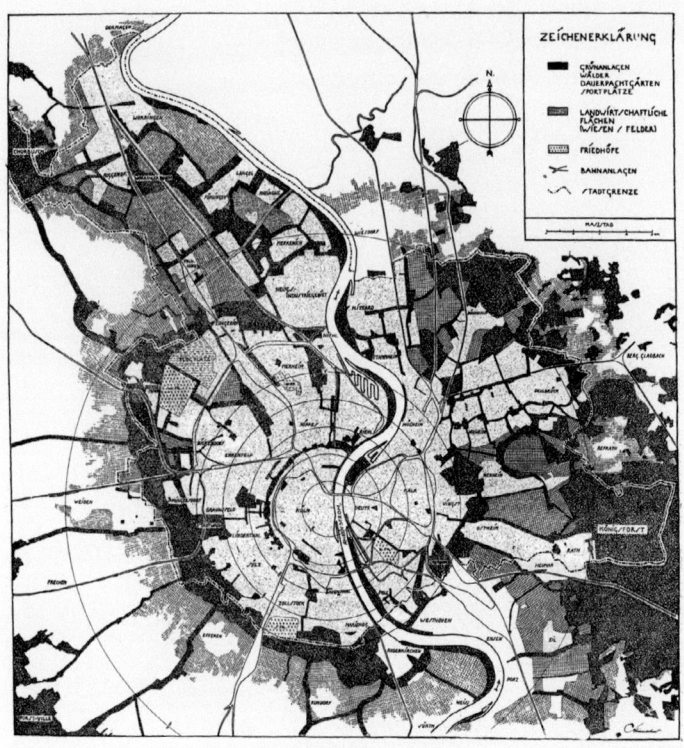

Fritz Schumacher, Plan des künftigen Systems der Grünanlagen und Freiflächen in Köln, 1923

der City und die Wohnstadt der Sozialbausiedlungen –, aber keine umfassende, in die Region ausgreifende Entwicklungsplanung aufstellen. Dafür fehlen die regionalpolitischen Grundlagen, für die er sich schon vor dem Wechsel nach Köln und dann nach seiner Rückkehr mit größtem Engagement eingesetzt hat. Das von ihm inständig geforderte Groß-Hamburg wird es erst 1937 nach seinem Ausscheiden aus dem Amt geben. Seine Denkschriften und endlosen Stunden in den mit der Regionalplanung befassten landesübergreifenden Gremien bleiben nicht folgenlos, aber für ihn und seine Planungstätigkeit kommt die Bildung eines Groß-Hamburg zu spät.

Fritz Schumacher, Volksschule Meerweinstraße in der Jarrestadt,
Hamburg-Winterhude, 1927–28

Zeitfragen und Strömungen

Im Jahr 1935 erschien Schumachers moderne Baugeschichte *Strömungen in deutscher Baukunst seit 1800*, ein Buch, das es trotz seines Erscheinungsjahrs unbedingt verdiente, wieder gelesen zu werden. Es präsentiert die differenzierte Sicht eines Zeitzeugen auf eine nicht nur politisch, sondern auch architekturgeschichtlich turbulente Zeit. Es kann deshalb helfen, den in Deutschland immer enger auf das Bauhaus und seine Protagonisten fokussierten Modernebegriff zu relativieren und größeres Verständnis für die von der Architekturgeschichte weniger beachteten anderen Facetten der Moderne zu wecken. Zugleich kann es uns beim Beantworten der Frage nach der Modernität und gegebenenfalls der Rückwärtsgewandtheit von Fritz Schumacher behilflich sein.
Für erste Hinweise auf Schumachers Art zu argumentieren reicht ein Blick auf die Anordnung der Abbildungen in seinem Buch. Er greift auf die Darstellungstechnik zurück, die Paul Schultze-Naumburg schon vier Jahrzehnte zuvor in seinen „Kulturarbeiten" entwickelt hatte, jener zehnbändigen Schriftenreihe, deren grüne Bände in den Bücherschränken aller Architekten seiner Generation zu finden waren und deren Argumente sich fest in die Köpfe dieser ganzen Generation eingegraben hatten. Schultze-Naumburg war ein begeisterter früher Fotoamateur und hat den Lichtbildern, die er bereits mit einer Kleinbildkamera selbst aufgenommen hatte, in seinen

Schriften eine neue Rolle zugeteilt. Sie führten neben dem Text einen parallelen, fast selbstständigen Diskurs, der spontan beweisen und überzeugen sollte. Hierzu stellte er jeweils zwei Aufnahmen als das falsche und das richtige Beispiel direkt einander gegenüber. Dabei gab es keine Zwischentöne, und er wünschte auch keinerlei Widerrede. Schumacher übernahm die Methode, je zwei Fotos gemeinsam zu präsentieren, wie es

links: Werkbundsiedlung am Weißenhof, Stuttgart, 1927, und Karl Schneider, Wohnhausblock, Habichtsplatz, Hamburg-Barmbek, 1928–29
rechts: Luftfoto der Kleinwohnungssiedlung Jarrestadt, Hamburg-Winterhude, 1929–30, und Paul Mebes und Paul Emmerich, Wohnhausgruppe in Berlin-Schöneberg, 1926–27
(aus Fritz Schumacher, *Strömungen in deutscher Baukunst*, 1935)

Heinrich Wölfflin mit Diapositiven in seinen Vorlesungen bereits gemacht haben soll. Dabei vermied er aber die Schwarz-Weiß-Vereinfachung, betonte nicht das Gegensätzliche und suchte stattdessen immer nach übergeordneten verbindenden Momenten.
Die Seite, auf der er die Stuttgarter Weißenhof-Siedlung den Bauten von Karl Schneider am Habichtsplatz in Hamburg gegenüberstellt, macht diese Vorgehensweise auf exemplarische Weise deutlich. In dieser Gegenüberstellung klingt bereits

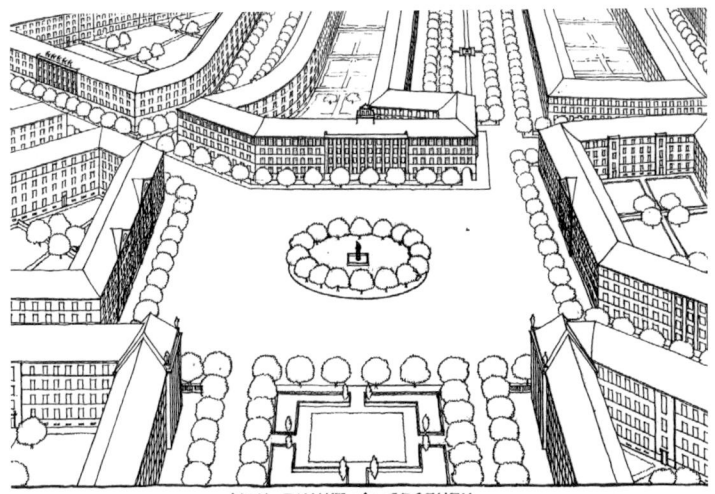

oben: Fritz Schumacher, Vorentwurf zur Gestaltung des Habichtsplatzes in Hamburg-Barmbek, 1919
unten: Luftfoto der nach Entwurf von Karl Schneider 1927 fertiggestellten Wohnbebauung am Habichtsplatz, o. D.

etwas von Schumachers moderatem Modernebegriff an. Bei ihm fehlen die zugespitzten Vereinfachungen, die für die höchst politisierten Architekturdiskussionen im Deutschland der 1920er und frühen 1930er Jahre so charakteristisch waren. Statt nach Extremen suchte er nach graduellen Abstufungen zwischen den Auffassungen, die er jeweils Gegenpolen zugeordnet hat. Die Architektur des gesamten 19. und des 20. Jahr-

Fritz Schumacher, Krugkoppelbrücke über die Alster, Hamburg, 1928

hunderts war für ihn durch solche aufeinanderfolgende Polbildungen charakterisiert, deren Schwerefelder zusätzlich durch innere und äußere Einflüsse modifiziert wurden. Die Pole waren gleichwertig, sie bezeichneten kein Richtig und kein Falsch. Auch der radikalsten Position hat er nie das ernste Bemühen oder gar den Sinn abgesprochen. Schon 1901 in seiner Dresdner Antrittsvorlesung hatte er erklärt, dass es für ihn den einzig richtigen, zeitgemäßen Stil nicht geben könne. Aber zugleich hatte er sich ausdrücklich zu einer stilistisch pluralistischen modernen Architektur bekannt. Die Moderne sei kein ästhetisches Phänomen, sondern ein Charakteristikum der Industriegesellschaft.

Über die Stuttgarter Weißenhof-Siedlung schrieb er in den *Strömungen*: „... an einer Stelle Deutschlands, an der Wohnhausbau in lebensvollem Zusammenhang mit alter Überlieferung besonders reizvoll blühte, trug eine modische Welle das künstliche Erzeugnis einer Siedlung herein, die plötzlich Material, Konstruktion und Typus dieser kleinen Gebilde auf den Kopf stellte. Da solche im letzten Grunde literarische Architektur stets in der Öffentlichkeit die stärkste Beachtung findet, spielt sie weit über ihr praktisches Ausmaß herüber eine Rolle." Er kritisierte die Siedlung, aber er sagte nicht wie andere Zeitgenossen, etwa Schultze-Naumburg, der Weißenhof sei schlechte oder gar „entartete" Architektur. Er bedauerte lediglich, dass die von ihm geschätzte regionalistische Moderne der Stuttgarter Schule, ohne dass er diese direkt beim Namen nannte, in dieser Bauausstellung nicht zum Zuge gekommen sei. Er warf den Architekten der Weißenhof-Siedlung modischen Opportunismus vor und bedauerte den, seiner Meinung nach, allein darauf beruhenden außerordentlichen publizistischen Erfolg der Siedlung.

Was er selbst für besser gehalten hätte, sagte er nur implizit durch die Wahl seiner Beispiele im Bildteil. Überraschenderweise stellte er dort der von Ludwig Mies van der Rohe organisierten Werkbundsiedlung keine Arbeit von Paul Bonatz oder Paul Schmitthenner, den bekanntesten Repräsentanten der Stuttgarter Schule, gegenüber, sondern eine des in Hamburg tätigen Karl Schneider. Dieser ehemalige Mitarbeiter von Peter Behrens und Walter Gropius hatte im Rahmen einer von Schumacher koordinierten Planung seiner Wohnstadt Hamburg den hier als Abbildung gewählten sozialen Wohnungsbau am Habichtsplatz in Barmbek errichtet. In der Kooperation mit dem dirigierenden Stadtplaner waren, suggerierte Schumacher damit, das Talent und der Radikalismus des jungen Architekten in die richtigen Bahnen gelenkt worden und hatten einer gesellschaftlich sinnvollen Aufgabe eine ernste und zeitgemäße Form gegeben. Schneider tendierte grundsätzlich zu einer ähnlichen Architektur wie die Weißenhof-Architekten, insbesondere seine ehemaligen Bürochefs und Lehrer Behrens und Gropius, aber sie bewährte sich auch im Kontext von Schumachers raumkünstlerisch verstandenen Hamburger Siedlungen in Barmbek

Fritz Schumacher, Hangar für Wasserflugzeuge, Travemünde, 1927–28
(Foto: Carl Dransfeld)

oder in der Jarrestadt, wo er möglicherweise mit seinen harten Baukörpern noch besser zur Geltung kam, obwohl er sich dem Diktat des „modellmäßigen Entwerfens" und des obligaten roten Backsteins Schumachers unterwerfen musste.
Fritz Schumachers Position war abwägend, aber sie war deshalb nicht neutral. Er wusste zwischen der Darstellung von Zeitströmungen und seiner subjektiven Position als Baukünst-

Willem M. Dudok, Rathaus Hilversum, Ansicht vom Wasserbecken, 1928
(Foto: C.A. Deul)

ler zu trennen. Obwohl ihn seine amtliche Hamburger und Kölner Stellung zu parteipolitischer Neutralität verpflichtete, hat er in den Auseinandersetzungen der 1920er Jahre mehrfach in ästhetischen und politischen Fragen Partei ergriffen. Er wurde in diesen Jahren von den radikaleren Vertretern seiner Zunft bereits nicht mehr zu den Modernen gezählt und als einer der ihren angesehen, obwohl er doch in der Zeit vor dem Ersten Weltkrieg ebenso wie auch Paul Schultze-Naumburg oder Hermann Muthesius ein eindeutiger und maßgebender Beförderer der Reformbewegung gewesen war. Einige Kollegen, die sich zur Avantgarde zählten, sahen in ihm bereits einen rückwärtsgewandten Zauderer, der jedoch unerklärlicherweise noch immer über eine große und überzeugte Schar von Bewunderern verfügte und deshalb nicht ungefährlich war. Die seinerseits unverhohlen geäußerte kritische Distanz zu dieser Avantgarde im Verbund mit seiner anerkannten Autorität als Architekt, Stadtplaner und Fachkritiker hatte

Fritz Schumacher: Entwurf einer „Monumentalbühne", Hamburg, 1920
(Probeentwurf zu *Iphigenie auf Tauris* von Goethe)

irgendwann zur Folge, dass er von Paul Schultze-Naumburg eingeladen wurde, an den Sitzungen der von ihm gemeinsam mit Paul Bonatz, Paul Schmitthenner und anderen gegründeten baukulturellen Organisation „Der Block" teilzunehmen. Diese Sammlung vorwiegend traditionell gesinnter Gegner der radikal Modernen hatte sich 1928 im Haus von Schultze-Naumburg unterhalb der Burg Saaleck als Antwort auf den schon zwei Jahre zuvor in Berlin von Hugo Häring und Ludwig Mies van der Rohe gegründeten „Ring" zusammengefunden. Man verstand sich als eine streitbare Kampfgruppe gegen die Konkurrenz der nach dem Erfolg der Stuttgarter Ausstellung propagandistisch stark beachteten „Ring"-Architekten. Nach anfänglichem Zögern hatten sich Schumacher und einige weitere, darunter auch Werner Hegemann, dem „Block" angeschlossen. Als Schultze-Naumburg 1932 massiv dazu überging, den „Block" für seine politischen Ziele einzuspannen,

Zeitfragen und Strömungen 267

zogen Schumacher und Hegemann, aber auch Paul Bonatz sich wieder aus der Gruppe zurück.

Die Architekten des „Blocks" waren ebenso wenig eine homogene Gruppe wie die des „Rings". Vielleicht sogar noch weniger, denn sie hatten sich ohne artikulierte gemeinsame Ziele als eine Gegenbewegung gegründet, die vor allem gegen die erfolgreiche Öffentlichkeitsarbeit des „Rings" wirken wollte. Ihre Vorstellung von einer traditionsbewussten und harmonischen modernen Baukultur war sehr allgemein und basierte kaum auf vergleichbaren gestalterischen Positionen. In einem der biographischen Aufsätze seiner 1949 postum erschienenen *Selbstgespräche* schrieb Schumacher über diese Episode: „Als sich in den zwanziger Jahren in Berlin die radikalen Neuerer wie Taut, Poelzig, Martin Wagner zu einer Gruppe ‚Ring' zusammenschlossen, ... rief das, von Berlin ausgehend, eine Gegenbildung hervor, in der Bestelmeyer und Bonatz besonders markante Erscheinungen waren. Sie nannte sich ‚Block'. Auch ich schloß mich ihr an, habe die Vereinigung aber 1933 durch meinen ostentativen Austritt gesprengt, weil ihr Organ allmählich zum Sprachrohr einer fanatischen, alle möglichen Nebengebiete berührenden Agitation Schultze-Naumburgs wurde."

Diese „Nebengebiete" betrafen vor allem die bereits lange vor 1933 fest in die nationalsozialistische Propaganda eingebettete und diese auch im kulturellen Bereich determinierende Rassenkunde und nordische Kunsttheorie, die von Schultze-Naumburg und seinem Schützling, dem ominösen Rassentheoretiker Hans Günther, in zahlreichen Veröffentlichungen verbreitet wurden. Als langjähriger Unterstützer der von Friedrich Naumann und Walther Rathenau geprägten liberalen Deutschen Demokratischen Partei müssen Schumacher die Pseudowissenschaftlichkeit dieser Theorien und das Abdriften des Bundes in das Fahrwasser nationalsozialistischer Kulturpolitik zutiefst widerstrebt haben. Schumacher und andere Liberale zogen sich daher aus dem „Block" zurück, und dieser wurde dann tatsächlich sehr bald mit dem nationalsozialistischen „Kampfbund für Deutsche Kultur" gleichgeschaltet. Von einem ostentativen Sprengen der Gruppe durch Schumacher konnte allerdings keine Rede sein. Dieser Satz erschien erst nach der NS-Zeit in den *Selbstgesprächen* und nicht 1935 in dem von der Zensur

Fritz Schumacher, Volksschule Wendenstraße, Hamburg, 1928–29

kontrollierten Erinnerungsband *Stufen des Lebens*, in denen er sich über Schultze-Naumburg nur mit der gebotenen Vorsicht geäußert und die Episode eines ostentativen Austritts aus dem „Block" wohlweislich nicht erwähnt hat.

Nach 1933 konnte und wollte Schumacher nicht mehr bauen. Er war der Reichskulturkammer nicht beigetreten, was Voraussetzung für das Planvorlagerecht gewesen wäre. Dass er das gekonnt hätte, beweist seine Mitgliedschaft in der Reichsschrifttumskammer, die wiederum für seine Autorentätigkeit Bedingung war. Bis zu seinem Lebensende 1947 arbeitete er ausschließlich schriftstellerisch. Bemerkenswerterweise finden sich in nahezu allen seinen Veröffentlichungen nach 1933 Stellungnahmen zum sogenannten Neuen Bauen und Auseinandersetzungen mit den Positionen von führenden Repräsentanten dieser Architekturrichtung wie Le Corbusier, Gropius, Mies van der Rohe und anderen, die sich trotz ihrer grundsätzlichen Kritik markant von der plumpen Rhetorik Schultze-Naumburgs und der NS-Propaganda unterscheiden.

Auch Schumacher kritisierte Gropius und das Bauhaus, aber er verfiel, wie bereits gesagt, dabei nie in eine schrille Polemik. Er hat Gropius nie das ernste Bemühen um eine Weiterentwicklung der Baukultur abgesprochen, sondern fand an seinen Architekturen immer noch Aspekte, die eine abwägende kritische Beurteilung verdienten. Obwohl es nach 1933 politisch sicherlich nicht opportun war und unter Umständen die Drucklegung eines Buches insgesamt gefährden konnte, bildete Schumacher das Gebäude des Dessauer Bauhauses in den *Strömungen* ab und besprach es im Text. Später in den *Selbstgesprächen* schrieb er: „In einem Werk wie dem ‚Bauhaus'-Gebäude steckt solch eine Summe von Energie, von Überlegung und von Können, daß, auch wenn man das Ergebnis verneint, es garnicht möglich ist, mit einem bloßen Achselzucken daran vorüberzugehen."

Was ihn am Bauhausgebäude zum Nachdenken gebracht habe, hatte er in den *Strömungen* geschrieben: „… beim Ateliergebäude des Dessauer ‚Bauhauses' von Gropius werden Auskragungen des Eisenbetongerüsts dazu benutzt, um riesige Schürzen aus Glas unsichtbar zu tragen, so daß man zwar verblüfft wird, aber es dennoch unbehaglich empfindet, wie der dekorative Effekt der glitzernden Flächen an die Stelle eines statisch haltbaren Gefüges tritt. Das sind artistische Kunststücke, die geistreich sein mögen und deshalb viel bewundert sind, die aber, als wegweisende Leistungen genommen, in die Irre führen." Und er verallgemeinert dann eine Seite später seine Kritik zu einem Credo: „Alles was das architektonische Schaffen ablenkt von der Klarheit des Raumgefühls und seinem Widerspiel, dem Gefühl für die Klarheit plastischer Massen, rüttelt an den Fundamenten der Architektur. Es gibt für das bauliche Gestalten organische Vorstellungen, die unabhängig sind von jeder Technik, die infolgedessen auch durch keinerlei neue technische Möglichkeiten umgestoßen werden können."

Auf Gropius, den Architekten des Dessauer Bauhauses, verweist er im gleichen Buch noch zweimal. Er schreibt im Text über die Fagus-Werke in Alfeld von 1911 und zeigt in den Abbildungen das Bürogebäude auf der Werkbundausstellung von 1914 in Köln. Mit dem in diesem Zusammenhang gegebenen Hinweis auf die neuen Möglichkeiten und Notwendigkeiten in der Architektur spielte er auf die Diskussionen über die Rolle der Technik an, die im Deutschen Werkbund, dem er sich als Mitbegründer in besonderer Weise verbunden sah, in diesen Jahren intensiv geführt worden waren. Er schreibt: „Schon vor dem Kriege galt das Interesse der Schaffenden dem technischen Einschlag, der als etwas neu Gestaltbares und Gestaltung Forderndes in bestimmten Aufgaben der Baukunst hervortrat." Die gemeinsame Matrix der Werkbundvergangenheit verband für Schumacher selbst so gegensätzliche Personen wie Schultze-Naumburg und Gropius noch miteinander und machte deren sich diametral gegenüberstehende Konzepte diskutierbar.

Sein eigenes Modernekonzept hatte sich in diesem Umfeld gebildet und ihn zu Positionen gebracht, die sich am ehesten mit denen Theodor Fischers und des Münchner Sonderbunds, mit der Stuttgarter Schule von Paul Bonatz und Paul Schmitthenner sowie mit den journalistischen Bestrebungen Werner Hegemanns oder Herman Sörgels in Beziehung bringen lassen. Die Lehre am Bauhaus ging für ihn von einer richtigen Analyse aus, nur entwickelte sie sich von dem Moment an in die falsche Richtung, als Funktion und Konstruktion absolut gesetzt wurden und der Architektur ihre Rolle als Träger von Sinn und Inhalt abgesprochen wurde. Für Schumacher liegt der Fehler nicht in

Fritz Schumacher, Höhere Real- und Volksschule Volksdorf,
genannt Walddörferschule, Hamburg, 1928–29, Modellfoto

der primären Beschäftigung mit Funktion und Konstruktion, sondern in dem Ausklammern der symbolischen und sinngebenden Rolle der Architektur, der er unbedingt den Vorrang gibt. Schumacher steht mit dieser Position nicht allein, weder in der deutschen noch in der internationalen Diskussion. An mehreren Stellen hat er über vergleichbare Tendenzen beim Umgang mit Technik und Moderne in anderen Ländern berichtet. Für die Zeit nach dem Ersten Weltkrieg hob er die Architekturentwicklung der Niederlande in besonderer Weise hervor. Dieses Land war neutral geblieben, weshalb dort während des Krieges geplant, gebaut und Neues geschaffen werden konnte. Er erwähnt auch Frankreich, wo unter dem Einfluss von Robert Mallet-Stevens oder Le Corbusier und, vor allen anderen, von

Fritz Schumacher, Feuerwache am Zollhafen, Hamburg, 1913
(abgebrochen 1986)

August Perret sehr viel Neues entstanden und letztlich eine Weiterentwicklung des klassizistischen Gedankenguts bewirkt worden sei. Dann verweist er immer wieder auf die Vereinigten Staaten, die er, der ja seine Jugendjahre in New York verbracht hatte, immer in besonderer Weise im Blick behalten hatte. Er hatte immer Kontakte zu Persönlichkeiten wie dem Stadtplaner John Nolen, zu dem einflussreichen Kritiker Louis Mumford

Fritz Schumacher, Feuerwache am Rugenberger Hafen, Hamburg, 1930
(im Krieg beschädigt, ca. 1950 abgebrochen)

und anderen gehalten, und diese haben ihn zum Teil mehrfach in Hamburg besucht.

Auf die Niederlande kommt er am häufigsten zu sprechen. In einem längeren Aufsatz in den *Rundblicken*, der 1936 erschienenen Fortsetzung seines Memoirenbands *Stufen des Lebens*, berichtet er über eine Reise, die ihn 1930 nach Amsterdam und Rotterdam und dann noch nach Antwerpen geführt hatte.

Fritz Schumacher, Gebäude der Finanzdeputation am Gänsemarkt, Hauptkassenhalle, Hamburg, 1926

Hierin macht er deutlich, wie nahe er sich stets der niederländischen Architektur gefühlt habe, und er zeigt zugleich, wie präzis er die unterschiedlichen Tendenzen der dortigen modernen Architektur zu beurteilen wusste. Er beginnt mit seinen Eindrücken von der sogenannten Amsterdamer Schule und beschreibt den Besuch des Börsengebäudes von Hendrik Petrus Berlage und der Siedlung „Eigen Hard" von Michel de Klerk. De Klerk sei ihm zu romantisch. Er stellt dessen Architektur in eine Reihe mit den phantastischen Übertreibungen Bernhard Hoetgers in Bremen. Aber auch zu Berlage, mit dem ihn bereits eine lebenslange Freundschaft verband, bezieht er eine überraschend differenzierte Position. Er bewundere an der Börse „die herbe Eckig-

Fritz Schumacher, Gebäude der Finanzdeputation am Gänsemarkt, Hamburg, 1914–26

keit dieser Architektur, (den) Mangel jeder Ornamentik, die kompromisslose Art, in der die Eisenkonstruktion ‚ohne künstlerische' Vermittlung im Inneren gezeigt wurde", aber er kritisiert Berlages Dogma einer primär aus Material und Konstruktion abgeleiteten Form und vermisst eine vorrangige Suche nach dem „symbolischen Ausdruck der Architektur".

Diese Kritik überrascht, wenn wir an seine eigenen Gestaltungsversuche mit Beton und Stahl denken. Schon in den Jahren vor dem Ersten Weltkrieg hatte er in Leipzig und in Hamburg bei Schulbauten mit Sichtbeton gearbeitet, gestalterisch besonders gelungen bei der Hamburger Kunstgewerbeschule. Bei den späteren Schulbauten, beispielsweise an der Wendenstraße, am Wiesendamm in der Jarrestadt oder in der Walddörferschule eroberte der Sichtbeton nach den Eingangshallen und Treppenhäusern auch die Außenhaut der Gebäude. Ähnliches passierte mit den Stahlkonstruktionen, die er früh für die riesigen Dachstühle und dann in den 1920er Jahren für Flugzeughangars eingesetzt hatte, bei denen er die gewaltigen Tore in diesem Material gestaltete. Ähnlich wie Theodor Fischer oder Paul Bonatz hatte auch er bei seinen Bauten an den Einsatz der sogenannten neuen Materialien gedacht und auch mit ihnen einen zeitgemäßen Ausdruck zu finden versucht.

Weder bei ihm noch bei Berlage wird die Materialwahl je Selbstzweck, sie wird nur unterschiedlich stark als formgebend herausgestellt. Schumachers Kritik war nicht grundsätzlich, insgesamt blieb sein Urteil über die Amsterdamer Schule positiv. Insbesondere bewunderte er die einheitliche Sprache, die dort für die Gestaltung des öffentlichen Raumes gefunden worden sei: „Aus der Verbindung von Laden und Wohnhaus ... wurde ein reizvolles Motiv entwickelt, die Kultur des Fensters wurde neu belebt, das Treppenhaus wurde zum hauptsächlichen, die Massen gliedernden Element, und alles wurde zu einfachem Anstand zusammengehalten durch die Herrschaft eines gepflegten Backsteinmauerwerks." (*Rundblicke*, S. 166) Fast könnte man meinen, er spräche über seine Wohnstadt Hamburg. Eine Geistesverwandtschaft der Amsterdamer mit seiner ‚Hamburger Schule' ist kaum zu übersehen.

Der romantischen Amsterdamer Schule stellte er die rationalistische Architektur Rotterdams gegenüber: „In Amsterdam liegt über der Wirklichkeit noch eine zweite Zone voll Geheimnis und Phantastik, Rotterdam imponiert durch die Großartigkeit seiner Nüchternheit." Die Schilderung seiner Begegnung mit dem Stadtbaumeister von Rotterdam, dem international berühmten Jacobus Johannes Pieter Oud, „in seinem bescheidenen Vorstadthäuschen" ist eindrucksvoll: „Ich fand einen mit dem Leben hadernden Menschen. Bisher hatte ich mir noch gar nicht klargemacht, daß Ouds Ruhm ausschließlich ausging von den Arbeiterkolonien, die er mit äußerst wirtschaftlicher Präzision und äußerstem formalen Feingefühl in die Welt gesetzt hatte. ... er sehnte sich nach Aufgaben mit großem monumentalen Programm." Zu Schumachers größter Überraschung schien Oud nicht stolz auf seine eigenen Wohnungsbauten zu sein, die ihm doch international höchste Anerkennung eingebracht hatten. Oud beneidete vielmehr seinen Hilversumer Kollegen Willem Marinus Dudok und wohl auch Schumacher um die zahlreichen „sozialen Monumente", die sie in ihren Städten bisher errichten konnten.

Dieser Passus in den *Rundblicken* ist aus unserer heutigen Perspektive besonders interessant, weil Oud in den 1940er Jahren massiv unter den Beschuss der radikalen Architekten Europas für seine späteren Verwaltungsbauten gekommen ist, die er gar nicht mehr so rationalistisch pur wie seine Wohnsiedlungen, sondern durchaus monumental im Sinne von Dudok oder Schumacher aufgefasst hatte. Bei den ersten Tagungen der CIAM (Congrès Internationaux d'Architecture Moderne) nach dem Zweiten Weltkrieg wurde Oud deshalb als ein Renegat der Moderne angegriffen. Schumacher wird nie einer ähnlich heftigen Kritik unterzogen werden, obwohl er lebenslang Ähnliches angestrebt und dies stets mit seinem Künstlertum und mit dem Wunsch nach Ausdrucksstärke begründet hat. Allerdings war Schumacher auch nie ein Vorzeigearchitekt der Avantgarde wie Oud, so gesehen wurde er auch nie ein Renegat. Sein Werk erfährt in den Nachkriegsjahren deshalb lediglich eine allgemeine Nichtachtung durch die Architekturkritik; für die Hagiographie der Moderne war er bereits seit dem Ersten Weltkrieg uninteressant geworden.

Trotz seiner Sympathie für Oud lässt er sich von dessen Begeisterung für Dudok anstecken und erklärt diesen ebenfalls zu seinem eindeutigen Favoriten in Holland. Die Bauten dieses Stadtarchitekten von Hilversum hatten ihm den allergrößten Eindruck gemacht, und er wird nach seinem Besuch weiterhin mit ihm korrespondieren. Er schwärmte regelrecht: „Dudok weiß dem Backsteinbau alle Herbheit zu nehmen, die Art, wie er große Glasflächen zwischen das Mauerwerk schiebt, wie an einzelnen Stellen farbige Keramik aufleuchtet, wie die Silhouette sich aufbaut, und vor allem wie der Bau in Verbindung steht mit Blumen und Grün, übertönt jeden Ernst des Mauerwerks." Dudok führte ihn durch seine Stadt und zeigte ihm das erst im Rohbau fertiggestellte Rathaus. Nach dessen „Vollendung wird der liebenswürdige Geist dieses Meisters die kleine Stadt in einem Maße beherrschen, wie man das in unserer Zeit kaum anderwärts erlebt".

Dudoks Architektur in Hilversum, insbesondere seine Schulen und das Rathaus, hat nicht nur in der Entwurfsidee eine verblüffende konzeptionelle Nähe zu Schumachers sozialen Monumenten, sondern – nach der persönlichen Kontaktaufnahme und dem Besuch sicher nicht zufällig – auch eine erkennbare formale Verwandtschaft zu Schumachers späten Hamburger Bauten. Dudok hat Architekturen geschaffen, deren Monumentalcharakter vor allem ihrer räumlichen und plastischen Volumenentwicklung geschuldet ist. Sie wird durch eine radikale Reduktion auf einfache stereometrische Körper erzeugt. Dudok gelingt tatsächlich, was Oud zu diesem Zeitpunkt noch vorschwebt. Beide, sowohl Oud wie Schumacher, werden ihm nacheifern. Aber Dudok, wenn man von seinem Rotterdamer Kaufhaus „de Bijenkorf" absieht, wird es ebenso wenig wie Schumacher gelingen, in die erste Garde der radikalen und weltweit gefeierten Architekten eines neuen ‚internationalen Stils' aufgenommen zu werden. Er behält eigentlich auch immer ein wenig wie Schumacher den Ruf, im Fahrwasser des Traditionellen hängen geblieben zu sein, nicht obwohl, sondern weil er sich weiterhin um einen monumentalen Charakter seiner Kommunalbauten bemüht hat.

Es ist präzise diese Suche nach dem monumentalen Charakter der modernen Architektur, die Schumacher von den Versuchen seiner radikaleren Zeitgenossen unterscheidet. Diese hatten nach dem Ersten Weltkrieg die künstlerischen Aspekte des

Fritz Schumacher, Grundbuchhalle im Erweiterungsbau des
Ziviljustizgebäudes, Hamburg, 1927–30

Entwerfens, die eine Monumentalität überhaupt erst möglich gemacht hat, bewusst abgelehnt und sich in einem vorgeblich automatischen Entwerfen versucht, demgemäß sich Form und Gestalt eines Baus rational aus den funktionalen oder konstruktiven Vorgaben herleiten lassen. Bei Schumacher wie bei Dudok und vielleicht auch bei Oud bleibt der Entwurf jedoch immer eine freie und bewusste Willensentscheidung des Entwerfenden, eine künstlerische Setzung, und erst durch sie, gewissermaßen über das Beseelen eines Projekts durch den Genius des Gestaltenden, wird letztlich der Architektur Charakter, Symbolgehalt und Leben eingehaucht.

Schumacher sah Dudoks Werk näher an Berlage und an der Amsterdamer Schule als an der „unerbittlichen Klarheit" der Oudschen Architektur, und sein Bericht über die Begegnungen mit Dudok und Oud gibt uns Hinweise auf seinen Modernebegriff. Dudoks Bestrebungen hatten seine Sympathie, Ouds fanden sein Interesse, trotz eines nicht geleugneten Restes von Befremdung. In den *Rundblicken* beschreibt er seinen Besuch in Rotterdam und die für ihn erstaunliche Begegnung mit zwei Bildern, dem einzigen Schmuck an der Wand in Ouds Wohnzimmer, die ihm viel zu denken gegeben habe. „Das erste war von Mondrian und stellte eine Fläche dar, die durch rechtwinklig sich schneidende Linien von wechselnder Stärke in verschiedenfarbige eigentümlich gegeneinander verschobene Flächen geteilt war. Die verschiedenen Farben waren in verschiedenartiger Oberflächentechnik gegeneinander gesetzt. Ich sah es stumm an, wie etwas, von dem man weiß, daß man es nicht versteht. Das andere Bild war auch ein Mondrian. Und auf den ersten Blick schien es genau das Gleiche zu sein wie das erste." Diese abstrakten Bilder gehörten nicht in seine Welt, er sah sie verständnislos an und staunte über die Aufklärung, die Frau Oud ihm gab: „Oh, sie sind ja nicht gleich – das eine ist doch viel reifer als das andere!" Beim zweiten Hinsehen erkannte auch er Unterschiede und verstand, dass es Harmoniegesetze geben mochte, die zwar diese beiden ihm sympathischen Menschen empfanden, die er aber nicht teilte. Nachdenklich schloss er seinen Bericht über diese Erfahrung: „Mahnt das nicht zur Bescheidenheit in Dingen der Kunst? Wer kann sagen, welche Schwingungen es gibt, auf die man nicht reagiert? Mir scheint

ein tieferer Sinn darin zu liegen, daß ich auf dieser Reise an Eindrücken der bildenden Kunst in Amsterdam nur Rembrandt und in Rotterdam nur Mondrian erlebte."
Schumacher ist 1936 zu einer vorsichtigen Darstellung dieser und zahlreicher weiterer Begegnungen mit avantgardistischen Künstlern der 1920er Jahre gezwungen. Wir müssen deshalb bei seinen Veröffentlichungen aus diesen Jahren auch zwischen den Zeilen lesen. Wichtiger als das jeweilige Fazit ist oft schon die Erwähnung, wen er getroffen hat, mit wem er Kontakt hatte und welche Positionen von diesen Personen vertreten wurden. Umso beeindruckender ist in der Beschreibung seines Besuchs bei den Ouds sein nachdenkliches Fazit mit der Anerkennung seines eigenen Unverständnisses und der impliziten Aufforderung an seine Leser, Kunstauffassungen, die von der eigenen abweichen, stehen zu lassen und sich mit unbedachten Urteilen zurückzuhalten, wohlgemerkt 1936, kurz bevor die Ausstellung „Entartete Kunst" ihre Propagandareise durch Deutschland antreten wird. Schumacher nahm eine ähnlich tolerante Position auch gegenüber den diversen Erscheinungsformen der Architektur seiner Zeit ein. Er konnte radikale Positionen leichter ertragen als deren Autoren seine Werke.
Es ist bemerkenswert, welch außerordentlich hohen Stellenwert die moderne niederländische Architektur für Schumacher gehabt hat. Er hat mehrere Reisen in die Niederlande unternommen, und die dort gewonnenen Eindrücke haben in seinem Werk Spuren hinterlassen. Der ‚moderne' Schumacher der späten 1920er und frühen 1930er Jahre lässt sich aus der holländischen Perspektive besser verstehen als aus jeder anderen, ähnlich wie sein Werk vor dem Ersten Weltkrieg aus der Münchner und Dresdner. Hier sollte nicht unerwähnt bleiben, dass seine Wertschätzung der niederländischen Moderne keine einseitige war, sondern dass sein Werk nirgendwo so positiv gewürdigt worden ist wie gerade in diesem Land. Erinnert sei hier noch einmal an die oben bereits erwähnte monographische Ausstellung, die ihm der „Haagse Kunstkring" 1924 gewidmet hatte, eine Ehrung die er in Deutschland zu Lebzeiten nie erfahren hat.
Schumacher sah sich in den Werken der holländischen Kollegen bestätigt und zog neue Anregungen aus ihnen. Dass er aber

überhaupt erst von ihnen zu seinen eigenen Abstraktions- und Vereinfachungsbemühungen angeregt worden sei, ist sehr zu bezweifeln. Ganz ähnlich wie bei zahlreichen anderen niederländischen, deutschen, skandinavischen oder Schweizer Architekten konnte man auch bei Schumacher während und direkt nach dem Ersten Weltkrieg die verstärkte Tendenz bemerken, die Architektur formal zu bereinigen, zu abstrahieren, das Ornament zu unterdrücken, die Fläche zu betonen, die Baukörper klarer in Erscheinung treten zu lassen. Es ist sicherlich viel zu kurz gegriffen, wenn man dies allein mit den ökonomischen Beschränkungen der Kriegsjahre erklären wollte, denn als Tendenz war Ähnliches in vielen Kunstgattungen auch vor dem Krieg schon da und unübersehbar. Ein Blick zurück auf das Holthusenbad (Abb. S. 178/179) zeigt, dass die Veränderungen auch bei Schumacher nicht als radikale Negation des Vorangegangenen, sondern nur graduell in Erscheinung traten. Dort ist das Gesamtbild noch von den hohen Runddächern der Schwimmhallen und der axialsymmetrisch aufgebauten Monumentalordnung des Mitteltrakts dominiert, aber die Volumina des Baukörpers beziehen ihre monumentale Wirkung bereits in erster Linie aus der Glätte der großen Fenster und der Flächigkeit des ungegliederten Ziegelmauerwerks.

An Projekten wie dem Museum für Hamburgische Geschichte, dem Verwaltungsbau der Finanzdeputation und der Lichtwarkschule (heute Heinrich-Hertz-Schule), deren Bau durch den Ersten Weltkrieg und die folgenden Inflationsjahre unterbrochen worden waren, lässt sich ablesen, dass diese Verschiebung der Gestaltungspräferenzen schrittweise erfolgt ist. Am geringfügigsten sind die Veränderungen am Museum, dort allenfalls in der Ehrenhalle im Obergeschoss erkennbar, umso deutlicher dann an den beiden anderen Gebäuden, die schon ansatzweise der neuen, härteren Linie folgen. In mehreren Entwurfsphasen durchläuft die Gestaltung der Finanzdeputation (Abb. S. 276f.) einen Straffungsprozess, obwohl dieser in der Abstraktion noch nicht so weit geht wie spätere Arbeiten. Die Reste von Kapitellen auf den Pfeilervorlagen, mit denen zum Gänsemarkt hin in schwachem Relief an Kolossalordnungen erinnert wird, sind Zeichen dafür. Dafür fehlt hier zum ersten Mal das längst für öffentliche Bauten zum Merkzeichen gewordene hohe, grau gedeckte Dach. An des-

Fritz Schumacher, Volksschule Berne, Haupteingang, Hamburg, 1929-30

sen Stelle sind zwei Staffelgeschosse getreten, mit denen die Horizontalität des tatsächlich achtgeschossigen Verwaltungsbaus betont wird. Der Zylinder eines über das oberste Geschoss hinausweisenden Treppenturms bezeichnet den architektonischen Punkt im Stadtgefüge, an dem dieser Monumentalbau der neuen Art im Herzen der Stadt verankert ist.

Die Lichtwarkschule (Abb. S. 162f.) wurde nach den Inflationsjahren bis 1926 fertiggestellt und blieb im Äußeren weitgehend wie 1914 geplant, erhielt aber kaum noch Bauschmuck und eine erheblich vereinfachte Innenausstattung. Sie gab für die zahlreichen bis 1933 folgenden Schulbauten die Richtung vor, weniger formal als vielmehr organisatorisch. In der Rückschau lässt sich hier die Grenzlinie zwischen zwei typologischen Gruppen von Schulen der Schumacher-Ära ziehen, die frühen mit innenliegenden zentralen Treppenhäusern und einhüftigen, nur auf einer Seite des Korridors angeordneten Klassentrakten sowie mit den markanten hohen Dächern, die oft noch von einem Dachreiter mit einer Plattform für die Himmelsbeobachtung versehen waren, dann die späteren mit Flachdach und zweihüftigen Klassentrakten, die schon aus Gründen der Belichtung an beiden Gebäudeenden möglichst vollverglaste Treppenhäuser erhielten.

Zum Verständnis dieses Straffungsprozesses lohnt ein Blick zurück auf Schumachers szenographische Arbeiten. Er hat in den Monaten bevor er nach Köln gerufen wurde, in den Krisenjahren des Umbruchs, in denen immer weniger gebaut werden konnte, ohne konkreten Auftrag an der Entwicklung einer modernen Monumentalbühne gearbeitet (Abb. S. 83). Im Gegensatz zu seinen etwa gleichzeitig entstehenden realen Bühnenbildern zur *Macbeth*-Inszenierung am Deutschen Schauspielhaus war diese Monumentalbühne ein reines Denkmodell. Er griff hierbei die Ideen für die Bühnenreform auf, die wir von Adolphe Appia und Edward Gordon Craig kennen, und verallgemeinerte sie zu einem Bühnenmodell, dessen Raumkonzept – wie bei einem mit Bühnengestaltung befassten Architekten kaum anders zu erwarten – durchaus auch auf andere Raumkonstellationen, sowohl Innen- als auch Stadträume, übertragbar war. Ein abstrakteres Bühnenkonzept als diese Reliefbühne ist kaum vorstellbar. Sie arbeitet mit einfachsten stereometrischen Elementen und einer ganz geringen Raumtiefe, um möglichst jede Illusion eines perspektivisch in Tiefe gestaffelten Raumes zu vermeiden, eine Bühne, auf der Stimmungen und Ambiente lediglich mit Licht- und Farbeffekten erzeugt werden sollten. Angesichts seiner Begeisterung für die Abstraktionen eines Appia und Craig für die Bühne, auch seiner eigenen Monumentalbühne, ist Schumachers Erstaunen über die beiden Bilder von Mondrian, die er bei den Ouds in Rotterdam gesehen hatte, nahezu unverständlich und sehr schwer nachvollziehbar. Vielleicht war auch dieser Aspekt des Reiseberichts ein Tribut an die Zeit, in der er zu Papier gebracht wurde.

Schumachers Monumentalbühne ist das Gegenmodell zum Theater der Meininger oder der in Bayreuth gepflegten romantischen Illusionskunst. „Sie muß in formaler Hinsicht ganz abstrakt sein und nur durch verschiedene Proportionen in der Raumteilung zusammen mit Licht und mit Farbe wirken", wird er in den *Selbstgesprächen* schreiben. Auf diesem Bühnenmodell erprobte er nicht nur Theaterinszenierungen, er nahm auch bewusst oder unbewusst zentrale Aspekte seiner kommenden Architektur vorweg, die sich in wachsendem Maße der historischen Zitate und bildhauerischen Schmuckelemente enthielt und auf diese Weise immer „abstrakter" wurde, soweit man bei einer Kunst wie der Architektur überhaupt mit den Begriffen realistisch und abstrakt argumentieren darf.

Schumachers Experimente mit der Reliefbühne beruhen, wie bereits erwähnt, auch auf der Begeisterung der ganzen jungen Garde der Tektoniker, zu der er in den 1890er Jahren zweifellos gezählt hat, für Adolf Hildebrand und dessen Relieftheorie. Diese ursprünglich für Hildebrands eigene Bildhauerarbeiten entwickelte Theorie hatte über seine Zusammenarbeit mit Theodor Fischer bei dessen Bismarck-Denkmal am Starnberger See zweifellos mehr Einfluss auf die Suche junger Architekten nach einer neuen Monumentalkunst als auf die Bildhauerei ihrer Zeit. Die Spuren dieser Theorie bei Kreis, bei Schumacher, aber auch bei Behrens und Poelzig sind breit und unübersehbar, wenn man sie denn sehen will. Sie führen bei Schumacher über seine Denkmäler und Sakralbauten zu den sozialen Monumenten und somit nicht zuletzt auch zu seinen schmucklos „modernen" Schulbauten.

Fritz Schumacher, Volksschule Berne, Turnhallenflügel, Hamburg, 1929–30

In seinem 1929 erschienenen Buch *Zeitfragen der Architektur* suchte Schumacher Rechenschaft zu geben über seine Auseinandersetzung mit dem Zeitgeist der Weimarer Republik. Er bekannte sich nicht zu Funktionalismus und Konstruktivismus, sondern beharrte auf seinem Verständnis von Architektur als Baukunst. Aber er fragte sich, was Baukunst im Zeitalter der Technik sei: „Unser Geist ist gebunden an Maß und Zahl. Aus Maß und Zahl entstehen seine Ausdrucksmittel, es sind die Ausdrucksmittel der Proportionen. Verhältnisse von Zahlen und Maßen bilden die abstrakte Sprache der Kunst in Tönen, in Farben, in Formen und in Bewegungen. Zielt die Kunst der Architektur zur raumbildenden Formung, so sind es Verhältnisse von Linien, von Flächen, von Kurven und von Körpern, wodurch sie spricht."

Im gleichen Buch äußerte er sich auch ausführlich zu seinen Schulbauten nach dem Ersten Weltkrieg: „Was in diesen Bauten hervortritt, ist das Streben nach sachlicher Schlichtheit ... Es zeigt eine Wendung zu einer größeren Selbständigkeit und logischen ‚Reinlichkeit' in ästhetischen Dingen. Dies Abstreifen aller Romantik und allen ‚schönen Scheins', das hier in der Architektur hervortritt ... ist eine Auseinandersetzung mit den mechanisierten Tendenzen unserer Zeit. Unser ganzes Dasein steht unter dem Zeichen der Mechanisierung. Die Maschine ist ihr sichtbares Symbol ... unsere heutige Architektur ... sucht den überzeugenden Ausdruck für unser mechanisiertes Dasein, dem sie die Hülle schaffen soll. Und erst wenn es ihr gelingt, die Logik, mit der sie das tut, in der Zweckerfüllung, in der Konstruktion und im rhythmischen Spiel der Teile so vollkommen zu machen, dass diese Logik wie bei der Maschine eine eigene ästhetische Freude auslöst, erst dann hat sie das Ziel erreicht, Ausdruck unserer Kultur und dadurch selbst Kulturerscheinung zu sein."

Es ging Schumacher um die Architektur im Allgemeinen, nicht allein um den Schulbau, auch wenn ihm dieser wegen seiner Nähe zur Volksbildung, zur Erziehung des neuen Menschen besonders am Herzen lag. Und hier gelang es ihm auch am überzeugendsten, seine Monumentalkunst in der Gegenwart zu verorten. Ein besonders gelungenes Moment dieser Art ist ohne Zweifel die kleine Volksschule in Berne, die 1930 fertig wurde und die heute von Zerstörung oder gar Abbruch bedroht zu sein scheint. Vielleicht ist sie auch das Werk Schumachers, das die größte Nähe zu Dudok und den Holländern zeigt. Vor allem ist es eines seiner „abstraktesten": Es bezieht seine monumentale Wirkung, seine künstlerische Größe trotz seiner physischen Kleinheit, allein aus dem Zusammenspiel seiner kubischen Elemente, deren Proportionen in sich und zueinander, und aus seiner konsequenten Materialität, der Wirkung des dunklen Backsteinmauerwerks und der weißen Holzelemente der Türen und Fenster.

Max Klinger, *Zeit und Ruhm*, Blatt 11 der Serie „Vom Tode II" (Opus XIII), Radierung, 1898

Was bleibt?

Schumacher hat ein beeindruckendes Werk hinterlassen. Er selbst hatte es 1945 angesichts der Trümmer, die nach den Feuerstürmen des Zweiten Weltkriegs von „seinem" Hamburg geblieben waren, für total verloren angesehen. Dennoch zeigt die heutige Stadt nicht an zwei oder drei, sondern an Hunderten von Orten noch immer Spuren seines Wirkens. Es ist ihm tatsächlich gelungen, den Genius Loci Hamburgs so nachhaltig zu prägen, dass er nach Bombenkrieg und Abrisswut der Wiederaufbauzeit noch immer spürbar ist. Einige seiner sozialen Monumente wurden nur verstümmelt wiedererrichtet, dagegen hatten die Wohnsiedlungen meist als ausgebrannte Hüllen die Stadträume konserviert und konnten schnell rekonstruiert werden. Einige seiner unversehrten Bauten wurden abgebrochen, auch bedeutende wie die Feuerwache im Petroleumhafen oder die Bauten am Stadtparksee, aber ihre Zahl hält sich angesichts der erhaltenen in Grenzen. Seine Schriften waren geblieben, und einige wurden wieder neu aufgelegt.

Er hatte es nicht geschafft, mehr als ein Fünftel seines bereits geordneten Nachlasses der Hamburger Staatsbibliothek zu übergeben, wo sie ausgelagert den Krieg überstanden. Die übrigen vier Fünftel fielen Ende Juli 1943 den Bomben zum Opfer, die seine gerade neu bezogene Wohnung gegenüber dem Johanneum in der Maria-Louisen-Straße vernichteten. Aber in den Bauämtern der Stadt und an den anderen Orten seines Wirkens hatten sich doch noch so viele Dokumente erhalten, dass sowohl 1969 zu seinem 100. als auch 1994 zu seinem 125. Geburtstag in Hamburg Gedächtnisausstellungen organisiert werden konnten, zu denen Veröffentlichungen erschienen, die das Interesse an seinem Werk neu belebten. In zahlreichen weiteren Ausstellungen, immer in Hamburg, und in Kolloquien und Veröffentlichungen der 1994 gegründeten Fritz-Schumacher-Gesellschaft wurden seither viele neue Forschungsergebnisse zu diesem Werk präsentiert und seine Bedeutung im Lichte aktueller Fragen diskutiert.

Hamburg hält das Andenken Schumachers hoch, an vielen seiner Bauten hängt die blaue Erklärungstafel des Amtes für Denkmalpflege, und hiesige Festredner bedienen sich bei Richtfesten und Gebäudeeinweihungen gern aus seinem umfangreichen schriftstellerischen Werk. Aber zugleich war er den Kollegen vom Fach lange Zeit auch etwas peinlich. Sollte man nicht besser Karl Schneider oder Gustav Oelsner feiern? Die waren zwar außerhalb Hamburgs weniger bekannt, aber sie gehörten zweifelsfreier jener Moderne an, mit der sich die Geschichtsschreibung der Architektur des 20. Jahrhunderts bisher gefahrlos beschäftigen konnte. Das Vergessen Schumachers ist relativ und es provoziert zumindest zwei Fragen: Warum war er der Generation, die zwischen ihm und uns Heutigen tätig war, nicht mehr so wichtig und warum interessierte er uns 50 Jahre nach seinem Tod am 5. November 1947 plötzlich wieder?

Schumacher spielte innerhalb der baukulturell wirksamen Reformströmungen in Europa zu Anfang des 20. Jahrhunderts eine führende Rolle und genoss als ein entschiedener Vertreter der Moderne nicht nur in Deutschland, sondern auch im Ausland höchstes Ansehen. Zumindest bis zum Zweiten Weltkrieg galten seine Hamburger „Staatsbauten" und sein Generalplan für Köln ebenso wie seine Hamburger Siedlungen als beispielhaft. Er war mit seinen Entwürfen und Projekten immer wieder in großen Ausstellungen präsent, auf der Weltausstellung in St. Louis 1904 ebenso wie auf der von Werner Hegemann organisierten, für die folgenden Jahrzehnte richtungsweisenden Berliner Städtebauausstellung 1910. Nach dem Ersten Weltkrieg ehrten ihn eine Einzelausstellung in Den Haag und eine erneut von Hegemann zusammenge-

Kriegsschäden an Hamburger Bauten von Fritz Schumacher
oben: Finanzbehörde am Gänsemarkt, 18.7.1944
unten: Mitteltrakt der Kunstgewerbeschule am Lerchenfeld, 1943

Wohnbauten von Karl Schneider am Habichtsplatz, Hamburg-Barmbek
oben: nach Kriegszerstörung 1943
unten: nach Wiederaufbau durch die Architekten Struck, Hlawatsch, Wunsch & Mollenhauer, Asmussen, im Auftrag der Neuen Heimat, 1950–52

stellte und gegen Ende der 1920er Jahre in den wichtigsten Großstädten der Vereinigten Staaten und Südamerikas gezeigte Wanderausstellung zur Großstadtplanung, in der seine Arbeiten einen zentralen Platz einnahmen. Die nach dem Ersten Weltkrieg gar nicht selbstverständlichen Ehrenmitgliedschaften eines Deutschen im American Institute of Architects und im Royal Institute of British Architects unterstreichen Schumachers internationale Anerkennung noch zusätzlich. Es war kein Zufall, wenn ihn Lewis Mumford 1938 in seinem Buch *The Culture of Cities* zu den unbestrittenen

oben: Gustav Hassenpflug, Wiederaufbau der ehemaligen
Kunstgewerbeschule am Lerchenfeld als Hochschule für bildende Künste,
Luftfoto, Hamburg, ca. 1960
unten: Bernhard Winking, neue Pergola vor der Hochschule für bildende
Künste am Lerchenfeld, Hamburg, 1993

Größen der europäischen Reformkultur zählte: „*In almost every country, similar innovators appeared and the first essays towards new form were made. Voysey, Mackintosh, Baillie-Scott, Lutyens, Unwin, and Parker in England: van de Velde in Belgium: Wagner, Hoffmann, and Loos in Austria: Beh-*

Fritz Schumacher, Kleinkinderhaus, Hamburg-Uhlenhorst, 1914–16

rens, Poelzig, Schumacher in Germany, Berlage in Holland, Tony Garnier and the Perrets in France." (S. 410)

Vielleicht hilft uns der Kontakt zwischen Mumford und Schumacher bei der Beantwortung der ersten unserer Fragen. Der große amerikanische Kulturkritiker und Propagandist der Moderne hatte Schumacher mehrfach in Hamburg besucht und bis zum Eintritt der USA in den Zweiten Weltkrieg mit ihm korrespondiert. Mumford war 1895 geboren und somit 26 Jahre jünger. Er war durch seine Studienjahre bei dem schottischen Stadtplanungstheoretiker Patrick Geddes in Edinburgh entscheidend geprägt worden und sah in Schumacher nicht nur einen außerordentlichen Architekten und Stadtplaner, sondern einen der bedeutendsten Repräsentanten der deutschen Kultur überhaupt. Und als einen solchen griff er ihn nach dem Krieg vehement an, erklärte ihn, noch ganz benommen vom Tod seines in Italien gefallenen einzigen Sohnes für mitschuldig an der Naziherrschaft und am Krieg.

In seinem 1946 erschienenen Buch *Values for Survival* veröffentlicht er einen fiktiven Brief „To Dr. Hermann K., Architect and City Planner, in Hamburg". Dass es sich hierbei um ein Pseudonym für Fritz Schumacher handelt, erschließt sich sehr schnell aus dem Text, wo es heißt: *„You were indeed a master builder and you had left a mark on Hamburg comparable to*

Wiederaufbau des ehemaligen Kleinkinderhauses durch
Kurt Friedrich Schifferdecker, Hamburg-Uhlenhorst, 1955

that which Sir Christopher Wren had left on London: at almost any point in the city, one had only to raise one's eyes to see a school, a housing development, a museum, an office building which you had created. Before the first World War your buildings were, with Tessenow's, perhaps the freshest expression of tradition: the old brick Gothic tradition of Hansa towns. After the war, you learned to play freely with materials and with technical innovations; but your buildings, however „sachlich', never lost the human touch: the most economical structure bore the imprint of your imagination. No one had a better opportunity than you had, as architect and planner, in the decade between 1923 and 1933; and no one made better use of it. When you retired in 1933 you were a man to be envied." (S. 256)

Er wirft Schumacher dann vor, den Nationalsozialisten sein Werk kampflos in die Hände gegeben und später seine Stimme nicht gegen sie erhoben zu haben: „*While still in your early sixties you retired from the scene gracefully, turning from building to writing ... The Germany you represented also retired gracefully – too gracefully in fact. Your study of modern architecture in Germany, your own autobiography, give no hint of your feelings towards the new regime. ... To judge by your published words, before 1939, nothing serious had happened either to Germany or to the rest of the world. And that is why the work of your lifetime lies in ruins. You could only have saved it by sounding the alarm. ... The books you published under the eyes of the Nazis were all the ‚Reflections of a Non-Political'.*" (S. 267)

Er geht noch weiter, er wirft ihm nicht nur Unverständnis für die historischen Ereignisse vor, sondern sogar stillschweigende Unterstützung und Bewunderung. Er bezieht sich mit diesem Vorwurf auf einen Brief Schumachers vom Mai 1938, der in Mumfords Nachlass erhalten ist. Dort heißt es im Original nach einem längeren zustimmenden Kommentar zu Mumfords Buch *The Culture of Cities*, das dieser ihm mit einer Widmung geschickt hatte: „Nicht unerwähnt darf ich lassen, daß Sie unseren gegenwärtigen politischen Verhältnissen nicht gerecht werden. Die Energie, mit der man zur Zeit versucht, die Gedankengänge der Landesplanung auf unser ganzes Reich auszudehnen und praktisch anzuwenden, ist ein Fortschritt, den man vor wenigen Jahren noch für unmöglich gehalten hätte. Die völlige Zerrissenheit in den Machtbefugnissen der Verwaltung, an der die beste Kraft der Fachmänner scheiterte, konnte einem vielfach allen Mut nehmen. Augenblicklich fehlen noch die Kräfte, um das ganze große Arbeitsgebiet, das sich aufgetan hat, vollwertig zu besetzen. Das ist bei der Neuheit der Aufgabe kaum verwunderlich."

Schumacher bezog sich hier offensichtlich auf das Groß-Hamburg-Gesetz von 1937 und auf die Entwicklung der Landespla-

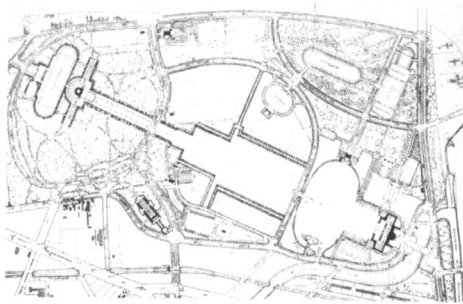

„One of the few large modern city parks essentially formal in plan":
Der Hamburger Stadtpark als beispielhaft abgebildet bei Werner Hegemann,
City Planning Housing, Volume III, A Graphic Review of Civic Art
1922–1937, New York 1938, p. 78

nung als Disziplin, von deren grundsätzlicher Fortschrittlichkeit er ohne Zweifel ernsthaft überzeugt war, auch wenn er nicht die richtigen Männer am Werke sah. Bezeichnenderweise schrieb Schumacher diese Sätze in der sonst auf Englisch geführten Korrespondenz auf Deutsch. Aber Mumford will solche Zwischentöne nicht erkennen. Im Reich des Bösen kann es nichts Gutes geben, und so mag er Schumachers Worte auch nicht als vorsichtige Beschwichtigung eines möglichen Zensors deuten: *„Rereading that letter, I find something more than prudence: I find a failure to understand the importance of process and an overevaluation of mere results."* (S. 259)
Mumford bekennt seine Begeisterung für die europäische Kultur und insbesondere für die ihm aufgrund seiner familiären Herkunft besonders nahestehende deutsche, die ihm durch Fritz Schumacher in ihrer positivsten Form verkörpert erschienen war, und er macht deshalb ihm die größten Vorwürfe. Beinahe hätte er sich verführen lassen, Schumacher von einer Mitschuld freizusprechen. Jetzt aber schließt er mit ihm ab. Er streicht ihn aus seinem Leben. In seiner eigenen Autobiographie *Sketches from Life*, die er 1983 veröffentlicht, taucht der Name Schumacher nicht mehr auf. Es ist nur konsequent, dass für Mumford entsprechend auch Schumachers Architektur nicht mehr erwähnt werden kann. Im „Letter to Dr. K." heißt es: *„Your last public building, before the Nazis took over, was a crematorium. That has proved to be an ominous symbol: innocently you furnished your new rulers with their ultimate weapon of vile barbary. If any of your buildings are left standing, they must seem like a grim mockery; for they were part of a growing whole, and that whole has been destroyed."* (S. 257)
Drei Briefe Schumachers haben sich in Mumfords Nachlass erhalten, und wir sind mit unserer zeitlichen Distanz zur NS-Zeit heute durchaus in der Lage, diese auch ganz anders zu lesen. Im Dezember 1937 bat Schumacher Mumford, sich in Chicago für Karl Schneider zu verwenden, wohin dieser sich gerade anschickte zu emigrieren: *„May I introduce to you Professor Schneider, one of the most able architects we have had in Hamburg in the last time. Schneider builds in a somewhat ‚modern' style. You know, that this way of building is not very appreciated in Germany in the last years."* Im Brief vom Mai

Fritz Schumacher, Krematorium Hamburg-Ohlsdorf, Straßenfront, 1933

Fritz Schumacher, Kapelle XIII auf dem Friedhof Hamburg-Ohlsdorf, 1927–28

1938 dankte er dann zunächst *„for your kind words concerning Prof. Schneider"*, bevor er auf Mumfords Buch einging. Der dritte Brief schließlich vom Januar 1939 begleitete Schumachers gerade erschienenes Buch *Der Geist der Baukunst*, zu dem er gar nicht sytemkonform anmerkte: *„Since I cannot fight anymore on the architectural battlefield of the day, I tried to approach the philosophical meaning of our art. I know that it is a hard task to risk such a writing, and I also know that it is no easy task to read it."*
Es ist ein seltsamer Prozess, der Schumachers für das Hamburg der Weimarer Republik so charakteristische Werk für die Nachkriegsgeneration ikonographisch in die Nähe der nationalsozialistischen Selbstdarstellungen rückte. Schumachers Monumentalbaukunst hatte nichts gemein mit der Verherrlichung des Klassizismus in der offiziösen Staatsbaukunst. Sie war nicht verfemt, aber auch nicht geschätzt. Sie trug das Etikett „Systembaukunst", mit dem die nichtavantgardistische, nicht „baubolschewistische" Architektur der Weimarer Republik gekennzeichnet wurde. Schumacher schreibt selbst, dass er kurze Zeit mit dem gegen das „Neue Bauen" gerichteten „Block" Paul Schultze-Naumburgs sympathisierte (*Selbstgespräche*, S. 110). Aber wir wissen auch, dass dies ästhetisch und nicht politisch motiviert war. Gerade Schultze-Naumburgs Versuch, den „Block" politisch einzusetzen, löste 1933 Schumachers Rückzug aus dieser Gruppierung aus. Schumacher war nach dem Ersten Weltkrieg wie viele Architekten aus dem Umfeld von Werkbund und BDA in die liberale Deutsche Demokratische Partei eingetreten und sympathisierte weder vor noch nach 1933 mit den Nationalsozialisten. Aus Briefen an seinen Bruder Hermann wissen wir glaubwürdig, wie skeptisch er den neuen Herren gegenüberstand und mit welchen Skrupeln er im Januar 1944 von ihnen die unerwartete Ehrung mit dem „Lessingpreis der Hansestadt Hamburg" annahm. Schumachers „Staatsbauten" waren von ihm erklärtermaßen als soziale Monumente eines selbstbewussten, demokratischen und freien Hamburger Stadtstaats errichtet worden und haben 1933 mit dem Aufziehen anderer Fahnen nicht plötzlich einen Bedeutungswandel durchgemacht.
Dennoch ging es im Nachkriegshamburg manchen der hiesigen Architekten und später auch einigen Bauhistorikern ähnlich wie

Lewis Mumford. Die Monumentalität der roten Backsteinbauten erschien ihnen als Zeichen einer Kultur, die den Nationalsozialismus mit zu verantworten hatte, unabhängig vom individuellen Schicksal ihres jeweiligen Entwerfers. Niemand erhob seine Stimme, als die durchaus reparablen Bauten Schumachers rings um den Stadtparksee beseitigt wurden. Die Kaskade in der großen Achse war mit Sicherheit nicht ausgebrannt, vermutlich nicht einmal beschädigt. Sie wurde unwidersprochen zur Ikone einer Macht erklärt, die sie zu keiner Zeit repräsentiert hatte. Nach 1945 wurden selten die Unterstützer der Nationalsozialisten zur Verantwortung gezogen. Man behalf sich mit einer Entnazifizierung der Steine. Aber auch hiermit nahm man es nicht zu genau,

Fritz Schumacher, Grabstätte seines Bruders Hermann Schumacher und dessen Ehefrau Edith Schumacher geb. Zitelmann (ursprünglich Kenotaph für den 1941 in Russland gefallenen Neffen Ernst Schumacher), städtischer Friedhof Berlin-Dahlem, vermutlich 1943

denn die wenigen markanten Bauten, die während der NS-Zeit in Hamburg tatsächlich entstanden waren, rührte man nicht an.
In Hamburg hatte der rote Backstein in den Augen vieler „irgendwie" mit „Blut und Boden" zu tun. Hatten nicht große Teile der Heimatschutzbewegung und „Backsteinfürsten" wie Fritz Höger mit den Nazis sympathisiert? Höger machte bei diesen bekanntlich trotz seiner politischen Neigungen keine Karriere, und eine besondere Blüte der von der Heimatschutz-

bewegung mitgetragenen modernen Backsteinarchitektur in der NS-Zeit lässt sich jedenfalls für Hamburg nicht nachweisen. Im Büro Konstanty Gutschows dagegen erdachte man, wie wir wissen, für die „Führerstadt" Hamburg ein ganz anderes, gerade nicht heimattümelndes, sondern weltoffenes, erklärtermaßen von Amerika inspiriertes Image mit Hochbrücken und Wolkenkratzern. Gutschow verehrte Schumacher als großes Vorbild

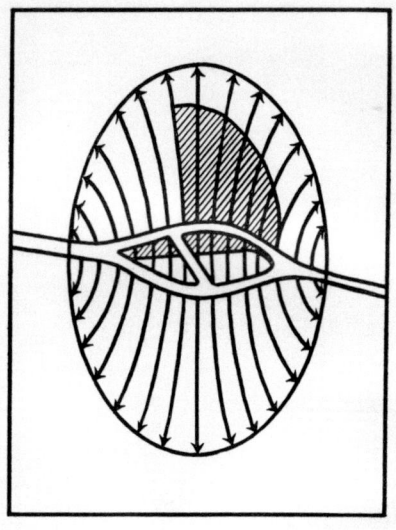

Fritz Schumacher, Diagramm zur Situation des Hamburger Staatsgebiets im Kräftefeld des Siedlungs- und Entwicklungsraums beiderseits der Elbe, 1932

und hatte dessen Bild nie von seiner Bürowand entfernt. Er hatte Schumacher von dessen Krankenbett in Lüneburg, wohin er nach dem Verlust seiner Hamburger Wohnung bis zu seinem Lebensende umgezogen war, sogar nach Wriezen zu einer Tagung des von ihm koordinierten, Albert Speer unterstehenden „Wiederaufbaustabs kriegszerstörter Städte" eingeladen, und er war es wohl auch, der kurz vor Kriegsende gewissermaßen als Wiedergutmachung für den bereits ein Jahrzehnt lang von seinem Arbeitsfeld Ferngehaltenen die seltsame Lessingpreisverleihung im zerbombten Hamburg veranlasst hatte. Er hätte den Zögernden vermutlich gern schon früher in seine Planungen für Hamburg und sein Umland einbezogen, die er als

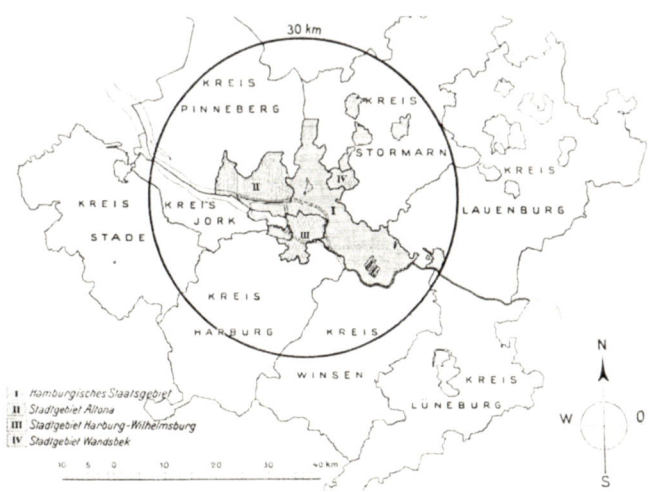

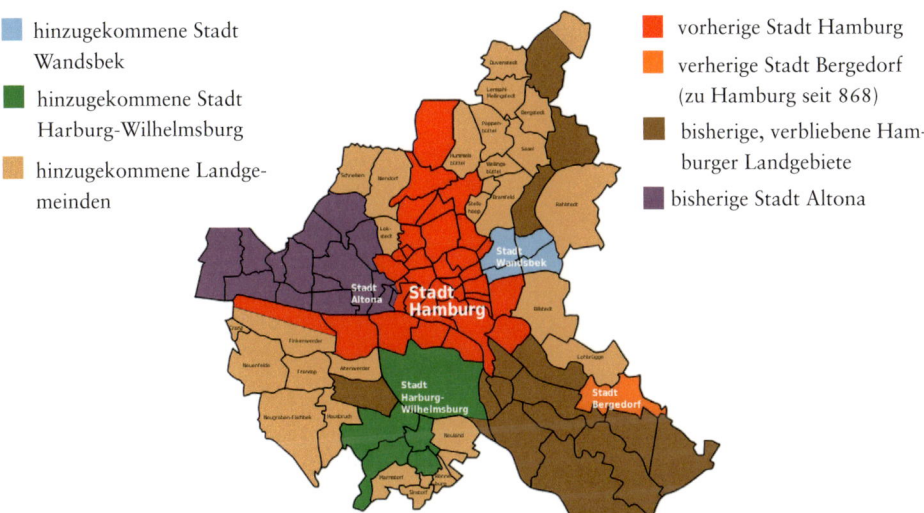

oben: Fritz Schumacher, Planungsgebiet des Hamburgisch-Preußischen Landesplanungsausschusses, 1928
unten: Groß-Hamburg (von 1937) nach der Zusammenlegung von Hamburg mit Altona, Harburg und Wandsbek sowie Abtretung von Cuxhaven, Geesthacht und Großhansdorf an Preußen

„Architekt des Elbufers" betrieb und die zum Zeitpunkt der Lessingpreisvergabe wegen des Kriegsverlaufs gerade endgültig eingestellt wurden. Schumacher hatte das Groß-Hamburg-Gesetz von 1937 begrüßt, das in gewisser Weise einen ihm wichtigen Aspekt seines Lebenswerks würdigte und zum Abschluss brachte, aber wie er Gutschows Elbuferplanung und dessen Gauforum sah, wissen wir nicht. Gutschow hatte sie ihm privat mit Sicherheit ebenso vorgestellt wie seine Entwürfe für einen Entwicklungsplan zum Großraum Hamburg.

Es ist bemerkenswert, wie man beim Bau der Hamburger Grindelhochhäuser in den Nachkriegsjahren hinsichtlich der Farbe der Ziegel argumentierte, die für die Verkleidung der tragenden Stahlkonstruktion erforderlich waren. Die Zukunft sollte hell und licht sein. Das dunkle Rot der aus der eisenhaltigen Erde der norddeutschen Tiefebene gebrannten Ziegel hatte etwas von der Düsternis der jüngsten Vergangenheit. Die gelben Gail'-schen Klinker aus Biebertal bei Gießen erschienen dagegen unbelastet, an Gießen war der Nationalsozialismus offenbar vorbeigegangen. Überschattet wurde die Debatte um die Klinkerfarbe durch die Tatsache, dass das Klinkerwerk der SS im KZ Neuengamme noch gegen Ende des Krieges begonnen hatte, große Mengen roter Backsteine herzustellen. Die Nachkriegsmoderne wollte sich damit verständlicherweise nicht belasten. Man hat diese Ziegel allerdings ebenso wenig weggeworfen, wie man die Gebäude des KZ ungenutzt gelassen hat. Die Ziegel wurden ganz unsentimental zum Wiederaufbau verwendet und die Gebäude des KZ auf peinliche Weise zum Teil als Jugendstrafanstalt weitergenutzt.

Gegen die roten Klinker führte man später gerne auch die qualitätvollere Architektur ins Feld, die Schumachers Kollege und Freund Gustav Oelsner während der Weimarer Zeit im benachbarten, damals noch nicht zu Groß-Hamburg gehörenden Altona errichtet hat. Dieser hatte sich allerdings nicht auf eine Klinkerfarbe festgelegt, sondern geradezu mit den Farben gespielt und nicht nur rote oder gelbe, sondern sogar mehrfarbige Klinkerbauten errichtet. Auf seine durchaus aus ähnlichen Quellen wie Schumachers genährte Backsteinarchitektur meinte man sich gefahrloser beziehen zu können, weil Oelsner nicht wie Schumacher in der inneren Emigration in Deutschland geblieben, sondern wegen seiner jüdischen Herkunft kurz vor Kriegsbeginn in allerletzter Minute in die Türkei emigriert war, wohin Schumacher ihn auf eine Beraterstelle hatte vermitteln können. Oelsner, zehn Jahre jünger als Schumacher, durfte dennoch 1949 nach seiner Rückkehr aus der Emigration trotz aller in Hamburger Kollegenkreisen zur Schau gestellten Wertschätzung seiner Architektur keine größeren Aufgaben mehr übernehmen und blieb bis zu seinem Tod im Jahr 1956 am Rand des neuen Geschehens. Oelsner und Schumacher waren nie Gegenspieler, und das Anerkennen der Qualitäten des einen sollte nicht gleich zur Geringschätzung des anderen führen. Dennoch sitzt die Mär vom fortschrittlicheren Oelsner tief und fest und wirkt bis heute immer wieder in die lokalen Baukulturdiskussionen hinein.

Es ließe sich die Behauptung wagen, dass das deutlich breitere Werk Schumachers auch das bedeutendere sei, bedeutender in mehrfacher Hinsicht: einmal unbestreitbar quantitativ; dann inhaltlich, denn Schumacher hinterließ außer seinem baulichen ein schriftstellerisches Werk, das ihm allein schon seinen besonderen Rang in der Geschichte der modernen Architektur Deutschlands sichern sollte, und schließlich in der Aktualität vieler seiner engagiert vertretenen Postulate zur Schaffung einer bewohnbaren modernen Großstadt. Schumacher hat in seinem Werk und in seiner Theorie Antworten auf drängende Probleme des Jahrhunderts gegeben, so auf die Fragen des Stadtwachstums, des Wohnungsbaus, der Volksgesundheit und Volksbildung – Antworten, hinter denen ein ethischer Anspruch erkennbar ist, der dem Berufsstand der Architekten heute, vorsichtig ausgedrückt, nicht mehr selbstverständlich ist.

Schumacher war ein Neuerer, der mit der Tradition nicht brechen wollte und der die Exzesse der selbsternannten Avantgarde ablehnte. Er verstand es, mit gestalterischen Vorgaben durch die Stadtplanung individuelle Extravaganzen von Bauherren und Architekten zu entschärfen und in einen Formenkanon einzubinden, der Hamburg noch heute gut ansteht. Das Ergebnis seiner planerischen Bemühungen und seiner Überzeugungsarbeit war eine bauliche Konvention, die nicht nur in den Staatsbauten ablesbar war, sondern auch bei den privaten Bauaktivitäten befolgt wurde, obwohl er diese nicht gleichermaßen kontrollieren konnte; mehr noch, er hatte einen sehr weitgehenden baukulturellen Konsens, eine „Hamburger Schule" geschaffen, die im Verlauf der NS- und der Wiederaufbauzeit schrittweise wieder abhandengekommen ist.

Schumacher verstand sich als Künstlerarchitekt. Aber er lehnte jedes L'art pour l'art ab und forderte stattdessen eine besondere Betonung der sozialen Dimension, die das Ästhetische in Architektur und Städtebau stärker als bei den anderen Künsten enthält. Seine monumental gedachten Bauten sollen nicht einfach nur Träger von Funktion und Zweck sein, sondern immer auch von Sinn und Bedeutung, seine raumkünstlerisch gestalteten Stadtquartiere Stätten des privaten Lebens, der kulturellen Erbauung und der Volkserziehung. Er war deshalb kein Unmoderner, zu dem ihn einige spätere Kunsthistoriker gern machen würden, sondern Vertreter einer zu Unrecht aus der Betrachtung ausgesonderten wichtigen Strömung der europäischen Moderne, die wir erst jetzt mühsam und gegen viele Ressentiments und ungerechtfertigte Vorurteile wiederentdecken.

Das Studium von Schumachers Werk kann einen wichtigen Beitrag zur wiederaufgelebten Debatte um die Baukultur unserer Zeit und unserer Stadt leisten. Schumacher kann uns durchaus noch als Vorbild dienen, denn keiner hat es wie er verstanden, mit theoretischen Erörterungen reale Entwicklungen zu beeinflussen und zu steuern. Wir wünschen damit keinesfalls, dass irgendeiner unserer heutigen Hamburger Architekten die Stilelemente von Schumachers Architektur aufgriffe und uns so in dessen Zeit zurückversetzte, sondern erhoffen uns, ganz im Gegenteil, aus der Problematik unserer Zeit heraus eine Rückbesinnung auf die Inhalte und Ziele einer Architektur, die sich nur deshalb auf so breiter Linie durchsetzen konnte, weil sie sich stets auch um ihr kulturelles Umfeld gekümmert hat. Schumachers Architektur diente nicht sich selbst oder ihrem Autor, sondern stellte sich bewusst in den Dienst der Gesellschaft. Indem sie soziale Aufgaben mit einer anspruchsvollen Gestaltung erfüllte, leistete sie ihren Beitrag zur Schaffung einer eigenen Kultur der Moderne.

Fritz Schumacher, Kaskadengebäude am Stadtparksee mit Reliefschmuck von
Richard Kuöhl, Hamburg, ca. 1925 (1957 abgebrochen)
(Foto: Carl Dransfeld)

Anmerkungen zur Biographie von Fritz Schumacher

Friedrich Wilhelm Schumacher, genannt Fritz, kommt am 4. November 1869 in Bremen als zweiter Sohn des Syndikus der Bremer Handelskammer und späteren New Yorker Generalkonsuls des Deutschen Reiches Dr. iur. Hermann Albert Schumacher und dessen Ehefrau Theresa geb. Grote auf die Welt. Die ersten Lebensjahre verbringt er in Bremen, dann nach dem Beginn der Karriere des Vater im diplomatischen Dienst des neugegründeten Deutschen Reiches 1872–74 in Bogotá und Lima sowie 1875–83 in New York. 1883–89 besucht er in Bremen bis zum Abitur das Alte Gymnasium. 1889 beginnt er an der Münchner Universität Mathematik und Naturwissenschaften zu studieren, wechselt aber schon bald an die Architekturfakultät der Technischen Hochschule. Nach einem Jahr an der Technischen Hochschule in Charlottenburg wieder in München, erwirbt er 1893 sein Abschlussdiplom und erhält direkt danach von dem Sammler und Kunsthändler Alexander Günther erste eigene Bauaufträge in Südtirol und Norditalien. Als Angestellter von Gabriel Seidl ist er am Bau des Bayerischen Nationalmuseums und des Künstlerhauses in München beteiligt.
Er wechselt 1896 zu Hugo Licht in das Leipziger Stadtbauamt, wo er an dessen Projekten u. a. für das Neue Rathaus und den Konzertsaal des Gewandhausorchesters maßgeblich mitarbeiten kann. Daneben arbeitet er an eigenen Bauprojekten und

entfaltet eine umfangreiche schriftstellerische und kunstgewerbliche Tätigkeit, insbesondere im Bereich des Innenausbaus, der Druckgraphik und des Theaters. Von der aufstrebenden Handelsstadt Leipzig aus knüpft er ein weitgespanntes Netzwerk zu anderen Vorkämpfern der Kunst- und Kulturreform, das ihm für seinen weiteren Werdegang helfen und schon 1899 zu einer Berufung an die Technische Hochschule nach Dresden führen wird. 1901 tritt er seine Professur im Fach „Stillehre" an, wird 1903 zum ordentlichen Professor für „Entwerfen" ernannt und bleibt in dieser Funktion bis 1909, dem Jahr seines überraschenden Wechsels als Baudirektor und Leiter des Hochbauwesen in die städtische Planungspraxis von Hamburg.

Neben der Ausführung zahlreicher über ganz Deutschland verteilter Aufträge zum Bau großbürgerlicher Villen und dem Entwurf privater Grabmonumente bemüht er sich in den Dresdner Jahren mit minderem Erfolg auch um Aufträge für monumentale Bauaufgaben wie Kirchen und öffentliche Bauten, aber er kann bis zu seinem Wechsel nach Hamburg lediglich die Handelshochschule in Leipzig, das Krematorium in Dresden-Tolkewitz und das Denkmal für den Wasserbauingenieur Ludwig Franzius in seiner Heimatstadt Bremen bauen sowie das Innere des Bautzener Domes neu gestalten. Aufgrund der umfassend dokumentierten Veröffentlichungen in den Fachzeitschriften machen ihn diese Arbeiten trotz ihrer geringen Zahl schnell bekannt.

Zu seinen bedeutendsten Erfolgen der Dresdner Jahre zählen die beiden großen Ausstellungen, die er entscheidend mitorganisieren und mitgestalten kann: die Erste Deutsche Städteausstellung von 1903 und die Dritte Deutsche Kunstgewerbeausstellung von 1906. Während die erste sein Interesse am Städtebau entscheidend beeinflusst, führt die zweite ihn als Gründungsmitglied in den Deutschen Werkbund. Er verfasst dessen programmatisches Manifest „Die Wiedereroberung einer harmonischen Kultur" und trägt es 1907 bei der konstituierenden Sitzung in München vor. Er wird Beiratsmitglied der ersten deutschen Gartenstadt in Hellerau bei Dresden, erhält Rufe an andere Hochschulen und wird Juror bedeutender Wettbewerbe. In seiner weiteren Entwurfsarbeit hinterlassen neben seinen Bemühungen um eine tektonisch definierte Monumentalkunst

seine stark stilisierten Dresdner Bühnenarbeiten, insbesondere die *Hamlet*-Inszenierung im Hoftheater, bleibende Spuren.
Schumacher beginnt seine Hamburger Tätigkeit an seinem 40. Geburtstag. Um nicht mit leeren Händen zu kommen, hat er vor seinem Dienstantritt einen unbezahlten Urlaub genommen und noch in Dresden eine größere Zahl anstehender Hamburger Bauaufgaben bearbeitet. So kann er anhand vorbereiteter Projekte den Mitarbeitern seines Amtes, den Politikern der Stadt, der interessierten Öffentlichkeit und den lokalen Architekten ohne viele Worte sein Konzept einer zeitgemäßen Großstadtarchitektur vorstellen und sofort mit dessen Realisierung beginnen. Er betritt eine reiche, aber wenig kulturinteressierte Stadt, in der ihn einige Vorkämpfer von Kulturreform und Moderne wie Alfred Lichtwark, Justus Brinckmann oder Gustav Schiefler engagiert unterstützen, die Politiker aber seinen Bemühungen meist indifferent gegenüberstehen und er den Widerstand der lokalen Architektenschaft und eines machtvoll etablierten Ingenieurwesens erst noch Schritt für Schritt überwinden muss. Er bringt aus Dresden Entwürfe zu dringenden oder jahrelang verschleppten öffentlichen Bauprojekten mit, unter denen die für ein Museum Hamburgischer Geschichte, für eine neue Kunstgewerbeschule und eine technische Lehranstalt herausragen. Sein Vorschlag für die Gestaltung des neuen Hamburger Stadtparks beschränkt sich nicht auf die darin vorgesehenen Hochbauten, sondern thematisiert den städtischen Raum insgesamt. Er definiert nicht nur die grünen Freiräume des Parks, sondern versteht ihn auch als Modell der noch zu bauenden Siedlungen und Stadterweiterungen. Es gelingt ihm, seinen Vorschlag der Planungskommission als Kompromiss zu den bisher sich diametral entgegenstehenden Konzepten anzubieten. Er stellt damit sein außerordentliches diplomatisches Geschick unter Beweis, denn was anfänglich wie ein Kompromiss aussieht, erweist sich im Nachhinein als klarer Sieg seiner von vornherein verfolgten Reformideen.
Schumacher überschreitet in Hamburg zielbewusst die eng auf den öffentlichen Hochbau beschränkten Grenzen seines Amtes und maßt sich bei mehreren seiner frühen Arbeiten Entscheidungskompetenz in allen Fragen an, die Gestalt und Entwicklung der Stadt betreffen. Vor allem mischt er sich in die Bebau-

ungsplanung und in die Freiraumplanung ein, für die das Amt für Ingenieurwesen unter seinem Konkurrenten Ferdinand Sperber zuständig ist. Für die bei seinem Amtsantritt bereits weitgehend fertiggestellte Mönckebergstraße entwickelt er eine Gestaltsatzung, um die von ihm erwünschte großstädtische Erscheinungsform zu garantieren, obwohl er selbst keinen der privaten Bauten entwerfen darf. Beim Bau des Stadtparks beschränkt er sich nicht auf die ihm zufallenden Hochbauten, sondern gestaltet nacheinander alle Teilbereiche der Parkanlage in seinem Sinne. Vor allem aber beginnt er, bestehende oder laufende Bebauungsplanungen nach neuesten städtebaulichen und wohnungsreformerischen Ideen umzugestalten. So setzt er für das Dulsberg-Gelände und für Barmbek-Nord reformierte Bebauungspläne durch und plant zahlreiche weitere Hamburger Stadterweiterungsgebiete nach neuesten Prinzipien.

Er vertritt ein komplexes Gestaltungskonzept für die moderne Großstadt, das sich nicht auf einige stilistische Charakteristika einschränken lässt, sondern sowohl infrastrukturelle wie wohnungshygienische, raumgestalterische, symbolisch-repräsentative und vor allem wohnungs- und raumtypologische Fragen unauflösbar mit einander verbindet. Diesen bereitet er mit zahllosen Artikeln und Vorträgen den Weg, bevor sie in seinen Projekten Gestalt annehmen. Er distanziert sich von der historistische und teilweise völkischen Argumentation der in der Hamburger Architektenschaft sehr prominent verankerten Heimatschutzbewegung, übernimmt aber dennoch sehr schnell deren Forderung, als ortstypisches Baumaterial den roten Backstein zu fördern. Sein eigenes Konzept basiert auf der künstlerischen Setzung des Entwerfers und ist in diesem Sinne weitgreifender und rationaler. Er erkennt schnell die in der geforderten Materialbindung liegenden Möglichkeiten für die von ihm erstrebte Vereinheitlichung des Stadtbilds. Er greift den Vorschlag deshalb auf und entwirft mehrere der noch in Dresden in Naturstein geplante Bauten neu in rotem Backstein, schreibt das tonangebende Buch über die moderne Backsteinarchitektur und macht diese zu einem Markenzeichen seiner und der Hamburger Architektur.

1914 stoppt der Erste Weltkrieg seinen überbordenden Gestaltungsdrang. Einige seiner Hochbauprojekte müssen stillgelegt werden, darunter der Bau der Finanzdeputation am Gänsemarkt und des Museums für Hamburgische Geschichte. Er findet jetzt Zeit, über die Wohnungsfrage zu arbeiten, neue Typologien für den Kleinwohnungsbau zu entwickeln und so die Grundlagen für den beispielhaften Hamburger Wohnungsbau der 1920er Jahre zu legen. Auf seine Initiative wird 1917 das Hamburger Kleinwohnungsgesetz verabschiedet. Er forscht über die Planungsgeschichte der Stadt und veröffentlicht *Wie das Kunstwerk Hamburg nach dem Großen Brande entstand*, eine städtebauliche Studie, in der er die Konzepte von Gottfried Semper und Alexis de Chateauneuf für den Wiederaufbau detailliert untersucht. Unausgesprochen, aber erkennbar bemüht er sich, diese als historischen Hintergrund seiner eigenen Tätigkeit erscheinen zu lassen.

Er wird aufgrund seines Alters nicht mehr zum aktiven Kriegsdienst eingezogen, aber als Dozent zu einem Projekt der Obersten Heeresleitung verpflichtet, mit dem Architekten und Architekturstudenten während ihres Einsatzes für ihre Arbeit nach dem Krieg weitergebildet werden sollen. Hierfür unternimmt er mehrere Reisen nach Belgien, Rumänien und Polen, über die er allerdings in seinen Erinnerungen weit weniger berichtet als über seine in den Leipziger und Dresdner Jahren unternommenen, teilweise mehrmonatigen Studienreisen nach Italien, Belgien, Frankreich, England und in die Niederlande.

Direkt nach dem Krieg wird er 1919 von dem jungen Kölner Bürgermeister Konrad Adenauer eingeladen, an einem städtebaulichen Wettbewerb für das ehemalige Festungsgebiet von Köln, den sogenannten inneren Rayon, teilzunehmen. Sein Plan findet die Zustimmung der Entscheidungsgremien, und Adenauer überredet ihn, als Beigeordneter für drei Jahre in die Stadt am Rhein zu kommen und einen Generalplan für deren Ausbau zu einer Millionenmetropole zu erarbeiten. Schumacher lässt sich in Hamburg beurlauben und erhält in Köln all jene planerischen Kompetenzen, um die er sich bislang vergeblich bemüht hat. In diesen drei Jahren kann er bis 1923 eine komplexe Planung entwickeln, die sowohl die technische Infrastruktur von Köln neu ordnet, als auch reformierte Wohnungs- und Quartierstypologien für unterschiedliche Bedürfnisse vorschlägt, die markanten Bauten der historischen Stadt durch die

Sanierung ihres Umfeldes aufwertet, Standorte für Universität, Schulen und Kirchen sowie zahlreiche öffentliche Bauten festlegt und das gesamte neue Stadtgebilde durch ein Netz zusammenhängender Grün- und Freizeitanlagen in den Großraum der Kölner Tieflandsbucht einbindet. Diese „Stadtlandschaft" für Köln kann er zusammen mit seinem wichtigsten Mitarbeiter und Nachfolger Wilhelm Arntz stolz in einem Buch als eine beispielhafte moderne Großstadtplanung vorstellen.

Er ist von Hamburg nur für drei Jahre nach Köln „ausgeliehen". Adenauer kann ihn trotz weitreichender Versprechungen nicht länger halten. Schumacher ist gegenüber Hamburg im Wort, und die Stadt erleichtert ihm die Entscheidung durch eine erhebliche Ausweitung seiner Kompetenzen und eine nennenswerte Erhöhung seiner Bezüge. Im August 1923 kehrt er nach Hamburg zurück. Er wird zum Oberbaudirektor ernannt, und neben dem Hochbau werden ihm der Tiefbau, der Gartenbau und der Städtebau unterstellt. Allerdings bleiben Strom- und Hafenbau weiterhin außerhalb seiner Zuständigkeit. Aber er darf wie ein Beigeordneter in einer preußischen Großstadt an den Senatssitzungen teilnehmen und seine Anliegen direkt vortragen. Zur Realisierung seiner zahlreichen Bau- und Planungsprojekte steht ihm jetzt ein auf insgesamt fünf Einzelbüros verteilter Mitarbeiterstab zur Verfügung, dazu kommt noch ein von ihm selbst direkt geleitetes Atelier für Städtebau und Vorprojekte. Ohne diese Vollmachten und das Engagement seiner Mitarbeiter bliebe die außerordentliche Produktivität bis zu seiner vorzeitigen Entlassung in den Ruhestand 1933 unerklärbar. Eine weitere Rolle hierbei spielt mit hoher Wahrscheinlichkeit sein Privatleben. Er bleibt lebenslang unverheiratet und lebt mit Sita (Luise) und Conny (Constanze), den beiden ebenfalls unverheirateten seiner drei Schwestern, zusammen, die ihn selbstlos unterstützen und ihm den Haushalt führen. Obwohl er immer häufiger durch schwere Krankheiten behindert ist, kann er sich mit seiner verbleibenden Energie vollständig seinem Berufsleben widmen.

Die Zahl in dem Jahrzehnt von **1923 bis 1933** von ihm entworfener öffentlicher Bauten und koordinierter Siedlungsplanungen ist überwältigend. Selbst nach den Zerstörungen der Stadt durch den Luftkrieg und den Abbrüchen während der Wiederaufbaujahre bestimmen sie das Bild der Stadt, geben diesem einen einheitlichen Grundtenor. Neben seiner äußerst umfangreichen Entwurfs- und Planungsarbeit findet er dennoch weiterhin Zeit für theoretische und schriftstellerische Arbeiten. Er veröffentlicht Bücher und Artikel, hält Reden, nimmt an Preisgerichten teil, schreibt Planungsgutachten und korrespondiert mit zahllosen Freunden, Verwandten und Kollegen. Er wird zum Ehrendoktor mehrerer Universitäten ernannt und wird zu einer international anerkannten Instanz in Fragen der Stadtplanung. Besonders hervorzuheben ist sein Einsatz für die Neuordnung des Großraums Hamburg, wofür er seit 1919 und verstärkt nach 1923 in mehreren Kommissionen tätig ist und eine Reihe von Denkschriften und Untersuchungen vorlegt. In Köln hat er eindrücklich erfahren, wie sehr eine von ihm auch für Hamburg angestrebte Generalplanung von einem politisch einheitlichen Planungsraum abhängt. Er legt in dieser Arbeit die Grundlagen für das Groß-Hamburg-Gesetz von 1937, ohne an dessen letzter Ausformung noch mitwirken zu dürfen.

Nach seiner Entlassung aus dem Amt im Mai 1933 wird das Schreiben zu seiner Haupttätigkeit, und er veröffentlicht bis zu seinem Tod neben zwei Bänden mit seinen persönlichen Erinnerungen noch mehrere bedeutende Bücher zur Architektur- und Kunsttheorie. Er tritt der Reichskulturkammer nicht bei und darf deshalb im Nazi-Deutschland nicht mehr als Architekt tätig sein. Bis zu seinem Tod im Jahr 1947 ist nur eine einzige kleine, nicht als Bauwerk klassifizierte Architekturarbeit von ihm überliefert, das Berliner Kenotaph für seinen im Oktober 1941 in Wjasma bei Smolensk gefallenen Neffen, der später zum Grabmal der Familie seines Bruders Hermann wird.

Der Ruhm seiner Architektur ist schon im Verlauf der 1920er Jahre während der Richtungskämpfe um die Gestalt der modernen Architektur verblasst und wegen seiner zum offiziösen Neoklassizismus des NS-Regimes gegensätzlichen Auffassung von Baukunst fast völlig versiegt. Die Radikalität seiner späten Bauten aus der Zeit der Weimarer Republik hat bis heute nicht die gebührende Würdigung erfahren. Aber sein theoretisches und praktisches Werk als Stadt- und Regionalplaner bleibt daneben im In- und Ausland stets anerkannt. Er ist Ehrenmitglied des Royal Institute of British Architects (RIBA) und des

American Institute of Architects (AIA), und seine Empfehlungsschreiben helfen einigen namhaften Emigranten, in ihren Gastländern Fuß zu fassen. Auch in Deutschland hat er weiterhin einflussreiche Verehrer seines Werkes. Er wird **1937** Ehrenmitglied der Deutschen Akademie für Städtebau, Reichs- und Landesplanung und erhält anlässlich seines 70. Geburtstages **1939** sogar die offiziöse Goethe-Medaille für Kunst und Wissenschaft.

Nach der Zerstörung seiner gerade bezogenen Wohnung in der Maria-Louisen-Straße gegenüber dem Johanneum in Hamburg-Winterhude bei einem Bombenangriff im **Juli 1943** findet Schumacher bei Freunden in Lüneburg eine neue Bleibe. Als ihm im **Januar 1944** der Lessingpreis verliehen werden soll, wird er für seine aus diesem Anlass zu haltende Rede trotz seiner Krankheit von dort nach Hamburg gebracht. Er thematisiert die Zerstörungen Hamburgs und spricht zu Fragen der Architektur des Wiederaufbaus. Nach Kriegsende wiederholt sich am **10. Oktober 1945** diese Prozedur. Er hat so erneut die Gelegenheit, sich öffentlich im Hamburger Rathaus zu dieser Thematik zu äußern. Es wird seine große Rede zum Wiederaufbau. Im Gegensatz zum Vorjahr spricht er nicht mehr über Architektur, sondern über Planung. Unter Verweis auf seine Kölner Erfahrungen hält er ein Plädoyer für die Notwendigkeit einer Generalplanung für Hamburg und sein Umland als Entscheidungsgrundlage für alle aktuellen und kommenden Erfordernisse eines Wiederaufbaus.

Er kann sich nicht mehr aktiv in diese Planungen einbringen. Außer kurzen gutachterlichen Stellungnamen zu Teilplanungen für Bremen und für Lüneburg gibt es von ihm keine Aussagen mehr zu den vielen von ihm in seiner Rede angesprochenen Problemfeldern. Aber obwohl ans Krankenbett gefesselt, ist er bis zu seinem Tod am **5. November 1947** mit Korrespondenzen und schriftstellerischen Arbeiten beschäftigt, die zum Teil noch postum erscheinen können. Sein Werk wird erst **1969** und **1994** zu seinem 100. und seinem 125. Geburtstag in größeren Ausstellungen gewürdigt und findet seither schrittweise auch außerhalb von Hamburg in Forschungsarbeiten und Veröffentlichungen die gebührende Aufmerksamkeit.

Literaturverzeichnis

Veröffentlichungen von Fritz Schumacher
(ohne Zeitschriftenbeiträge und unveröffentlichte Skripte, ohne Angabe der Folgeauflagen)

F. Sch.: *Leon Battista Alberti und seine Bauten*, Die Baukunst, 1. Heft, 2. Serie, Verlag Spemann, Berlin/Stuttgart, 1899

F. Sch.: *Studien. 20 Kohlezeichnungen*, Verlag Baumgärtner, Leipzig, 1899

F. Sch.: *Im Kampfe um die Kunst. Beiträge zu architektonischen Zeitfragen*, Ueber Kunst der Neuzeit, 1. Heft, Verlag J. H. Ed. Heitz, Straßburg, 1899

F. Sch.: *Phantasien in Auerbachs Keller. Festspiel zur Feier des fünfundzwanzigjährigen Bestehens des Kunstgewerbemuseums zu Leipzig*, Druck und Verlag von J. J. Weber in Leipzig, 1899

F. Sch.: *Das Bauschaffen der Jetztzeit und historische Überlieferung*, Verlag Eugen Diederichs, Jena, 1901

F. Sch.: *Streifzüge eines Architekten. Gesammelte Aufsätze*, Verlag Eugen Diederichs, Jena, 1907

F. Sch.: *Kriegs-Gedächtnis-Male. Praktische Studien*, Sonderdruck aus Deutsche Kunst und Dekoration, Augustheft 1916, Verlag Alexander Koch, Darmstadt

F. Sch.: *Ausblicke für die kunsttechnische Zukunft unseres Volkes*, Vortrag gehalten im Juni 1916 in Hamburg und am 9. Oktober 1916 in Bremen, Verlag Gustav Kiepenheuer, Weimar, 1916

F. Sch.: *Die Kleinwohnung. Studien zur Wohnungsfrage*, Wissenschaft und Bildung, Band 145, Verlag von Quelle & Meyer in Leipzig, 1917

F. Sch.: *Das Wesen des neuzeitlichen Backsteinbaues*, Verlag Georg D. W. Callwey, München, 1920

F. Sch.: *Die Reform der kunsttechnischen Erziehung. Ein Beitrag zum Aufstieg der Begabten*, Deutscher Ausschuß für Erziehung und Unterricht, Heft 3, Verlag Quelle & Meyer in Leipzig, 1918

F. Sch.: *Grundlagen der Baukunst. Studien zum Beruf des Architekten*, Verlag Callwey, München, 1919

F. Sch.: *Hamburger Wohnungspolitik von 1818 bis 1919. Ein Beitrag zur Psychologie der Gross-Stadt*, Verlag L. Friederichsen, Hamburg, 1919

F. Sch.: *Vom Baume der Erkenntnis*, Verlag Quelle & Meyer in Leipzig, 1920

F. Sch.: *Kulturpolitik. Neue Streifzüge eines Architekten*, Verlag Eugen Diederichs, Jena, 1920

F. Sch.: *Wie das Kunstwerk Hamburg nach dem großen Brande entstand. Ein Beitrag zur Geschichte des Städtebaus*, Verlag von Karl Curtius, Berlin, 1920

F. Sch.: *Zukunftsphantasien über alte Hamburger Plätze*, Fragen an die Heimat, herausgegeben vom Bund für Erziehung und Unterricht, Ortsgruppe Hamburg, 2. Heft, Verlag Georg Westermann, Braunschweig/Hamburg, 1921

F. Sch.: *Das Entstehen einer Großstadt-Straße*, Fragen an die Heimat, herausgegeben vom Bund für Erziehung und Unterricht, Ortsgruppe Hamburg, 3. Heft, Verlag Georg Westermann, Braunschweig/Hamburg, 1922

F. Sch. unter Mitwirkung von Wilhelm Arntz: *Köln. Entwicklungsfragen einer Großstadt*, Verlag Georg D. W. Callwey, München, 1923

F. Sch.: *Das bauliche Gestalten*. Handbuch der Architektur, IV. Teil, I. Abteilung, I. Abschnitt, J. M. Gebhardt's Verlag, Leipzig, 1926

F. Sch.: *Zukunftsfragen an der Unterelbe. Gedanken zum „Groß-Hamburg"-Thema*, Verlag Verlag Eugen Diederichs, Jena, 1927

F. Sch.: *Ein Volkspark. Dargestellt am Hamburger Stadtpark*, Verlag Georg D. W. Callwey, München, 1928

F. Sch.: *Plastik im Freien. Versuche im Betrachten von Kunstwerken,* herausgegeben von der Oberschulbehörde, Hamburg, 1928

F. Sch.: *Landesplanungsorganisation an der Unterelbe. Denkschrift der Niedersächsischen Arbeitsgemeinschaft der der Freien Deutschen Akademie des Städtebaues,* Boysen & Maasch, Hamburg, 1928 (erschienen ohne Autorenbenennung)

F. Sch.: *Die bauliche Zukunft der Hamburgischen Universität,* Friederichsen, De Gruyter & Co, Hamburg, 1928

F. Sch.: *Die Universität am Scheidewege. Zweite Denkschrift über die bauliche Zukunft der Hamburgischen Universität,* Lütcke & Wulff, Hamburg, 1929

F. Sch.: *Zeitfragen der Architektur,* Verlag Eugen Diederichs, Jena, 1929

F. Sch. (Hrsg.): *Darstellung des soziologischen Zustandes im Hamburgisch-Preußischen Landesplanungsgebiet,* Lütcke & Wulff, Hamburg, 1931

F. Sch.: *Das Werden einer Wohnstadt. Bilder vom neuen Hamburg,* Hamburgische Hausbibliothek Georg Westermann, Hamburg, 1932

F. Sch.: 24 *Wandbilder in Hamburger Staatsbauten,* Verlagsbuchhandlung Broschek & Co., Hamburg, 1932

F. Sch.: *Das Gebiet Unterelbe-Hamburg im Rahmen einer Neugliederung des Reiches,* Verlagsbuchhandlung Broschek & Co., Hamburg, 1932

F. Sch.: *Wesen und Organisation der Landesplanung im hamburgisch-preussischen Landesplanungsgebiet,* Veröffentlichungen des Hamburgisch-Preussischen Landesplanungsausschusses, Heft 4, Verlag Boysen & Maasch, Hamburg 1932

F. Sch.: *Goethes Weltanschauung. Eine Rede zum 22. März 1932,* gehalten am 21.3. in Lübeck und 23.3. in Hamburg (als Manuskript gedruckt), Vertrieb: Buchhandlung Saucke und Co., Hamburg, 1932

F. Sch.: *Der „Fluch" der Technik,* Verlag Boysen & Maasch, Hamburg, 1933

F. Sch.: *Schöpferwille und Mechanisierung. Fortsetzung der Schrift: Der „Fluch" der Technik*, Verlag Boysen & Maasch, Hamburg, 1933

F. Sch.: *Strömungen in deutscher Baukunst seit 1800*, Verlag E. A. Seemann, Leipzig, 1935

F. Sch.: *Stufen des Lebens. Erinnerungen eines Baumeisters*, Deutsche Verlags-Anstalt, Stuttgart/Berlin, 1935

F. Sch.: *Rundblicke. Ein Buch von Reisen und Erfahrungen*, Deutsche Verlags-Anstalt, Stuttgart/Berlin, 1936

F. Sch.: *Begleitmusik des Lebens. Ausgewählte Gedichte*, Deutsche Verlags-Anstalt, Stuttgart/Berlin, 1937

F. Sch.: *Der Geist der Baukunst*, Deutsche Verlags-Anstalt, Stuttgart/Berlin, 1938

F. Sch.: *Träumereien. Ernste und heitere Gedankenspiele*, Deutsche Verlags-Anstalt, Stuttgart/Berlin, 1939

F. Sch.: *Die Feuerbestattung*, Handbuch der Architektur, 2. Aufl., IV. Teil, 8. Halbband, Heft 3b, J. M. Gebhardt's Verlag, Leipzig, 1939

F. Sch.: *Probleme der Großstadt*, Verlag E. A. Seemann, Leipzig, 1940

F. Sch.: *Lesebuch für Baumeister*, Karl Heinz Henssel Verlag, Berlin, 1941

F. Sch.: *Die Sprache der Kunst*, Deutsche Verlags-Anstalt, Stuttgart/Berlin, 1942

F. Sch.: *Hamburg. Ausführungen bei der Verleihung des Lessingpreises der Hansestadt Hamburg im Kaisersaal des Rathauses am 22. Januar 1944*, Johann Trautmann Verlag, Hamburg, o. J.

F. Sch.: *Das Weltbild Goethes*, Verlag E. A. Seemann, Köln, 1944

F. Sch.: *Zum Wiederaufbau Hamburgs. Rede im Hamburger Rathaus am 10. Oktober 1945*, Johann Trautmann Verlag, Hamburg, 1945

F. Sch.: *Erziehung durch Umwelt*, Johann Trautmann Verlag, Hamburg, o. J.

Postume Veröffentlichungen

F. Sch.: *Atomphysik und Architektur.* Mit einem Nachwort von Hugo Sieker, Verlag Hamburgische Bücherei, 1948

F. Sch.: *Wandlungen im Bühnenbild,* Hamburger Theaterbücherei, herausgegeben von Paul Th. Hoffmann, Band I, J. P. Toth Verlag, Hamburg, 1948

F. Sch.: *Erinnerungen an drei Leipziger Handschriften-Sammlungen* (ursprünglicher Titel: *Magie der Handschrift*), gedruckt zur Schumacher-Gedächtnisfeier des Hamburger Senats am 7.2.1948, Landeskunstschule Hamburg, 1948

F. Sch.: *Selbstgespräche. Erinnerungen und Betrachtungen,* Axel Springer Verlag, Hamburg, 1949

F. Sch.: *Vom Städtebau zur Landesplanung und Fragen städtebaulicher Gestaltung,* Archiv für Städtebau und Landesplanung, Band 2, Verlag Ernst Wasmuth, Tübingen, 1951

F. Sch.: *Nachlese. Philosophische Betrachtungen und Gedichte,* herausgegeben von Fritz-Schumacher-Erben im Privat-Druck, Hamburg, 1951

F. Sch.: *Carl Friedrich Reichardt. Ein Pionier des Städtebaues,* Vorträge und Aufsätze des Vereins für Hamburgische Geschichte Heft 12, Hans Christians Verlag, Hamburg, 1964

Auswahl von Veröffentlichungen über Fritz Schumacher

Karl Schaefer-Lübeck (Hrsg.): *Hamburger Staatsbauten von Fritz Schumacher,* Band 1, Der Zirkel, Architekturverlag, GmbH, Berlin, 1919

Hamburger Staatsbauten von Fritz Schumacher (ohne Herausgeberangabe), Band 2, Der Zirkel, Architekturverlag, GmbH, Berlin, 1921

Erwin Ockert: *Fritz Schumacher. Sein Schaffen als Städtebauer und Landesplaner und Erinnerungen aus dem Kreise seiner Freunde und Verehrer,* Schriftenreihe der Deutschen Akademie für Städtebau und Landesplanung, Band 1, Verlag Ernst Wasmuth, Tübingen, 1950

Werner Kallmorgen: *Schumacher und Hamburg. Eine fachliche Dokumentation zu seinem 100. Geburtstag, zusammengestellt und kommentiert zum 4. November 1969 von Werner Kallmorgen.* Deutsche Akademie für Städtebau und Landesplanung, Landesgruppe Hamburg und Schleswig-Holstein, Hans Christians Verlag, Hamburg, 1969

Manfred F. Fischer: *Fritz Schumacher, das Hamburger Stadtbild und die Denkmalpflege,* Arbeitshefte zur Denkmalpflege in Hamburg, Nr. 4, Hans Christians Verlag, Hamburg, 1977

Werner Kayser: *Fritz Schumacher. Architekt und Städtebauer. Eine Bibliographie.* Arbeitshefte zur Denkmalpflege in Hamburg, Nr. 5, Hans Christians Verlag, Hamburg, 1984

Edward H. Teague: *Fritz Schumacher. A Bibliography,* Vance Bibliographies, Monticello, Illinois, 1985

Hartmut Frank (Hrsg.): *Fritz Schumacher. Reformkultur und Moderne,* Schriftenreihe des Hamburgischen Architekturarchivs, Band 8, Verlag Gerd Hatje, Stuttgart, 1994

Manfred F. Fischer (Hrsg.): *Fritz Schumacher. Hamburger Staatsbauten 1909–1919/21. Eine denkmalpflegerische Bestandsaufnahme,* Arbeitshefte zur Denkmalpflege in Hamburg, Nr. 15/1, Hans Christians Verlag, Hamburg, 1995

Dieter Schädel: *Inventar erhaltener Originalpläne und -zeichnungen von Fritz Schumacher,* Veröffentlichungen aus dem Staatsarchiv der Freien und Hansestadt Hamburg, Band XVII, Verlag Verein für Hamburgische Geschichte, 2001

Dieter Schädel für das Fritz-Schumacher-Institut (Hrsg.): *Hamburger Staatsbauten von Fritz Schumacher*, Band 3 (1920–1933), Dölling und Galitz Verlag Hamburg/München, 2006

Thomas Völlmar: *Bild, Bühne, Architektur. Fritz Schumachers Entwürfe für das Theater (1899–1920),* CULTURCON medien, Berlin/Wildeshausen, 2009

Maike Bruhns: *Bauschmuck bei Fritz Schumacher. Ein Kaleidoskop der Künste,* Dölling & Galitz, Hamburg/München, 2013

Freie und Hansestadt Hamburg (Hrsg.): *Hamburgs öffentliche Gebäude und die Denkmalpflege. Denkmal – Geschichte – Erhaltung,* Band 1: Hamburger Staatsbauten, Band 2: Hamburger Schulbauten, Arbeitshefte zur Denkmalpflege in Hamburg, Nr. 27, Verlag Hanseatischer Merkur, Hamburg, 2013

Fritz-Schumacher-Institut mit Dieter und Gisela Schädel (Hrsg.): *Reform der Großstadtkultur. Das Lebenswerk Fritz Schumachers (1869–1947),* Sautter + Lackmann, Hamburg, 2013

Siehe auch die Schriftenreihe der Fritz-Schumacher-Gesellschaft und die Veröffentlichungen des Fritz-Schumacher-Instituts Hamburg, die seit 1994 beim Verlag der Fachbuchhandlung Sautter + Lackmann Hamburg erscheinen.

Personenregister

(*kursiv* = Abbildung)

Adenauer, Konrad, Politiker (1876–1967) 209, 220–222, 228, 230, 235, 237, 244, 251, 318f.
Alberti, Leon Battista, italienischer Architekt und Kunsttheoretiker (1404–1472) 25f., *31*
Alphand, Adolphe, französischer Ingenieur und Gartenplaner (1817–1891) 98
Appia, Adolphe, Schweizer Bühnenbildner und Theatertheoretiker (1862–1928) 76, 286f.
Arntz, Wilhelm, Architekt, Stadtbaudirektor in Köln 242, 251, 319
Ashbee, Charles Robert, englischer Architekt und Kunsthandwerker (1863–1942) 71
Asmussen, Hans, Architekt in Hamburg 296
Avenarius, Ferdinand, Schriftsteller, Herausgeber des *Kunstwart* (1856–1923) 33
Bach, Franz, Architekt in Hamburg (1865–1935) 156, 164
Bach, Johann Sebastian, Komponist (1685–1750) 48
Barlach, Ernst, Bildhauer (1870–1938) *149*, 150
Baumgartner, Julius Alphons, Verleger von „Baumgärtners Buchhandlung", Leipzig (1848–1925) 49
Beckerath, Willy von, Maler (1868–1938) 176
Beethoven, Ludwig van, Komponist (1770–1827) 41
Behrens, Peter, Maler, Designer, Architekt (1868–1940) 12, 40, 42, 48, 59, 79, 133, 156, 228, 250, 263, 287, 298
Bennett, Edward Herbert, amerikanischer Architekt und Stadtplaner (1874–1954) 107
Benque, Wilhelm, deutscher Landschaftsgärtner in den USA (Emigration 1848), danach Gartenarchitekt in Bremen (1814–1895) 99
Berg, Max, Architekt und Stadtplaner in Breslau (1870–1947) 156
Berlage, Hendrik Petrus, niederländischer Architekt und Stadtplaner (1856–1934) 12, 276, 278, 282, 298

Berndl, Richard, Architekt und Kunstgewerbler in München (1875–1955) 58, 133
Bernini, Gian Lorenzo, italienischer Bildhauer und Architekt (1598–1680) 25
Bestelmeyer, German, Architekt in München (1874–1942) 268
Bierbaum, Otto Julius, Schriftsteller (1856–1910) 48
Billing, Hermann, Architekt in Karlsruhe (1867–1946) 121, 124, 126f., 127
Bing, Siegfried, Kunsthändler in Paris (1838–1905) 32
Bismarck, Otto von, Politiker (1815–1898) 50, 55f., 108, 110, 121, 123, 147, 203, 287
Blomfield, Reginald, englischer Architekt, Gartenplaner und Bauhistoriker (1856–1942) 101
Böcklin, Arnold, Maler (1827–1901) 40, 44, 60
Bonatz, Paul, Architekt in Köln und Stuttgart (1877–1956) 228, 237, 240, 263, 267f., 271, 278
Borcherdt, Oskar, Schauspieler und Theaterregisseur (1854–1932) 65f.
Bramante, Donato, italienischer Maler und Architekt (1444–1514) 25
Brauer, Richard, Fabrikant in Lüneburg *38, 39*
Brehm, Alfred, Zoologe und Schriftsteller (1829–1884) 195
Breysig, Kurt, Kulturhistoriker (1866–1940) 52
Brinckmann, Albert Erich, Kunsthistoriker (1881–1958) 129f.
Brinckmann, Justus, Kunstkritiker, Direktor des Hamburger Museums für Kunst und Gewerbe (1843–1915) 98, 101, 162, 316
Bröcker, Paul, Journalist in Hamburg (1875–1948) 139, 164, *166*
Brockhaus, Max, Verleger in Leipzig (1867–1957) 64
Bruckmann, Hugo, Verleger in München (1863–1941) 33, 37, 76
Brunelleschi, Filippo, italienischer Bildhauer und Architekt (1377–1476) 25f.
Büchmann, Georg, Philologe (1822–1884) 49
Bülau, Theodor, Architekt in Hamburg (1800–1861) 158
Bungarten, Willy, Architekt in Bonn und Limburg (1876–1950) 94, 101

Burne-Jones, Edward, englischer Maler und Designer
  (1833–1898) 67, 70
Burnham, Daniel Hudson, amerikanischer Architekt und
  Stadtplaner (1846–1912) 107, 116, 144, 203
Byron, George Gordon, Lord, englischer Dichter (1788–1824)
  79, 80
Cantacuzène, Elsa Prinzessin, verh. Bruckmann, Schriftstellerin
  (1865–1946) 76
Chateauneuf, Alexis de, Architekt in Hamburg, London und
  Oslo (1799–1853) 150, 158, 201, 318
Chéret, Jules, französischer Maler und Graphiker (1836–1932)
  68
Cordes, Johann Wilhelm, Architekt, Friedhofsdirektor in
  Hamburg-Ohlsdorf (1840–1917) 101
Craig, Edward Gordon, englischer Schauspieler, Regisseur,
  Theatertheoretiker (1872–1966) 68, 73, 76, 81, 286f.
Crane, Walter, englischer Maler und Graphiker (1845–1915)
  66, 71
Czeschka, Carl Otto, Maler und Kunsthandwerker in Wien
  und Hamburg (1878–1960) 84, 176
Deul, Cornelius Albertus, niederländischer Fotograf
  (1886–1925) 266
Diederichs, Eugen, Verleger in Florenz, Leipzig und Jena
  (1867–1930) 28
Diestel, Arnold, Finanzsenator in Hamburg (1857–1924) 138
Dransfeld, Carl, Fotograf in Hamburg (1880–1941) *145*, 264,
  313
Dransfeld, Adolf, Fotograf in Hamburg (gest. 1927) *145*
Dudok, Willem Marinus, niederländischer Architekt, Direktor
  der Stadtwerke in Hilversum (1884–1974) 266, 279f., 282,
  291
Duncan, Isadora, amerikanische Tänzerin und Choreografin
  (1827–1927) 76
Eberstadt, Rudolph, Nationalökonom (1856–1922) 208, 223
Ebhardt, Bodo, Architekt und Burgenforscher (1865–1945) 19
Emmerich, Paul, Architekt in Berlin (1876–1958) 260
Encke, Fritz, Gartenbaudirektor in Köln (1861–1931) 223,
  229, 245, 251

Erbe, Albert, Architekt, Bauinspektor in Hamburg
(1868–1922) 92, 111, 157f., 172, 203
Erler, Fritz, Maler und Bühnenbildner in München
(1868–1940) 81, 228
Erlwein, Hans, Architekt, Stadtbaurat in Bamberg und
Dresden (1872–1914) 111, 156
Eucken, Walter, Nationalökonom (1891–1950) 209
Faulwasser, Julius, Architekt und Bauhistoriker in Hamburg
(1855–1944) 201
Feuerbach, Anselm, Maler in Rom und Wien (1829–1880) 40,
44
Fischer, Theodor, Architekt und Stadtplaner in Stuttgart und
München (1862–1938) 20, 55, 79, 91, 156, 219, 271, 278,
287
Förster-Nietzsche, Elisabeth, Nachlassverwalterin ihres
Bruders Friedrich Nietzsche in Weimar (1846–1935) 52
Franz Joseph I., Kaiser von Österreich (1830–1916) 19
Franzius, Ludwig, Wasserbauingenieur in Bremen
(1832–1903) *120*, 121–123, *122*, *123*, *124*, 126f., *127*,
128f., 145, 315
Frauberger, Heinrich, Kunsthistoriker, Direktor des Kunst-
gewerbemuseums Düsseldorf (1845–1920) 58
Fries, Heinrich de, Architekt und Architekturkritiker in Berlin
(1887–1938) 210, 240–242, 250
Frodl, Karl, österreichischer Komponist (1873–1943) 64
Garbers, Carl, Bildhauer in Hamburg (1864–1943) 150
Garnier, Tony, französischer Architekt und Stadtplaner
(1869–1948) 298
Geddes, Patrick, schottischer Biologe, Stadtplaner und Stadt-
theoretiker (1854–1932) 298
Gellert, Christian Fürchtegott, Schriftsteller (1715–1769) 48
Gilly, Friedrich, Architekt, Professor an der Bauakademie in
Berlin (1772–1800) 18
Goethe, Johann Wolfgang von, Dichter und Naturforscher
(1749–1832) 34, 40–43, 64, 78f., 267, 321
Goldberg, Albert, Opernsänger und Theaterintendant in
Leipzig (1847–1905) 65
Golinelli, Jean, Hofballettmeister in Leipzig (1857–?) 64

Gönner, Albert, Oberbürgermeister von Baden-Baden
  (1838–1909) 101
Graebner, Julius, Architekt bei Schilling & Graebner, Dresden
  (1858–1917) 111
Grasset, Eugène, Schweizer Maler und Illustrator (1845–1917)
  68
Graul, Richard, Kunsthistoriker, Direktor des Leipziger Kunst-
  gewerbemuseums (1862–1944) 47, 48, 63, 65, 68, 71
Grell, Henry, Architekt in Hamburg (1870–1937) 138, 144
Gropius, Walter, Architekt (1883–1969) 79, 263, 270f.
Grübler, Martin Fürchtegott, Maschinenbauingenieur,
  Professor an der TH Dresden (1851–1935) 35, 41
Günther, Alexander, Kunstsammler und Kunstsachverständiger
  (1838–1926) 19, 22f., 23, 24, 44, 314
Günther, Hans F. K., Philologe und Rassentheoretiker
  (1891–1968) 268
Gurlitt, Cornelia, Malerin, Tochter von Cornelius Gurlitt
  (1890–1919) 54
Gurlitt, Cornelius, Architekt, Kunsthistoriker, Professor an der
  TH Dresden (1850–1938) 28, 52, 58, 91, 183–186, 201
Gussmann, Otto, Maler, Professor an der Kunstakademie
  Dresden (1869–1926) 51, 58, 228
Gutschow, Konstanty, Architekt in Hamburg (1902–1978)
  308, 310
Hagenbeck, Carl, Tierhändler und Zoodirektor in Hamburg
  (1844–1913) 195
Haller, Martin, Architekt in Hamburg (1835–1925) 157
Häring, Hugo, Architekt und Architekturtheoretiker
  (1882–1958) 267
Hase, Conrad Wilhelm, Architekt und Professor am Poly-
  technikum Hannover (1818–1902) 100, 158
Hassenpflug, Gustav, Architekt, Direktor der HfbK Hamburg,
  Professor der TU München (1907–1977) 175–177, 297
Hegemann, Werner, Nationalökonom, Landschaftsplaner,
  Architekturkritiker und Planungstheoretiker (1881–1936)
  107, 203, 267f., 271, 294, 301
Heilmann, Jakob, Architekt bei Heilmann & Littmann in
  München (1846–1927) 45

Heine, Heinrich, Dichter (1797–1856) 107, *146*, *147*, 149
Heine, Thomas Theodor, Maler und Karikaturist (1867–1948) 47, 63, 70
Heitz, Paul, Verleger von J. H. Ed. Heitz in Straßburg 33
Hildebrand, Adolf, Bildhauer und Kunsttheoretiker (1847–1921) 55f., 79, 150, 287
Hirzel, Georg, Verleger in Leipzig (1867–1924) 64
Hlawatsch, R., Architekt in Hamburg 296
Hoetger, Bernhard, Maler, Bildhauer, Architekt in Bremen und Worpswede (1874–1949) 276
Hoffmann, Josef, Architekt und Designer in Wien (1870–1956) 298
Hoffmann, Klaus, Architekt in Hamburg (1889–1981) *149*, 151
Hoffmann, Ludwig, Architekt und Stadtbaurat in Berlin (1852–1932) 92, 156
Hofmann, Ludwig von, Maler, Professor an der großherzoglichen Kunstschule Weimar (1861–1945) 64
Höger, Fritz, Architekt in Hamburg (1877–1949) 113, 139, 158, 164, *166*, 307
Ibsen, Henrik, norwegischer Dramatiker (1828–1906) 70
Iken, Bürger- und Gelehrtenfamilie in Bremen 35, 36
Jacobs, Rudolf, Architekt in Bremen (1879–1946) 121
Jansen, Hermann, Architekt, Stadtplaner, Herausgeber von *Der Baumeister*, Professor an der TH Berlin (1869–1945) 221, 223, 227, 234f., 240
Jekyll, Gertrude, englische Gartenarchitektin (1843–1932) 101
Kalckreuth, Leopold von, Maler in Hamburg (1855–1928) *10*
Karl der Kühne, Herzog von Burgund (1433–1477) 66
Kaulbach, Friedrich August von, Maler (1850–1920) 64, 69
Kessler, Harry Graf, Diplomat, Verleger, Kunstsammler, Schriftsteller (1868–1937) 76
Kippenberg, Anton, Verleger, Leiter des Insel Verlags (1874–1950) 54
Kirchner, Ernst Ludwig, Architekt und Maler (1880–1938) 29
Kleist, Heinrich von, Dichter (1777–1811) 73
Klengel, Julius, Musiker und Komponist (1859–1933) 64
Klerk, Michel de, niederländischer Architekt (1884–1923) 276

Klinger, Max, Maler und Bildhauer (1857–1920) 34, 40f., 44, 46–48, 60, 70, 292
Klug, Richard, Fabrikant in Wurzen 35
Kolbe, Georg, Bildhauer (1877–1947) 117
Kolbe, Rudolf, Architekt in Dresden (1873–1947) 133
Kreis, Wilhelm, Architekt, Professor an den Kunstakademien in Düsseldorf und in Dresden (1873–1955) 35, 55f., 59, 111, 123, 133, 147, 165, 287
Kühne, Max Hans, Architekt bei Lossow & Kühne in Dresden (1874–1942) 59, 111
Kuöhl, Richard, Bildhauer in Hamburg (1880–1961) 313
Kurzwelly, Albrecht, Kunsthistoriker, Direktor des Stadtmuseums Leipzig (1868–1917) 63
Laeuger, Max, Architekt, Gartenplaner, Keramiker, Professor an der TH Karlsruhe (1864–1952) 94, 101, 106
Le Corbusier, Schweizer/französischer Architekt und Stadtplaner (1887–1965) 270, 274
Lederer, Hugo, Bildhauer (1871–1940) 56, 121, 126, 147, 149
Lenhartz, Hermann, Mediziner, Direktor des Eppendorfer Krankenhauses in Hamburg (1854–1910) 97
Leo, Gustav Heinrich, Bauingenieur, Oberbaudirektor des Ingenieurwesens in Hamburg, (1868–1944) 151
Licht, Hugo, Architekt, Stadtbaudirektor in Leipzig (1841–1923) 25, 28, 45, 45, 47f., 55, 93, 123, 184f., *187*, 314
Lichtwark, Alfred, Kunsthistoriker, Direktor der Hamburger Kunsthalle (1852–1914) 32, 56, 97–101, 106, 110f., 119, 202–205, 316
Linne, Otto, Gartenarchitekt, Gartendirektor in Erfurt, Essen und Hamburg (1869–1937) 97, 115, 117, 193, 211
Lipps, Theodor, Philosoph und Psychologe (1851–1914) 79
Liszt, Franz, Komponist (1811–1886) 41
Littmann, Max, Architekt bei Heilmann & Littmann in München (1862–1931) 45, 81
Lossow, William, Architekt bei Lossow & Kühne in Dresden (1852–1914) 111
Löwengard, Alfred, Architekt in Hamburg (1856–1929) 138
Lübbert, Heinrich, Fotograf *104, 105*

Luksch, Richard, Bildhauer und Kunsthandwerker in Wien und Hamburg (1872–1936) 174
Lutyens, Edwin Landseer, ab 1918 Sir Edwin L. Lutyens, englischer Architekt und Stadtplaner (1869–1944) 12, 35, 298
Mackintosh, Charles Rennie, schottischer Maler, Architekt, Kunsthandwerker (1868–1928) 298
Mallet-Stevens, Robert, französischer Architekt (1886–1945) 274
Marées, Hans von, Maler (1837–1887) 44
Mawson, Thomas Hayton, englischer Gartenarchitekt und Stadtplaner (1861–1933) 101
Mebes, Paul, Architekt in Berlin (1872–1938) 260
Meier-Graefe, Julius, Kunstkritiker (1867–1935) 48
Meirowsky, Max, Fabrikant in Köln (1866–1949) 22, 228
Menzel, Oscar, Architekt in Dresden (1873–1958) 107
Messel, Alfred, Architekt in Berlin (1853–1909) 50, 156f.
Meyer, Franz Andreas, Bauingenieur, Oberbaudirektor des Ingenieurwesens in Hamburg (1837–1901) 100, 159
Meyer, Richard, Direktor der Kunstgewerbeschule Hamburg (1863–1953) 171, 176
Mies van der Rohe, Ludwig, Architekt (1886–1969) 263, 267, 270
Migge, Leberecht, Gartenarchitekt (1881–1935) 106
Miller, Ferdinand, seit 1912 Freiherr von Miller, Bildhauer, Direktor der Kunstakademie München (1842–1929) 17f.
Mohr, Christian Otto, Bauingenieur, Professor an der TH Dresden (1835–1918), und Anna Mohr geb. Buresch (gest. 1907) *130*
Möhring, Bruno, Architekt in Berlin (1863–1929) 121, 126, 208
Mollenhauer, Otto, Architekt in Hamburg 296
Mönckeberg, Johann Georg, Erster Bürgermeister in Hamburg (1839–1908) 142, 143, *144*, 145, *145*, 147–149
Mondrian, Piet, niederländischer Maler (1872–1944) 282f., 287
Morris, William, englischer Architekt, Kunsthandwerker, Kunsttheoretiker (1834–1896) 22
Müller, E., Schauspieler in Leipzig 66

Mumford, Lewis, amerikanischer Architekturkritiker (1895–1990) 274, 296, 298, 300, 302, 306f.
Muthesius, Hermann, Architekt und Architekturtheoretiker in Berlin (1861–1927) 58, 156, 165f., 266
Napoleon III., Kaiser der Franzosen (1808–1873) 18
Naumann, Friedrich, Theologe, Politiker (1860–1919) 209, 268
Niemeyer, Wilhelm, Kunsthistoriker, Dozent an der Kunstgewerbeschule Hamburg (1874–1960) 176
Nietzsche, Friedrich, Philosoph (1844–1900) 41, 46, 48f., 52, 54f., 137, 156, 165, 188f.
Nolen, John, amerikanischer Stadtplaner (1869–1937) 12, 274
Ochs, Jakob, Gartenplaner und Unternehmer in Hamburg (1871–1927) 106
Oelsner, Gustav, Architekt und Stadtplaner, Bausenator in Altona (1879–1956) 294, 310f.
Orlik, Emil, Maler und Graphiker (1870–1932) 64
Osthaus, Heinrich Eduard, Bankier in Hagen (1873–1946) 57
Osthaus, Karl Ernst, Geschäftsmann und Mäzen in Hagen (1874–1921) 133
Oud, Jacobus Johannes Pieter, niederländischer Architekt und Stadtplaner (1890–1963) 279f., 282f., 287
Oud, Maria Augusta geb. Dinaux, Ehefrau von J. J. P. Oud (1893–1990) 282f., 287
Palladio, Andrea, italienischer Architekt und Humanist (1508–1580) 25
Parker, Richard Barry, englischer Architekt und Stadtplaner (1867–1947) 298
Pechstein, Max, Maler (1881–1955) 53
Perret, Auguste, französischer Architekt (1874–1954) 12, 274, 298
Petersen, Carl Wilhelm, Jurist, Erster Bürgermeister in Hamburg (1868–1933) 209
Petersen, Richard, Verkehrsingenieur (1865–1946) 208
Piscator, Erwin, Theaterdirektor (1893–1966) 79
Poelzig, Hans, Architekt, Professor an der TH Berlin (1869–1936) 12, 79, 268, 287, 298

Preller, Friedrich d. Ä., Maler (1804–1878) 41
Rading, Adolf, Architekt in Breslau und Berlin (1888–1957) 250
Rathenau, Walther, Unternehmer, Schriftsteller, Politiker (1867–1922) 268
Rehorst, Carl, Architekt, Beigeordneter in Köln (1866–1919) 221, 222f., 229, 235, 240
Reinhardt, Max, Theaterdirektor (1873–1943) 79
Rembrandt Harmenszoon van Rijn, niederländischer Maler (1606–1669) 283
Renger-Patzsch, Albert, Fotograf (1897–1966) 88, 212
Rieth, Otto, Architekt in Berlin (1858–1911) 49, 58, 165
Risi, Anna, genannt Nanna, italienisches Modell und Muse (1839–1900) 40
Römer, Georg, Bildhauer (1868–1922) 124, 127
Roethe, Gebrüder Konrad und Rudolf, Gartenarchitekten und Baumschulenbesitzer in Bonn 101
Ruskin, John, englischer Kunsttheoretiker (1819–1900) 22, 56, 188
Saarinen, Eliel, finnischer Architekt und Stadtplaner (1873–1950) 12
Sanmicheli, Michele, italienischer Architekt und Festungsbaumeister (1484–1559) 25
Savits, Jocza, ungarisch-österreichischer Schauspieler und Theaterregisseur (1847–1915) 76
Schäfer, Carl, Architekt, Professor an der TH Charlottenburg und der TH Karlsruhe (1844–1908) 28
Scharvogel, Jacob Julius, Kunsthandwerker, Leiter der Keramischen Manufaktur Darmstadt (1854–1938) 166
Schaudt, Emil, Architekt in Berlin und Hamburg (1871–1957) 56
Scheffler, Karl, Kunstkritiker, Chefredakteur von *Kunst und Künstler* (1869–1951) 156f.
Schiefler, Gustav, Jurist, Kunstsammler und Kunstkritiker (1857–1935) 316
Schifferdecker, Kurt Friedrich, Architekt 299
Schilling, Johannes, Bildhauer (1828–1910) 150
Schilling, Rudolf, Architekt bei Schilling & Graebner, Dresden (1859–1933) 111

Schinkel, Karl Friedrich, Architekt und Maler (1781–1841) 18
Schlemmer, Oskar, Maler (1888–1943) 76
Schmarsow, August, Kunsttheoretiker (1853–1936) 161
Schmidt, Friedrich, seit 1886 von Schmidt, österreichischer
   Architekt (1825–1891) 18
Schmitthenner, Paul, Architekt und Stadtplaner (1884–1972)
   263, 267, 271
Schmitz, Bruno, Architekt und Stadtplaner (1858–1916) 54f.,
   91, 123, 165
Schneider, Karl, Architekt in Hamburg (1892–1945) 260, 260,
   261, 263, 294, 296, 302, 306
Schultze-Naumburg, Paul, Maler und Architekt (1869–1949)
   33, 259, 263, 266–268, 270f., 306
Schumacher, Constanze gen. Conny, Säuglingspflegerin,
   Schwester Fritz Schumachers (1881–1960) 16, 319
Schumacher, Emma, verh. mit dem Architekten und Berlin-
   Schöneberger Stadtbaurat Heinrich Lassen, Kunstweberin,
   Schwester Fritz Schumachers (1878–?) 16
Schumacher, Edith geb. Zitelmann, Ehefrau von Hermann
   Schumacher (1884–1975) 307
Schumacher, Ernst, Neffe Fritz Schumachers (1923–1941) 60,
   307, 320
Schumacher, Hermann, Nationalökonom, Bruder Fritz
   Schumachers, (1868–1952) 16, 60, 209, 228, 306, 307,
   320
Schumacher, Hermann Albert, Jurist, Diplomat, Vater Fritz
   Schumachers (1839–1890) 15, 99, 314
Schumacher, Luise gen. Sita, Kunsthistorikerin, Schwester Fritz
   Schumachers (1871–1949) 16, 319
Schumacher, Therese geb. Grote, Mutter Fritz Schumachers
   (1843–1915) 16, 314
Schumann, Friedrich, Mitarbeiter Fritz Schumachers in
   Dresden und Köln 242
Schwedeler-Meyer, Ernst, Kunsthistoriker und Museums-
   direktor in Reichenberg (1867–1934) 68
Sckopp, Ferdinand, Architekt in Hamburg (1875–1967) 139

Scott, Mackay Hugh Baillie, englischer Architekt und Kunsthandwerker (1865–1945) 35, 298
Sedding, John Dando, englischer Kirchenbaumeister, Kunsthandwerk- und Gartenbautheoretiker (1838–1891) 58
Seidl, Gabriel, seit 1900 von Seidl, Architekt in München (1848–1913) 15f., *18*, 20f., 23, 25, 45, 48, 314
Semper, Gottfried, Architekt und Architekturtheoretiker (1803–1879) 200f., 318
Simmel, Georg, Philosoph (1858–1918) 186, 188
Sitte, Camillo, österreichischer Architekt und Architekturtheoretiker (1843–1903) 16, 129f., 194, 253
Sombart, Werner, Nationalökonom (1863–1941) 57, 209
Sonnin, Ernst Georg, Architekt in Hamburg (1713–1794) *137*, *138*
Sörgel, Herman, Architekt und Architekturkritiker (1885–1952) *154*, 161, 163, 271
Speer, Albert, Architekt und Stadtplaner (1905–1981) 308
Spemann, Wilhelm, Verleger (1844–1910) 25
Sperber, Johann Friedrich („Fritz") Ludwig Ferdinand, Bauingenieur (1855–1933) 95, 96, 98, 100, 106, 108, 110, 114f., 136, 138, 151, 192, 193, 204f., 317
Stanislawski, Konstantin Sergejewitsch, russischer Theaterdirektor (1863–1938) 81
Stooß, Alfred, Architekt, Stadtbauinspektor in Köln (1881–?) 222, 240
Strauß, Johann, Komponist (1825–1899) 67
Struck, A., Architekt in Hamburg 296
Stübben, Josef, Architekt und Stadtplaner, Stadtbaumeister in Aachen und Köln (1845–1936) 223, 228f., 235, 242, 249
Taut, Bruno, Architekt und Stadtplaner, Professor an der TH Berlin (1880–1938) 268
Tessenow, Heinrich, Architekt, Professor an der Kunstgewerbeschule in Wien und der TH Berlin (1876–1950) 156, 299
Thiersch, Friedrich, Architekt in München (1852–1921), seit 1897 von Thiersch 16, 18, 20, 28
Ulmer, Oskar, Bildhauer in Hamburg (1888–1963) *138*

Unwin, Raymond, englischer Architekt und Stadtplaner
   (1863–1940) *12*, 298
Vasari, Giorgio, italienischer Architekt und Kunsttheoretiker
   (1511–1574) 26
Velde, Henry van de, belgischer Maler, Architekt, Kunst-
   theoretiker (1863–1957) *12*, 40, 48, 52, 54, 59, 298
Vermehren, Franz Eduard, Architekt und Bauingenieur,
   Oberingenieur des Ingenieurwesens in Hamburg
   (1847–1918) 98, *98*, 100
Vignola, eigentlich Giacomo Barozzi da Vignola, italienischer
   Architekt und Architekturtheoretiker (1507–1573), 25
Viollet-le-Duc, Eugène Emanuel, französischer Architekt,
   Denkmalpfleger, Kunsthistoriker (1814–1879) 18
Volkmann, Arthur, Bildhauer (1851–1941) 44
Voysey, Charles Francis Annesley, englischer Architekt
   (1857–1941) 298
Wagner, Martin, Architekt, Architekturtheoretiker und
   Stadtbaurat in Berlin (1885–1957) 268
Wagner, Otto, Architekt in Wien (1864–1945) 298
Wagner, Richard, Komponist (1813–1883) 41, 50, 67, 76, 79
Weber, Johann Jakob, Teilhaber des Verlags J. J. Weber in
   Leipzig (1873–1906) 64
Weichardt, Carl, Architekt und Professor an der TH Dresden
   (1846–1906) *131*
Weißer, Karl Gottlob, Bildhauer (1779–1815) 41
Wilhelm I., König von Preußen, Deutscher Kaiser (1797–1888)
   50, 123, *148*, 150
Wilhelm II., König von Preußen, Deutscher Kaiser
   (1859–1941) 19
Willich, Johanna geb. Roemer, Witwe des Malers Cäsar
   Willich, Mutter Hans Willichs (1844–1919) 76
Willich, Hans, Architekturhistoriker, Professor an der TH
   München, Sohn Johanna Willichs (1869–1943) 25
Wilson, Henry, englischer Architekt und Designer
   (1864–1922) 58, 71
Winking, Bernhard, Architekt in Hamburg (geb. 1934) *297*

Wittenbecher, Otto, Komponist, Arrangeur, Musiklehrer (1875–1948) 64
Wölfflin, Heinrich, Kunstwissenschaftler (1864–1945) 130, 161, 260
Wrba, Georg, Bildhauer, Professor an der Akademie der bildenden Künste Dresden (1872–1939) *145*, 148, 228
Wren, Christopher, englischer Architekt und Stadtplaner (1632–1723) 299
Wright, Frank Lloyd, amerikanischer Architekt und Architekturtheoretiker (1867–1959) 12
Wunsch, Otto, Architekt in Hamburg 296
Zimmermann, Carl Johann Christian gen. Hans, Architekt und Baudirektor in Hamburg (1831–1911) 92, 157, 170
Zola, Émile, französischer Schriftsteller (1840–1902) 70

Ortsregister
im Text erwähnter Projekte und Bauten von Fritz Schumacher

(*kursiv* = Abbildung)

Bautzen
Innenausstattung des Domes 58, 93, 134, 315
Berlin
Dahlem, städt. Friedhof: Grabmal Familie Hermann
  Schumacher 60, 307, 320
Bremen
Mitte: Denkmal für Ludwig Franzius *120*, 121–129, *122–124*,
  127, 315
Schwachhausen: Wohnhausgruppe Kronprinzenstraße *185*,
  190f.
Rockwinkel: Landhaus Iken 35, *36*
Dresden
Räcknitz: Bergstraße, Inneneinrichtung der Wohnung
  Schumachers 34, 37–42, *42*, *43*
Cotta: Wettbewerbsentwurf Heilandskirche 133, *134*
Dritte Deutsche Kunstgewerbeausstellung 22, 35, *50*, *51*, 52,
  53, 58, 132f., *132*, 315
Erste Deutsche Städteausstellung 52, 58, 91, 183f., *187*, 315
Tolkewitz: städt. Friedhof, Krematorium 60, *61*, 61, 93, 134,
  315; Grabmal Mohr *130*
Plauen: Villa Grübler 35, *41*
Weißer Hirsch: Waldfriedhof, Grabmal Weichardt *131*
Bühnenbilder zu *Hamlet* und *Manfred* (Byron) für das
  Hoftheater *73*, *74*, *77*, 78f., *80*, *81*, 286, 315f.
Gardone, Lago di Garda
Entwurf Villa Fasano 23f., *23*
Entwurf einer Kirche 24

Hagen
Eppenhausen: Villa Heinrich Eduard Osthaus 56
Wehringhausen: Wettbewerbsentwurf Ev. Kirche 58f., *135*
Hamburg
Alsterdorf: Siedlungsplanung 205
Alsterkanal: Brücken und Uferbefestigungen 162, 202, 204, 205, 206
Alsterstadt: *202/203*, 203–205
Barmbek-Nord:
    Bebauungsplan *198*, *199*, 210f.,
    Habichtsplatz 217, 260, *260*, 261, 263, 296, 317
    Schule am Rübenkamp 164
Berne:
    Siedlungsplanung 215
    Volksschule 284, *285*, 290
Dulsberg: 116, *118*, 192–195, 200, 210f., 215, 217, 233f., 250, 317
Eppendorf:
    Holthusenbad 177–181, *178*, 284
    Schwesternhaus (heute Erikahaus im UKE) 97, 156, *157*, 163
Farmsen: Siedlungsplanung 215
Finkenau: Institut für Geburtshilfe 164, 165, 172
Finkenwerder: Siedlungsplanung 207, 215
Fuhlsbüttel:
    Flugzeughalle 162
    Gasometer 97
Groß Borstel:
    Siedlungsplanung 205
    Universitäts-Campus am Eppendorfer Moor 206
Groß-Hamburg, Planung 256f., *300*, 308, 309, 310, 320
Hamburger Geestlande, Siedlungsplanung 207
Hamm: Siedlungsplanung 116
Hammerbrook:
    Schule Teutonenweg 92, 96, 164
    Schule Wendenstraße 269, 278
Harvestehude: Krugkoppelbrücke 262
Horn: Bebauungsplanung 116, 210, 211, 217

Langenhorn:
    Gartenstadt *196*, 215
    Schule Langenhorn 215
Mitte:
    alte Kirchhöfe beim Dammtor (heute: Planten un Blomen)
        188–191, *195–199*, 214, 234
    Feuerwache Petroleumhafen 293
    Feuerwache im Rugenberger Hafen 275
    Finanzdeputation 219, 276, 277, 284, *295*, 318
    Institut für Tropenkrankheiten (heute Bernhard-Nocht-
        Institut für Tropenmedizin) 90, 96, 167
    Kunsthalle, Erweiterungsbau 110f., 203
    Lotsenhöft 167
    Mönckeberg-Denkmal und Volkslesehalle *142*, 143f., *144*,
        145, 145–151
    Mönckebergstraße 134–143, *140*, *150*, 157f., 164, 191,
        195, 317
    Museum für Hamburgische Geschichte 82, 96, 111, *152*,
        167f., *168*, 169f., *170*, *171*, *172*, 219, 284, 316, 318
    Rathausmarkt, Neugestaltung *148*, *149*, 150f.
    Seglerheim *158*, *159*
    St. Michaelis, Außenanlagen *136*, *137*, *138*, 191
    Stadthausbrücke, Erweiterung des Stadthauses 91, 111
    Verwaltungsbau am Dammtorwall 167
    Ziviljustizgebäude 151, *281*
Sankt Georg:
    Bühnengestaltung für *Macbeth* im Deutschen
        Schauspielhaus 79, 81, *81*, 286
    Feuerwache am Berliner Tor 167f.
    Technikum am Berliner Tor (heute HAW Hamburg) 96,
        111, 316
Ohlsdorf:
    Siedlungsplanung 204f.
    Friedhof: Kapelle XIII 134, 304, Krematorium 61, 134, *303*
Uhlenhorst:
    Kleinkinderhaus 93, *298*, *299*
    Kunstgewerbeschule (heute HfbK) 82, 84, 96, 111, 167f.,
        170–177, *172*, *173*, *174*, *175*, 278, 295, 297, 316

Ortsregister 345

Veddel: Feuerwache im Zollhafen *274*
Volksdorf: Walddörferschule *272/273*, *278*
Walddörfer: Siedlungsplanung *207*
Winterhude:
    Jarrestadt 116, *201*, *212-213*, *217*, *258*, *260*, *266*, *278*
    Johanneum *160*, *161*, *293*
    Lichtwarkschule (heute Heinrich-Hertz-Schule) *162*, *163*, *284*, *286*
    Schule Meerweinstraße *258*, *278*
    Stadtpark 85, *86*, 97–119, 142, 153, 155, 191, 193, 203–205, 211, 219, 226, 316f.
        Gesamtanlage 88, 96, 110, 97, 107f., 114–119, *301*
        Festwiese 114–116
        Heinrich-Heine-Denkmal von Hugo Lederer 107, *146*, *147*, *149*
        Kaskaden 107, 115, 149, *307*, *313*
        Landhaus 107
        Liebesinsel *104*, 116
        Milchwirtschaft 107, *108*, *109*, 115, 162
        Planetarium 116 (s. a. Wasserturm)
        Planschbecken 107, 114, *146*
        Plastiken von Georg Kolbe 151
        Schiffsanleger 86, *104*, *105*, 107, 115
        Sondergärten 107, *112*, *113*, 114–116
        Stadtcafé *105*, 107, 115f., *162*f.
        Stadthalle 86, *102*, 107, 114–116, *162*f.
        Stadtparksee *102*, *104*, *105*, 107, 114f., 293, 307, 312
        Trinkhalle 107
        Wassertheater 86, 116
        Wasserturm 107, 114–116, *117*

Köln
Aachener Weiher, zentraler Bereich, 233, 250, 251
Äußerer Rayon, Bebauungsvorschläge 236, 237, *238/239*, *240*, *241*, 244
Brückenkopf am Heumarkt, Entwurf *246*, *247*, *248*, 250, 251
Brückenkopf am rechtsrheinischen Ufer, Entwurf *249*
Freiflächenplanung 234, 244, 245, 250, 256
Generalplan Köln 188, 242–245, 249–257, 318f.

Historisches Zentrum (Dom, Gürzenich, St. Pantaleon,
    Groß St. Martin) 232, 233, 250
Innerer Rayon, Gesamtmodell 1923, 218, 246
Innerer Rayon, Wettbewerbsentwurf 1919 222/223, 224, 225,
    230/231, 235, 237, 246
Stadtpanorama und Gestaltungsvorschlag für das
    rechtsrheinische Gebiet 254/255
Villa Meirowsky, Innenräume 22, 228
Leipzig
Handelshochschule 93, 134, 161, 315
Johanniskirche, Umgestaltung der Gruft 48
Konzertsaal des Gewandhausorchesters 45, 48, 314
Matthäikirche, Vorschlag zur Straßenführung 184, 190
Neues Rathaus, Innenräume und Schaubilder 25, 43, 48, 184,
    187, 314
Lüneburg
Villa Brauer 38, 39
Oberschreiberhau (heute: Szklarska Poręba/Polen)
Villa Sombart 56, 209
Travemünde
Hangar für Wasserflugzeug 162, 264, 278
Völs am Schlern, Südtirol
Schloss Prösels, Umbauplanung 14, 17, 19f., 21, 21f., 27
Wurzen bei Leipzig
Villa Klug 35

Bildnachweis

Arbeitshefte zur Denkmalpflege in Hamburg 15/1: S. 299 (p. 197)
Architekturmuseum der TU Berlin: S. 226/227 (20988, 20989, 2090)
Archiv der HfbK Hamburg: S. 84 o. (126/051), 84 u., 172 (126/012), 173 (126/048), 174 (126/011), 175 (126/050)
Baumeister: S. 36 o. (Jg. 1, Tafel 44)
Bayerisches Nationalmuseum: S. 18 (www.bayerisches-nationalmuseum.de/index.php?id=355)
Paul Bröcker/Fritz Höger, *Die Architektur des hamburgischen Geschäftshauses,* 1910, auch in: Deutsche Bauhütte, 1910, H. 5: S. 166 (p. 43–46)
Das Deutsche Kunstgewerbe, Bruckmann, München, 1906: S. 50 (p. 55), 51 (p. 77), 53 u. (p. 202), 132 (p. 80)
Dekorative Kunst: S. 34 (1903, p. 295), 36 u. (1904, p. 285), 41 (XIII, 1905, p. 354f.), 42 (1903, p. 293), 61 o. (Nr. 15, 1912), 61 u. (Nr. 15, 1912), 83 (XXV, März 1922, p. 145–147)
Der Städtebau, 1921, H. 5–6: S. 228
Der Profanbau: S. 57 u. (Nr. 8, 1912, p. 543ff.), 61 o. (Nr. 8, 1910 sowie Nr. 10, 1914), 61 u. (Nr. 8, 1910 sowie Nr. 10, 1914)
Deutsche Bauzeitung: S. 45 (Nr. 31, 1897), 94 o. (XLII, Aug. 1908, p. 427), 94 u. (XLII, Aug. 1908, p. 452), 96 (Nr. 44, 1910), 222/223 (Nr. 54, 1920), 224 o. (Nr. 54, 1920), 224 u. (Nr. 54, 1920), 225 (Nr. 54, 1920)
Deutsche Kunst und Dekoration, 51, 1922–1923: S. 218 o., 218 M., 218 u.
Deutsche Fotothek Dresden: S. 130
Deutsches Kunstarchiv, Germanisches Nationalmuseum Nürnberg: S. 70 r. (Bestand Richard Graul, 1 B 1315)
Deutsches Theatermuseum, München: S. 77 o. (4°3981675e)
Die deutschen Städte, Bd. II, Katalog zur Ersten Deutschen Städteausstellung, Dresden, 1903: S. 187 (p. 20/21)
Die Kunst, 1919, H. 4: S. 158 (p. 106), 159 (p. 107), 178/179 (p. 109)
dpa Picture-Alliance, Frankfurt: Coverabbildung (klein)

H. Frank (Hrsg.), *Fritz Schumacher. Reformkultur und Moderne*, 1994: S. 135 (p. 75), 185 (p. 69, aus: Moderne Bauformen, Nr. 8, 1909, Tafel 16), 307 (p. 298)
Hamburger Staatsbauten, Band 1, 1919: S. 136 (p. 58), 137 (p. 59), 138 (p. 64), 156 (p. 36)
Hamburger Staatsbauten, Band 2, 1921: S. 144 (p. 118), 160 (p. 50), 161 (p. 30), 164 (p. 107), 165 (p. 99)
Werner Hegemann, *Der Städtebau*, Katalog zur Allgemeinen Städtebau-Ausstellung Berlin, 1910: S. 86 (p. 282/283)
Historisches Archiv der Stadt Köln: S. 229
Kaiser Wilhelm Museum Krefeld: S. 57 o. (Inv.-Nr. 8806/1992)
Leipziger Neueste Nachrichten, 22.5.1897, abgebildet bei Kayser, Bibliographie Schumacher, 1984: S. 184 (p. 47)
Henriette Meyne, *Die Kölner Grünanlagen*, 1979, Anlagenband: S. 221 (Karten)
R. M. H. Magnée (Hrsg.), *Willem M. Dudok*, Amsterdam, 1954: S. 266 (p. 58)
Moderne Bauformen: S. 39 (Nr. 6, 1907, p. 187), 41 (Nr. 4, 1905), 43 (1907, p. 190), 74 (2. Dresdener Künstlerheft, Nr. 2, 1902, p. 51), 75 o. (2. Dresdener Künstlerheft, Nr. 2, 1902, Tafel 8 und 9), 75 u. (2. Dresdener Künstlerheft, Nr. 2, 1902, Tafel 8 und 9), 120 (Nr. 8, 1909, p. 299), 122 (1907, p. 189), 123 (1907, p. 188), 134 (2. Dresdener Künstlerheft, Nr. 7, 1909, Tafel 2)
Neue Heimat Hamburg. Ein Beispiel gewerkschaftlicher Wohnungspolitik, Hamburg, 1952: S. 296 (p. 58)
Erwin Ockert, *Fritz Schumacher*, 1950: S. 309 o. (p. 104)
Privatarchiv HF: S. 30, 31 o.l., 31 o.r., 31 u.l., 31 u.r., 46 (F. Sch., Studien, 1899, Tafel 1), 47 (F. Sch., Studien, 1899, Tafel 15), 54 l., 54 r., 62, 64, 65, 66/67 (The Studio, Summer Number, 1899), 69 (Programm des Festspiels)
Privatarchiv Autor: S. 124/125
Renger-Patzsch: *Hamburg. Photographische Aufnahmen*, Hamburg, 1930: S. 88/89 (p. 73), 212/213 (p.69)
saai, Karlsruhe, Bestand Herman Billing: S. 127
Dieter Schädel (Hrsg.), *Hamburger Staatsbauten*, Band 3, 2006: S. 152 (p. 44), 162 (p. 183), 163 (p. 183), 171 (p. 44), 264 (p. 92), 303 (p. 157)

F. Sch., *Das bauliche Gestalten,* in: Handbuch der Architektur, IV. Teil, 1926: S. 154 (p. 31)

F. Sch., *Das Entstehen einer Großstadt-Straße,* 1922: S. 140/141 (Faltplan)

F. Sch., *Die bauliche Zukunft der Hamburgischen Universität,* 1928: S. 206 (Abb. 3), 207 (Abb. 2)

F. Sch., *Die Kleinwohnung,* 1917, Tafel XIV: S. 182 (Abb. 21)

F. Sch., *Ein Volkspark,* 1928: S. 95 o. (p. 10/11), 95 u. (p. 10/11), 96 (p. 13), 104 (p. 61), 105 (p. 74), 108 (p. 96), 109 o. (p. 99), 109 u. (p. 102), 112 (p. 22), 113 (p. 20), 117 (p. 128), 146 (p. 23), 313 (p. 67)

F. Sch./W. Arntz, *Köln,* 1923: S. 230/231 (eingelegter Faltplan), 234 (p. 115), 236 (p. 114), 237 (p. 117), 238/239 (p. 130), 240 (p. 124), 241 (p. 122), 243 o. (p. 292), 243 u. (p. 296), 246 (p. 256), 247 (p. 258), 248 o. (p. 260), 248 u. (p. 261), 249 (p. 274), 254/255 (p. 274), 256 (p. 112)

F. Sch., *Plastik im Freien,* 1928: S. 145 (p. 34), 149

F. Sch., *Strömungen in deutscher Baukunst seit 1800,* 1935: S. 260 l. (p. 86), 260 r. (p. 88)

F. Sch., *Stufen des Lebens,* 1935: S. 131

F. Sch., *Das Werden einer Wohnstadt,* 1932: S. 198 (p. 48/49), 199 (p. 48/49), 200 (p. 57), 201 (p. 65), 202/203 (p. 70/71), 216 (Tafel 1)

Staatsarchiv Hamburg: S. 10, 90, 91, 92, 98, 102/103, 118, 136, 137, 138, 142, 148, 168/169, 196/197, 261 u., 274, 295, 297 o., 297 u.

SUB Hamburg: S. 14, 17, 23, 24, 46 (Originalzeichnungen), 47 (Originalzeichnungen), 53 o., 77 u., 81 (Theatersammlung, Abb. Völlmar, *Bild,* 2009, p. 79), 93, 97, 157, 167, 188, 189, 190, 191, 192, 193, 194, 195, 210, 211, 232, 233, 258, 261 o., 262, 267, 269, 272, 275, 276, 277, 281, 285, 288/289, 298, 303, 304/305, 308

Theaterwissenschaftliche Sammlung der Universität Köln: S. 80

Tiroler Landesmuseum Ferdinandeum, Ferninandeumsbibliothek, Innsbruck: S. 21 (W 39010169)

Wikimedia Commons: S. 70 l. (Tate Britain)

Michael Zapf, Hamburg: Coverabbildung (groß), Vor- und Nachsatz

Danksagung

Dank für Hilfe und Kritik geht an:
Herman van Bergeijk
Monika Isler
Gerhard Kabierske
Annette Krüger
Julia Mummenhoff
Dieter Schädel
Joerg Seifert

Impressum

Bibliografische Information der Deutschen Nationalbibliothek
Die Deutsche Nationalbibliothek verzeichnet diese Publikation in der Deutschen Nationalbibliografie; detaillierte bibliografische Daten sind im Internet über http://dnb.d-nb.de abrufbar.

ISBN 978-3-8319-0753-3

© Ellert & Richter Verlag GmbH, Hamburg 2020

Dieses Werk einschließlich aller seiner Teile ist urheberrechtlich geschützt. Jede Verwertung außerhalb der engen Grenzen des Urheberrechtsgesetzes ist ohne Zustimmung des Verlages unzulässig und strafbar. Dies gilt insbesondere für Vervielfältigungen, Übersetzungen, Mikroverfilmungen und die Einspeicherung und Verarbeitung in elektronischen Systemen.

Fachbeirat:
Franklin Kopitzsch, Hamburg
Hans-Dieter Loose, Hamburg
Theo Sommer, Hamburg
Ernst-Peter Wieckenberg, München

Text und Bildlegenden: Hartmut Frank, Hamburg
Lektorat: Annette Krüger, Hamburg
Redaktion: Sophie Niemann, Hamburg
Gestaltung: BrücknerAping Büro für Gestaltung GbR, Bremen
Gesamtherstellung: DZA Druckerei zu Altenburg GmbH, Altenburg

Titelabbildung (groß) und Vor- und Nachsatz:
Finanzbehörde Hamburg, Fassadenteil mit Keramikschmuck

www.ellert-richter.de
www.facebook.com/EllertRichterVerlag